中国社会科学院学部委员专题文集

唐宋佛学

魏道儒 ◎ 著

中国社会科学出版社

图书在版编目(CIP)数据

唐宋佛学/魏道儒著.—北京：中国社会科学出版社，2017.5
(中国社会科学院学部委员专题文集)
ISBN 978-7-5203-0115-2

Ⅰ.①唐… Ⅱ.①魏… Ⅲ.①佛教史—研究—中国—唐宋时期 Ⅳ.①B949.2

中国版本图书馆 CIP 数据核字(2017)第 067688 号

出 版 人	赵剑英
责任编辑	黄燕生
责任校对	冯英爽
责任印制	戴 宽

出　　版	中国社会科学出版社
社　　址	北京鼓楼西大街甲 158 号
邮　　编	100720
网　　址	http://www.csspw.cn
发 行 部	010-84083685
门 市 部	010-84029450
经　　销	新华书店及其他书店
印刷装订	北京君升印刷有限公司
版　　次	2017 年 5 月第 1 版
印　　次	2017 年 5 月第 1 次印刷
开　　本	710×1000　1/16
印　　张	19.5
插　　页	2
字　　数	309 千字
定　　价	88.00 元

凡购买中国社会科学出版社图书，如有质量问题请与本社营销中心联系调换
电话：010-84083683
版权所有　侵权必究

《中国社会科学院学部委员专题文集》
编辑委员会

主任 王伟光

委员（按姓氏笔画排序）

王伟光　刘庆柱　江蓝生　李　扬
李培林　张　江　张蕴岭　陈佳贵
卓新平　郝时远　赵剑英　晋保平
程恩富　蔡　昉

统筹 郝时远

编务 王　琪　刘　杨

前　言

哲学社会科学是人们认识世界、改造世界的重要工具，是推动历史发展和社会进步的重要力量。哲学社会科学的研究能力和成果是综合国力的重要组成部分。在全面建设小康社会、开创中国特色社会主义事业新局面、实现中华民族伟大复兴的历史进程中，哲学社会科学具有不可替代的作用。繁荣发展哲学社会科学事关党和国家事业发展的全局，对建设和形成有中国特色、中国风格、中国气派的哲学社会科学事业，具有重大的现实意义和深远的历史意义。

中国社会科学院在贯彻落实党中央《关于进一步繁荣发展哲学社会科学的意见》的进程中，根据党中央关于把中国社会科学院建设成为马克思主义的坚强阵地、中国哲学社会科学最高殿堂、党中央和国务院重要的思想库和智囊团的职能定位，努力推进学术研究制度、科研管理体制的改革和创新，2006 年建立的中国社会科学院学部即是践行"三个定位"、改革创新的产物。

中国社会科学院学部是一项学术制度，是在中国社会科学院党组领导下依据《中国社会科学院学部章程》运行的高端学术组织，常设领导机构为学部主席团，设立文哲、历史、经济、国际研究、社会政法、马克思主义研究学部。学部委员是中国社会科学院的最高学术称号，为终生荣誉。2010 年中国社会科学院学部主席团主持进行了学部委员增选、荣誉学部委员增补，现有学部委员 57 名（含已故）、荣誉学部委员 133 名（含已故），均为中国社会科学院学养深厚、贡献突出、成就卓著的学者。编辑出版《中国社会科学院学部委员专题文集》，即是从一个侧面展示这些学者治学之道的重要举措。

《中国社会科学院学部委员专题文集》（下称《专题文集》），是中国社会科学院学部主席团主持编辑的学术论著汇集，作者均为中国社会科学院学部委员、荣誉学部委员，内容集中反映学部委员、荣誉学部委员在相关学科、专业方向中的专题性研究成果。《专题文集》体现了著作者在科学研究实践中长期关注的某一专业方向或研究主题，历时动态地展现了著作者在这一专题中不断深化的研究路径和学术心得，从中不难体味治学道路之铢积寸累、循序渐进、与时俱进、未有穷期的孜孜以求，感知学问有道之修养理论、注重实证、坚持真理、服务社会的学者责任。

2011 年，中国社会科学院启动了哲学社会科学创新工程，中国社会科学院学部作为实施创新工程的重要学术平台，需要在聚集高端人才、发挥精英才智、推出优质成果、引领学术风尚等方面起到强化创新意识、激发创新动力、推进创新实践的作用。因此，中国社会科学院学部主席团编辑出版这套《专题文集》，不仅在于展示"过去"，更重要的是面对现实和展望未来。

这套《专题文集》列为中国社会科学院创新工程学术出版资助项目，体现了中国社会科学院对学部工作的高度重视和对这套《专题文集》给予的学术评价。在这套《专题文集》付梓之际，我们感谢各位学部委员、荣誉学部委员对《专题文集》征集给予的支持，感谢学部工作局及相关同志为此所做的组织协调工作，特别要感谢中国社会科学出版社为这套《专题文集》的面世做出的努力。

《中国社会科学院学部委员专题文集》编辑委员会
2012 年 8 月

目　　录

从华严经学到华严宗学 …………………………………………（1）
华严宗哲学的基本特点 …………………………………………（13）
华严宗的性起学说 ………………………………………………（18）
论杜顺的华严禅观 ………………………………………………（26）
华严宗理论创新的过程、内容与价值
　　——以《华严十玄门》为例分析 …………………………（36）
李通玄华严学的核心内容及其历史地位 ………………………（45）
"说似一物即不中"考辨 …………………………………………（63）
澄观华严学的特点 ………………………………………………（70）
华严系统中的普贤 ………………………………………………（82）
汉译经典中的"护国" ……………………………………………（93）
佛舍利崇拜的地位、功能与现代价值 …………………………（102）
观音信仰的性质、发展与传播 …………………………………（108）
镇国之典，人天大宝
　　——《大般若经》导读 ……………………………………（117）
西方净土与唯心净土的对立、协调与融合发展 ………………（124）
宋元明清佛教史论纲 ……………………………………………（133）
宋代禅宗的"文字禅" ……………………………………………（147）
关于宋代文字禅的几个问题 ……………………………………（162）
祖师崇拜中的菩提达磨
　　——以宋代禅学为中心 ……………………………………（177）
从伦理观到心性论
　　——契嵩的儒释融合学说 …………………………………（189）

禅宗看话禅的兴起与发展 …………………………………………（195）
论禅宗与默照禅 ……………………………………………………（215）
宗教融合与教化功能
　　——以宋代两种华严净土信仰为例 ………………………（224）
普照知讷与四部典籍 ………………………………………………（231）
宋代禅宗中的华严学 ………………………………………………（242）
宋代华严中兴的过程、内容和特点
　　——从慧因寺系到"宋代华严四大家" …………………（256）
圆悟克勤融合禅教的方式和特点 …………………………………（272）
有益于宗教对话的佛教传统资源 …………………………………（282）
华严宗与中国文化 …………………………………………………（291）

从华严经学到华严宗学

从华严经学说过渡到华严宗学说，是佛学所经历的一个颇具典型意义的中国化过程。概括言之，多途创用晋译《华严》，实现华严经学的理论转型，建立和完善华严宗教理体系，构成了华严经学在中国被认识、被创用、被变革和被重塑的核心内容。就其本质而言，从华严经学到华严宗学的转变，是在中国传统思想文化诱导下发生的理论创造过程，是哲学化的过程。它从启动到结束，有赖于多种因素的综合作用，但最根本的动力，源自中国思想文化中固有的不迷经、崇理性、尚创新的精神。

一

佛驮跋陀罗译《华严经》始于东晋义熙十四年（418），毕于刘宋永初二年（421）。此经习称"晋译华严"或"六十华严"，是域外传入的华严经学成熟形态的第一个载体，也是唐代华严宗人创教的主要经典依据。

《华严经》译出于南方，初期流传地区也是以南朝宋齐京城为中心。这个集成本与前出华严类单行经的不同社会境遇，特别表现在它受到上层社会，尤其是皇室成员的青睐，从而迅速向社会各阶层传播。当时弘传《华严》的主要力量，不是参加佛驮跋陀罗译场的众弟子，就是直接或间接受其影响的学问僧。他们虽然没有把《华严经》作为树立信仰、讲说弘扬和修行实践的唯一典据，但已对其学说多途创用：或运用于宗教仪式，或贯彻于修禅实践，或凭之考校经典、探讨义理，或赖以佐证某种信仰的合理性。

刘宋时期支持弘扬《华严》的重要人物是刘义宣。他曾师事译经名僧求那跋陀罗（394—468），446年出镇荆州时，携其同行。刘义宣鼓励求那跋陀罗讲《华严》，使该经传播到京城以外地区。南朝齐最注重《华严》的是萧子良（460—494）。他曾抄《华严经》十四卷。① 从后代对这类抄经本子的评价推测，他可能不是忠实择要抄录经文，其中或许加入了自己的见解。② 他还抄有《十地经》一部，十卷；《华严经》六卷。③ 撰有《华严璎珞》，"标出世之术"④。特别值得重视的是，他撰有《华严斋记》一卷。唐法藏谓此书乃"叙法会之致，并可以垂镜来叶不刊之胜躅也"⑤。由此看来，当时已举办"华严斋法会"。萧子良专门著书记其盛况，规模应不会小，反映了《华严经》在南朝所具有的社会影响。

慧观与佛驮跋陀罗同至建业，受其影响较大。在他的判教理论中，给《华严经》以凌驾全部佛经之上的最高地位。他只把《华严》列为"顿教"，谓此经"但为菩萨具足显理"⑥。判教是对全部佛教经典和学说划分等级，体现判教者对所信奉教义的态度，反映本派与别派的思想分歧。慧观的判教具有独尊《华严》（为顿教），抬高《涅槃》（在渐教中最高），贬抑《般若》（仅高于小乘）的特点。这正是日后华严学派的主导思潮。

法业曾参加过《华严经》的翻译，担任笔受。他并不满足于从汉文研究此典，而是通过学习梵文，从两种文本对照中研究。这种传统日后在某些华严宗人那里得到继承和发扬。在听讲和研究的基础上，法业撰写《华严旨归》两卷。同时，他也注意宣讲，"敷弘幽旨，郁为宗匠"。在他讲经时，"沙门昙斌等数百人伏膺北面，钦承雅训。大教滥觞，业之始也"。法业被唐代人推为研究和宣讲《华严》的第一人。当时，这部卷帙甚巨的经典刚译出，对它的研究处于起步阶段，不可能有较为系统、深入和细致的探索，所谓"以希声初启，未遑曲尽，但标举大致而已"⑦。"标举大致"可能既是法业《华严旨归》的特点，也是他宣讲此经的特点。

---

① 《出三藏记集》卷五〈新集抄经录〉。
② 隋法经《众经目录》卷二谓："自《华严》至此二十三经并是南齐竟陵王萧子良轻悉自心，于大本内或增或损，斟酌成经，违反圣教，荒乱真典。故附伪末，用戒后人。"
③ 《出三藏记集》卷十二〈自书经〉。
④ 《佑出三藏记集》卷十二〈齐太宰竟陵文宣五法集录序〉。
⑤ 《华严经传记》卷一。
⑥ 吉藏《三论玄义》卷上。
⑦ 《华严经传记》卷二。

另一批接受《华严》的僧人出自玄高一系。玄高曾从佛驮跋陀罗修习禅法，此系僧众也间接受到后者的影响。玄高的弟子玄畅（416—484）精通义理，重视禅定，且是一位能"舒手出香，掌中流水"的神异僧。元嘉二十二年（445），他遵玄高遗命南下扬都，因讲《华严》《三论》而为宋文帝所重，知名朝野。鉴于"《华严》大部，文旨浩博，终古已来，未有宣释。畅乃竭思研寻，提章比句。传讲迄今，畅其始也"①。玄畅研究和宣讲《华严》已经比较细致了。

能够集中反映此派僧人创用《华严》的代表人物，是玄畅的弟子法期。法期十四岁出家之后专以禅为业，遇玄畅后，仍向这方面发展，依《华严》习禅，体验其中所讲的禅定神通境界。据载，他"后遇玄畅，复从进业。及畅下江陵，期亦随从。十住观门，所得已九。有师子奋迅三昧，唯此未尽"。"师子奋迅三昧"是《华严经》中提到的，此"三昧"是以狮子不畏群兽的威猛之相，比喻得此三昧者能降伏外道异端，教化众生。但是，认为"未尽"此三昧就标志着十住观门只得到九成，即达到第九住，却是《华严经》中没有的内容。法期大约是依照玄畅对《华严经》"提章比句"式创造之后形成自己的禅法理论，所以玄畅对他大加赞赏："吾自西涉流沙，北履幽漠，东探禹穴，南尽衡罗，唯见此一子，特有禅分。"②把《华严》运用于修禅方面，必须经历再创造的过程。因为，《华严》基本不讲修习禅定的具体操作程序，而是大讲修禅所可能获得的诸种神秘境界。所以，《华严》所讲禅法具有不能直接模仿的特性，需要结合其他类禅经内容才能付诸实践。此后一些依《华严》修禅的僧人，都具有进一步创造的特点。

《华严经》译出后，相当长的时间在北魏流传不广。北魏初期，某些精通《华严》的学僧纷纷南下，在刘宋京城腹地建立传法据点，使北方华严学更处于极端沉寂状态。从北魏孝文帝（471—499）东迁洛阳前后开始，史籍中出现了有关《华严》研究和弘扬情况的点滴记载，其事件的发生地多与五台山和洛阳相关，其记述往往与神话交织。

---

① 《高僧传》卷八本传。
② 《高僧传》卷十本传。

传说北魏太和（477—499）年初，代京阉官刘谦之崇奉《华严》，只身入五台山，撰《华严论》六百卷。一般认为这是始自隋代的虚构。另外，太原晋阳人灵辨（476—522）于北魏熙平元年（516）在五台山始撰论注解《华严》，后应灵太后之请入洛阳，于神龟三年（520）撰成《华严论》一百卷。据唐法藏说，灵辨弟子道昶、灵源、昙现等抄写此论，使其流布道俗。永淳二年（683），至相寺沙门通贤等人在并州童子寺"见此论本"，带回长安，抄写流通。① 此后，没有人再提及该论。以上两种大部头的华严研究著作是否存在过是可疑的。

昙无最是位神话人物，传说他在洛阳讲《华严经》。② 北台智炬曾师事昙无最，平生讲《华严》五十余遍。③ 以上两人都活动于菩提流支译《地论》前后。

北齐天保（550—559）中，邺都天平寺有僧名真玉，生而无目。他既对当时"义学星罗"的情况不满，主张念佛修行；又对只乞求往生西方佛国的净土法门不满，主张转生莲华佛国。据说他"忽闻东方有净莲华佛国华严世界，与彼不殊"，于是他认为："诸佛净土，岂隔方隅？人并西奔，一无东慕，用此执心，难成回向，便愿生莲华佛国。"④ 这是宣扬华严净土的信仰。他的思想成为日后华严信仰的一个组成部分。

显而易见，上述发生在北朝的解经或依经修行的事件虚构成分甚多，但它们也反映了一种情况：在《地论》译出前后，华严学开始盛行。在地论派之外，不乏研究和弘扬《华严》的僧俗人士。

二

北魏永平元年至四年（508—511），菩提流支等人在洛阳译出《十地经论》（以下简称《地论》）十二卷，标志着华严经学独立流布的时代结

---

① 《华严经传记》卷一。
② 《洛阳伽蓝记》卷二〈崇真导〉，卷四〈融觉寺〉。
③ 《华严经传记》卷一。
④ 《续高僧传》卷六〈本传〉。

束，由此进入经学与论学交融发展时期。① 兴起于南北朝后期的地论派，在一定程度上受域外传入的华严论学影响，开启了华严学的理论转型过程。

《地论》只是解说《华严经》中的《十地品》，并非解释全经。但是，它对原经某些特点、概念、命题及段落或提示，或强调，或活用，或引申，为研究整部《华严》提供了新思路，开辟了新领域。

其一，《地论》提示《十地经》的某些特点，并作初步发挥。对"十"的重视，不仅是《十地经》的特点，也是整部《华严》的特点，这早已为人们所认识，但并没有人追究原因。《地论》在诠释"十亿佛土"这个出现频率极高的词时指出："何故定说十亿佛土？为说十地故，此经如是多说十数。"② 把《十地经》多说"十"的原因归结成为讲"十地"，此说并未受到以后研习者的重视，但《地论》提出的为什么此经多说"十"的问题，却是以后探索的重要内容。

其二，《地论》释义中的发挥和引申。《十地经》讲"三昧"的地方极多，《地论》解释金刚藏菩萨"承佛威神"，"入菩萨大乘光明三昧"一句时说："入三昧者，显示此法非思量境界故。"菩萨之所以要"入三昧"，即进入禅的冥想状态，在于这种状态乃是"非思量境界"。这种不可思议的境界正是菩萨的神通境界，也是佛的境界。这种解说，可谓点出了《华严经》着力构造禅定境界的本质和目的。然而，《地论》并没有就此止步，它进一步指出，"此三昧是法体"③。把禅定境界视为诸法本体，使"三昧"具有了产生万事万物的本体意义。这是《地论》在释经过程中的哲学化倾向。

其三，《地论》对某些学说的活用。"六相"的名目原出自《十地经》，原经文笼统地把它们作为诸种"助道法"，即作为对菩萨修行和教

---

① 在《地论》译出前，还有鸠摩罗什译出《十住毗婆沙论》，解释《十地品》中第一地和第二地部分内容。原经一地和二地主要讲小乘佛教的教理，所以《十住毗婆沙》所提问题及回答多是局限于小乘教义，解释名词术语多引《阿毗昙》，并无多少发挥。至于所谈菩萨行，反而成了点缀。因此，它在华严学发展中的影响就微乎其微。

② 《地论》卷一。

③ 《地论》卷一。

化的辅助手段和灵活措施（方便），至于六相各自的具体内容，经中没有明言。《地论》于此段下注，"方便者，如《经》总相、别相、同相、异相、成相、坏相故"①，这等于没有解释。《地论》集中谈六相的地方，是将其运用于分析十句排比的句式："一切所说十句中，皆有六种差别相门……六种相者，谓总相、别相、同相、异相、成相、坏相。总者是根本入；别相者，余九入。别依止本，满彼本故。同相者，入故；异相者，增相故。成相者，略说故；坏相者，广说故。"② 六相分为三对，从三方面讲第一句与其余九句在内容上的关系。"总相"，指第一句从总的方面讲"根本入"，"别相"，指其余九句分别讲"九入"，这九入都是围绕第一句的"根本入"讲的，没有超出第一句的范围。也就是说，第一句和其余九句是总分关系。"同相"，指第一句讲"入"，其余九句也讲"入"，具有同一性；"异相"，指第一句讲的"入"与其余九句讲的"入"有差别，因为第一句是"根本入"，其余九句是"摄入"等，是在第一句基础上的增加。这一对是讲第一句与其余九句既有同一性又有差别性。"成相"，指第一句是简要讲；"坏相"，指其余九句是展开讲。《地论》通过对"六相"的活用，把《十地经》中作为概括"助道法"的六相转变成一种语法概念。

习称的"地论派"，既有师承方面的含义，又有教理方面的含义。就师承法系言，指出自道宠、慧光两系，活动于南北朝后期至唐初的一批僧人；就佛学理论言，指其中研究和弘扬《地论》的学僧。在这两系僧众中，只有一部分人侧重《地论》及其《华严经》。正是这部分被称为"地论师"者，构成了有师承法系，有理论特点的"华严学派"。他们借鉴《地论》研究《华严》，受到新方法的启示，对《华严经》的发挥就超出前代所有研究者。

地论师也是多途创用《华严》，其中最突出的贡献，是他们在探讨华严义理中的创新。慧远联系《地论》提出的六相说，是创用华严的一个典型例证。慧远一开始就联系《地论》没有讲清楚的地方，解说六相在什么

---

① 《地论》卷三。
② 《地论》卷一。

意义上立论，即六相的适用范围：

> 六种相者，出《华严经·十地品》也。诸法体状谓之为相……此六乃是诸法体义。体义虚通，皆无不在。义虽遍在，事隔无之。是以《论》言："一切十句，皆有六相。除事，事谓阴界入等。"阴界入等，彼此相望，事别隔碍，不具斯六，所以除之。若摄事相以从体义，阴界入等，一一之中皆具无量六相门也。

"相"指诸法的"体"状，而不是"事"状，六相乃诸法的"体"义。这个强调表明，六相是从万有（诸法）的本体或本质方面立论的，以六相认识和分析事物，只能适用于"体"相同的事物之间。尽管一切现象或事物都有其质的规定性，所谓"体义虚通，皆无不在"。但是，离开"体"之后，专就"事"而言，就不能讲"六相"，所谓"义虽遍在，事隔无之。"这就是说，离开具有同一性的"体"，就不能谈论具有差别性的"事"。

《地论》并没有强调这一点，所以它讲"除事"，即排除用六相来分析和认识"阴界入"等"事"时，上下文就不清楚，慧远专门就此解释。六相依"体"才能成立，而"阴界入"是三类"事"之间的关系，所以它们"不具斯六"，即不能以"六相"来"圆通"三者、认识三者。但是，如果分别从"阴界入"三者的"体"上着眼，所谓"若摄事相以从体义"，那么三者均分别可以用六相这个方法来认识，所谓"皆具无量六相门也"。慧远强调的六相在"体"上立论的原则，成为以后华严宗"六相圆融"不言自明的前提条件。慧远总结："此六（指六相）乃是大乘之渊纲，圆通之妙门。若能善会斯趣，一异等执，迢然无迹。"[①] 理解六相的宗旨，把握其精髓，就不会迷惑于同一（一）和差别（异），不会偏执于某一方面。因此，慧远的六相说，首先是认识同一与差别以及两者相互关系的方法论。慧远比《地论》更进了一步，把"六相"予以哲学处理。

最能反映地论师理论创造特色的，是他们通过诠释《华严经》，促成

---

① 上引均见《大乘义章·六相》。

了从形象描述的宗教文学向概念分析的宗教哲学的理论转型。慧光的《华严经义记》堪称是这方面的经典之作。

《华严经》主要叙述菩萨从树立信仰到解脱成佛的各个阶段和诸多方面。它倡导继承以往佛教的全部成果，把一切佛教修行规定和理论，甚至原本不属于佛教系统的修行活动也予以接纳，编排成一定的有序结构，共同作为成佛解脱不可或缺的环节和步骤。然而，它所提出的解脱关键，是修行者（菩萨）必须获得佛的诸种神通，从而最终借此与法身相契合。与强调神通在个人解脱和拯救世人过程中的作用相适应，《华严》利用丰富的古印度神话、寓言故事和基于禅定特殊感受而引发的神通境界构想，展示佛国世界（华藏世界）的不可思议、神秘莫测和富丽堂皇；炫耀菩萨修行（普贤行）的功能无限、威力无比和神变无方。它精心绘制的一幅幅光怪陆离、神异奇幻的形象化神通场景，为禅定修习者设置了"观"（冥想）的对象，长期激发起某些信奉者的兴趣和嗜好。地论师则把《华严》中的寓言故事、神通画面予以哲学处理和发挥。例如，《华严经·如来光明觉品》有这样一段描述：

> 以佛神力故，百亿阎浮提，皆见十方各有一大菩萨，各与十亿尘数菩萨眷属，俱来诣佛所，所谓文殊师利菩萨、觉首菩萨、财首菩萨、至首菩萨、德首菩萨、目首菩萨、精进首菩萨、法首菩萨、智首菩萨、贤首菩萨。①

按原经的描述，十方各有一位大菩萨，他们分别由无数小菩萨相伴，排成有序的队列，一齐来到佛面前。这是一幅动态的形象的菩萨拜佛图。这个场面之所以能够形成，又之所以能够被人们"见"到，是有"佛神力"，即借助佛的神通功能。这种对禅定引发的神通境界构想的描述，属于宗教文学的创作，而不是宗教哲学的论证。慧光对此段的相应释文是：

> 又言一方各有一大菩萨者，欲明方便之中自体因行也；各有眷属

---

① 《华严经·如来光明觉品》。

菩萨者，明行无不摄也；各来至此者，明圆入自体果行也；文殊为首者，欲明始发于妙实也；复所以终至贤首者，欲明此行虽复深广，而成在于世间，故云贤首也。①

各位大菩萨，象征菩萨的方便修行，这既是成佛之"因"，也是菩萨修行解脱过程中所处的阶位（因位）。无数相伴的菩萨，象征菩萨修行无穷无尽，包罗万象（行无不摄）。众多菩萨来到佛跟前，象征修行圆满而从菩萨的因行进入到佛的果行。十位菩萨朝佛队列次序是文殊第一，贤首最后，这又象征菩萨行发端于终极实在——"妙实"，虽然深广无边但又必须在人间才能实践完成。显然，慧光是通过揭示原经形象描述的象征含义，从中提出具有哲学意义的概念，如"自体""因""果""妙实"等，阐述其华严思想。慧光的这种释经方式，促成了华严经学在理论形态上的转变，实际上是开辟了一条佛学中国化的途径。这种释经方法在唐代华严宗人那里得到继承和发展，为他们建立完整的华严教理体系指明了方向。

三

唐代华严学僧在全面继承地论派研究成果的基础上，不断创新，建立了前所未有的华严概念体系。就诠释经典而言，无论是注解"晋译华严"的智俨、法藏，还是注解"唐译华严"的李通玄、澄观，都运用了与慧光同样的方法，即通过揭示原经形象描述的象征含义而提出概念和范畴。同时，华严宗人在建立其教理体系过程中，又各有侧重。

在提出和创用一系列华严特有概念方面，以智俨最为突出。他创立"十玄门"论证"法界缘起"这个本宗中心教义，而在组织"十玄门"时，又以十对概念（"十会"或"十对"）来概括一切佛法（从狭义上讲），进而概括一切现象（从广义上讲）。其中的教义、理事、解行、因果、人法、主伴、逆顺、体用、半满等，为后世华严学僧所继承。诸如此类的概念，无论是源自佛教经典还是儒家或道家经书，一旦被纳入华严教

---

① 《华严经义记》。

理体系，统统被赋予崭新的内容。厘清同一概念在不同学说体系中所蕴含的特定含义，所要表达的特定思想，是智俨所重视的。仅以智俨对列为"十会"之首的"教义"一对的定义为例。他指出："教即是通相、别相，三乘、五乘之教，即以别教以论别义，所以得理而忘教。若入此通宗，而教即义，以同时相应故也。"①"教"是佛的说教，是修行的法门，无论哪一派都承认有佛的说"教"，这是"教"的"通相"，即共性。但不同派别所信奉的"教"各有不同内容，这是"教"的"别相"，即个性。"义"指"教"所蕴含的"义理"。华严宗以外的派别（三乘、五乘）所信奉的"教"，是以不同的教显不同的义理，如果获得"教"中所蕴含的"理"，那些语言文字即可放弃。但是，华严宗所信奉的"教"与"义"是无差别的，"教"即是"义"。也就是说，理解佛经上的语言文字与把握其精神本质是一回事。这是华严宗人对"教"和"义"及其关系的理解。包括智俨在内，华严学僧侧重采用给概念下定义的方法揭示其特殊性，而不是仅仅依靠对它们的使用来表明其所要传递的思想，这是唐代华严宗人较之地论师在理论上的进步。

智俨后继者们更重要的创造工作，是对华严范畴系统的调整和重组。华严宗创用的一系列概念，的确有从多方面、多层次、多角度论证其中心教理的特点。它们的产生，丰富了中国佛学的内容。但是，许多对概念或范畴往往被运用于同一方面，说明同一问题，不断重复，加之华严学僧沿袭《华严经》重视"十"的传统，定义任何概念、论证任何问题，动辄开十门，使其教理素以沉重、繁琐和晦涩著称。从法藏开始，就有用一对范畴概括其全部教理的倾向。但是到底把哪一对范畴作为总范畴，在他的诸多著作中游移不定。直到澄观，才明确指出："今且约事理者，事理是所诠法中之总故，又诸处多明理事故，为成四法界故。"②"所诠法"指华严特有的诸多概念，"总"，即把"理事"作为其概念体系中的总范畴。通过对"事"和"理"的界定，通过对事理关系和事事关系的论证，澄观创立了"四法界"。另外，他又把"十玄门"列在"事事无碍法界"之

---

① 《华严一乘十玄门》。
② 《演义钞》卷十。

中，使"四法界"具有从总体上说明法界缘起的性质。

宗密曾指出："统唯一真法界，谓总该万有，即是一心，心融万有，便成四种法界。"① 澄观是从事理及其关系方面提出四法界，宗密名义上承澄观《华经疏》之说，实则从本体（心）和现象（万有）的关系方面提出四法界，是"本一心而贯万法"②的思路。"一真法界"即"一心"，是产生万有的本源，它又融入万有之中，成为一切现象的共同本质。作为"心"的表现，有四种相状，即为四法界。宗密把四法界建立在"心"的基础上，这是澄观没有讲清楚的内容。实际上，宗密是以禅学洗刷华严哲学，把四法界完善、定型，并牢固地安置在禅宗心学基础上。至此，华严概念体系内部的变动、调整和重组过程结束，也标志着华严哲学的终结。

华严概念化过程自始至终受到玄学家解经注经精神的影响。从东晋僧卫的《十住经注并序》中，反映出学僧是在探求"玄"理信念支配下研究华严类典籍，重新解释华严经学，对它进行哲学改造。到了华严宗人那里，就以"搜玄""探玄""十玄"等名目命名其代表作和最具创新的学说了。

这种搜探玄理的过程之所以能进行下去，在于诠释《华严》者并不认为经文字字句句是真理，相反，只是把这些经文视为比喻，主张通过揭示（"明"）其所述内容的象征意义才能把握真正的佛"法"原意。被奉为华严宗初祖的法顺指出，因陀罗网一珠映显一切珠的比喻同佛"法"本意不符，倡导从"喻"（原经叙述）到"法"（华严教义）的变革。"此珠但得影相摄入，其质各殊。法不如然，全体交彻故，以非喻为显真实义。"③ 按因陀罗网的比喻，一颗珠子映现一切珠子，所映现的只是那一切珠子的影子，并不是把那一切珠子本身全部摄入，那一切珠子还独立存在（其质各殊），而法界缘起的"真实义"在于讲"全体交彻"。

智俨则更进一步，不仅认为应有从"喻"到"法"的过渡，还要有从"法"到"理"的过渡，即要求把所揭示的佛"法"用华严特有的概

---

① 《注华严法界观门》。
② 《宋高僧传》卷六〈本传〉。
③ 《五教止观》。

念论证，才能获得真正的"玄理"。他在论述法界缘起这个总理论时，先要"举譬辨成于法"，"譬"指来自《华严经》的神话故事或形象描述，"法"指华严特有的名相。然后，他讲"辨法会通于理"①，以理论分析揭示玄理。他的"理"具体是指"十玄门"。

李通玄则明言《华严》与《易经》性质相同，他把《华严》中所有的叙事都归结为"托事以显像"，把所有的形象描述都归结为"取像以表法"。如他在解释某些神的形象、行为时说："如鸠盘荼王所除恶鬼趣者，以此大囊垂下如冬瓜，坐以踞之，行以置之于肩，取像表法，以大悲垂俗担负众生，无辞劳倦。摩罗伽王者，此是腹行大蟒之类，取像表法，以胸腹行示恭敬义。"②李通玄在注经中，常用"取之以像，表之以法""故取之像表其道也""是故如来取像世间法则用表其法"等语。李通玄实际上点明了地论派以来注解论释华严经典的一个重要原则。

既然把佛所说的经看作"喻"、看作"譬"，认为它只具有像的功能，其蕴含的真正佛"法"、佛"理"、佛"道"须待挖掘，须待哲学发挥和处理，就为解经注经者大胆变革、勇敢创新提供了信仰保障和精神鼓舞。华严概念体系的建造，正是在这种理性精神驱使下进行的。

作为华严宗核心教理的法界缘起并不复杂，不过是认为一切现象是佛智慧本体（可称"佛性""自性清净心""一真法界""一心"等）的作用或表现，它们均处于相互依存、相互容摄、相互平等、没有矛盾冲突的和谐统一之中。但是，通过诠释华严经学而建立前所未有的华严概念体系，创立多种学说从不同方面、不同角度论证"法界缘起"，实现从华严经学到华严宗学的过渡，却经过了数百年的漫长历程，这是一条佛学中国化的成功途径。

（原载《中华佛学学报》1999年总第12期）

---

① 《华严一乘十玄门》。
② 《新华严经论》卷三十三。

华严宗哲学的基本特点

华严宗把自己的教理概括为"一乘缘起"、"法界缘起"或"性起缘起",并且认为这种理论与大乘佛教缘起、小乘佛教缘起完全不同。[①] 华严宗并不关注世界的由来或形成方面的问题,而是把理论的侧重点放在论述世界的存在形式方面。"法界缘起"认为:构成现存世界的一切万法(世间一切现象),毫无例外的是佛智慧本体(又称"佛性"、"自性清净心"、"一心"或"法界")的作用或表现,它们完全处于相互依存、相互容摄、相互平等、没有矛盾冲突的和谐统一之中。这种思想的实质,是认为一切事物或现象没有因果关系、没有形成的时间顺序,它们通过完全平等的相互融通而共同构成了世界。这种缘起理论的确在整个佛教思想史上是独树一帜的,是大乘佛教和小乘佛教的缘起论都不具备的内容。这种华严哲学的一个最基本和最突出的特点,是所谓"圆融"。

在中国佛教的各个宗派中,华严宗是最强调圆融的一派。圆融是它观察和认识世界的方法论,是它处理一切问题的总原则,也是它修行所要达到的理想境界。在历史上,华严宗的圆融思想逐渐成为佛教各宗派的共识,渗透到中国佛学的各个方面。

所谓"圆融",主要包含着两个方面的意思:其一,就单个事物或现象而言,它只有在联系其他事物时才有意义,只有处于特定的关系网络中才能成立;其二,就一切事物或现象而言,它们之间存在着相互等同、相互融摄、没有隔碍的关系。华严宗讲圆融的目的,在于确立万法之间协调、和谐的关系,消除隔阂、滞碍。正如澄观所讲的:"融通万法,令无

[①] 智俨在《华严一乘十玄门》中指出:"明一乘缘起自体法界义者,不同大乘、二乘缘起,但能离执常断诸过等。此宗不尔,一即一切,无过不离,无法不同也。"《大正藏》第9册,第514页上。

障碍。"① 离开了这种万法融通的前提条件,"法界缘起"乃至华严宗的整个教理体系就失去了理论支柱。

有意思的是,华严宗专门解释"圆融"这个概念的内容不多。它主要是联系不同对象阐释其圆融关系,这方面的内容很丰富,涉及范围也很广泛。从历代华严宗僧人的大量论述中,我们可以大致归纳出华严宗圆融思想的五方面内容。

其一,从本体与作用,本质与现象的关系方面讲圆融。

华严宗认为一切事物或现象是本体直接的、全部的显现,本体与作用,本质与现象之间存在着圆融关系。法藏曾以"真"与"妄"为例予以论述:"真该妄末,无不称真;妄彻真源,体无不寂。真妄交彻,二分双融,无碍全摄,思之可解。"② "真"与"妄"相依并存,作为本体的"真"与其作用的"妄"存在着相互渗透(交彻),相互融通(双融),没有滞碍(无碍),相互包容(全摄)的关系。在华严宗的概念体系中,和"真"属于同类概念的"理""一""性""体""净""果""心"等;相对于和"妄"属于同类概念的"事""多""相""用""秽""因""法"等,它们之间也同样存在着这种圆融关系。华严宗人反对抛开本体讲作用,离开本质谈现象。例如,宗密在论述杜顺重视"事理圆融",反对孤立地讲"事法界"时说:"除事法界也,事不独立故,法界宗中无孤单法故。若独观之,即是情计之境,非观智之境故。"③ 因此,他讲"事法界"时总要联系"理",讲"理法界"时总要联系"事"。在这种体用圆融方法论指导下,华严宗人描绘的世界既是本体世界又是现象世界,既是解脱世界又是轮回世界,两者是相即不二的。

其二,从统一体中对立面的不二和同一方面讲圆融。

无论各种事物或现象之间表面看来有多么大的差别,哪怕它们在统一体中处于对立的位置,都存在着不二或者相互等同的关系,即甲是乙,乙是甲的关系,这叫作"相即"。法藏在论述"六相圆融"时,讲了"总

---

① 《华严经随疏演义钞》卷一,《大正藏》第36册,第3页下。
② 《华严五教章》卷四,《大正藏》第45册,第501页下。
③ 《大正藏》第45册,第684页下。

别""同异""成坏"的相即关系。以"总别"为例。"总相"是整体（指舍），"别相"是构成整体的部分（指椽、瓦等），从总与别的关系讲，"若不别者，总义不成。由无别时，即无总故。此义云何？本以别成总，由无别故，总不成也。是故别者，即以总成别也"①。如果没有部分（别），就没有整体（总），整体是由部分组成，这叫"以别成总"。而另一方面，没有整体，也就没有部分，因为部分只有在整体存在的前提下才成为部分，这叫"以总成别"。当人们得到"总"时也就得到"别"，反之亦然。由此得出"总即别"和"别即总"的结论。"若不相即者，总在别外，故非总也；别在总外，故非别也。思之可解。"② 就"六相圆融"学说而言，是论证统一体中一切事物均处于"总别相即""同异相即""成坏相即"的圆融状态；就"相即"学说而言，是说明统一体中一切事物都具有不二或相互等同的关系。

其三，从不同事物或现象可以相互包容、渗透的方面讲圆融。

华严宗认为，一切事物都存在着甲中有乙，乙中有甲的关系，即"相入"的关系。法藏在《五教章》卷四中用"自他"两物的作用强弱（"有力无力"）来阐述"相入"的含义。他认为，在所有缘起事物中，若某物"自体"的"力用"较之"他物"的"力用"强大，此物即具有摄取"他物"于自身的绝对优势。反之，"他物"如果完全失去自己的"力用"，则必然进入某物自体之内，亦即双方可以互相包容。这是依据事物所具有的作用的差别来阐述事物的相互包容关系。

其四，从事物或现象普遍联系的方面讲圆融。

从表面上看，一切事物都是独立的、有差别的，由于它们都包含着相同的理，所以它们之间可以相互融通。有差别的事物是无穷无尽的，那么，"事"与"事"的融通和谐、互无妨碍，就是一幅永远描绘不完的画卷。逐一类推每一事物与他事物的这种"圆融"关系，谓之"重重无尽"或"无尽圆融"。这正如宗密在《注华严法界观门》中解释"事事无碍法

---

① 《大正藏》第 45 册，第 508 页上。
② 《大正藏》第 45 册，第 508 页中。

界"时所说:"一切分齐事法,一一如性融通,重重无尽故。"① 显而易见,这种无尽圆融的学说彻底否定了事物的孤立存在,强调了事物的普遍联系。

其五,从修行实践的方面讲圆融。

《华严经》所述的具体菩萨修行有一个特点,它倡导继承以往佛教的全部成果,把一切佛教修行规定,甚至把原本不属于佛教系统的修行规定也予以接纳,编排成一定的有序结构,共同作为成佛解脱不可或缺的环节和步骤。华严宗人完全接受了这套修行规定,同时又以圆融思想予以解释,形成自己独特的修行理论。这就是"行布门"与"圆融门"的统一。一方面,华严宗人承认"证有阶降",有"圣贤位次",另一方面,他们又认定"理无深浅",行布与圆融的关系是"此二门相资,互无障碍"②。澄观解释:"行布是教相施设,圆融乃理性德用。相是性之相,故行布不碍圆融;性是相之性,故圆融不碍行布。"③ 用这种圆融方法理解《华严经》不胜枚举的修行规定,就得出了"一修一切修""一断一切断"等结论。这些结论的意思是:修行全部佛教法门中的某一种法门,就意味着实践了所有的法门;完成了整个修行过程中某一阶位的修行活动,就标志着获得了所有阶位的修行功效。这是鼓励修行极具号召力的口号,也是圆融思想的一个方面的实践价值。

华严圆融思想的各项具体内容,都是来自对《华严经》中神话故事描述和神通境界描述的理论重塑和改造。强调圆融,有利于激发修行者的信心和勇气,吸引来自不同阶层的信徒;有利于消除宗派间的排斥、仇视和争斗,促进不同宗教、不同派别的融合发展。可以说,这种创新教理适合中国佛教发展的需要,从而具有旺盛、持久的生命力。就总体而言,圆融思想在促进中国佛学发展方面的积极作用是主要的。

但是,华严哲学在理论上的缺陷是显而易见的。过分强调事物间的和谐、一致,完全消除了事物间的矛盾、分歧;过分强调事物间的平等,完

---

① 《大正藏》第45册,第684页中—下。
② 澄观:《大华严经略策》,《大正藏》第36册,第705页中。
③ 《大正藏》第36册,第706页上。

全泯灭了事物间的差别。理论上的缺陷往往引发实践上的弊端。在圆融思想指导下，修行者会产生不顾具体情况的急功近利，违背客观规律的以偏概全。同时，过分强调圆融，会是非不分，真伪不辨，不利于佛教的健康发展。

（2004年匈牙利国际华严学术会议英文发表）

华严宗的性起学说

性起学说是华严宗理论中最具特色的部分之一，发端于智俨，完成于法藏，并为以后的华严宗人所认同。性起学说采用的主要资料来自《华严经》中的禅定境界描述和神话描述，但它所表达的思想又与原经相关部分完全不同。性起学说侧重论述世界的产生及其存在方式，但无论其具体思想还是思维模式，都有别于以往佛教有关世界和人生起源的各种缘起理论。性起学说特别提出了解脱依据和修行内容，但它又在新的理论框架中容摄了《华严经》有关菩萨修行的一切言行规范。本文拟通过分析性起学说的来龙去脉、主要内容和特点，希望从一个侧面，或者说着眼于一处局部，揭示具有中国特色的佛教理论的具体形成过程。

一　性起源流

"性起"语出晋译《华严·宝王如来性起品》的品名，后出唐译《华严》将此品改为《如来出现品》，不再用"性起"一词。澄观对此有一个解释："晋经名性起，性字虽是义加，未爽通理……今以起义多含，直云出现。"（《华严经疏》卷四十九）所谓"义加"，指梵本原文无"性"字的对应词，是晋经译者根据本品的主要思想而创用的。又因为"起"字有多重含义，所以唐经译者改"性起"为"出现"。

"性起"一词缺乏经典依据，实际上也不符合该品的"通理"，但"性起"思想从未被华严学者否定。造成这种现象的原因，在于性起说比法界缘起说更注重从人的心性方面探讨问题。法界缘起说首先重视的是外在佛境界，而不是人的内心世界。相反，性起说则从一开始就注重从人的先天本质上立论。

重视"性起",并且运用它说明多种问题,始自智俨。他在解释《宝王如来性起品》中"性起"一词含义时说:"性者,体;起者,现在心地耳。"作为精神本体的"佛性"始终存在于一切众生心中,但是它的显现有"始终"之别和"广狭"之分。所谓"始终",指众生修行的过程,"初始发心至佛性起,终至大菩提、大涅槃、流通舍利也"。这是说,原本存在于众生心中的"佛性",只有在众生开始"发心"(树立佛教信仰)修行时才能"起"(显现),并且一直显现到遗骨中,此即为"性起"的"始"和"终"。所谓"广狭",指可以显现佛性的众生范围,包括"顿悟及三乘始终,出世至声闻、缘觉,世间下至地狱等诸位也,仍起在大解大行大见闻心中"(《搜玄记》卷四下)。尽管包括地狱众生在内的世间、出世间众生都有显现佛性的可能性,但佛性又只能显现于修菩萨行者心中。

智俨在《十地品》第五地的注文中说:"性体本无分别,修智亦无分别。故智顺理不顺诸缘,故知修生即从本有,同性而发,故《性品》云:名菩提心为性起故。"(《搜玄记》卷三下)智俨所说的"性起",指本有的佛性如何在众生心中显现,是联系修行阶位(十地)讲众生实现成佛的过程。佛性显现的始终,也就是个人修行成佛的全过程。智俨的这种理解,同于净影慧远在《大乘义章》中联系十地讲佛性的思路。这种性起思想的建立,以"一切众生皆有佛性"为前提。它从规定人的先天本质入手,探讨人如何在修行过程中实现自我解脱,是在心性论和解脱论的范围内探讨问题。

智俨对"性起"的这些理解,完全与《如来性起品》的原意相违。查该品所述,是讲作为外在崇拜对象的佛以何种可视形象出现在世人面前,是以"三身"还是以"十身"出现教化芸芸众生。晋译《华严》虽以"如来性起"为品名,但文中却用"如来出现"表述,与唐译《华严》该品所述内容一致。这一点也为澄观看到:"三佛圆融,十身无碍故,辨应现即显真成,是以晋经名性起。"(《华严经疏》卷四十九)澄观对"性起"的这种解释是符合该品中心思想的。

但是,澄观既指出两部《华严》该品均讲外在崇拜对象——佛的"应现"问题,又完全接受了智俨、法藏以来讨论另一方面问题的性起说。因此,从《华严经》的"性起"到华严宗的"性起",经历了从认识外在崇拜对象到探讨人心本质的转变过程。这种转变是华严宗学僧为探讨心性问题，为消除法界缘起的浓重客观色彩而进行的理论创造。

二　一体二用

法藏在继承智俨全部理论成果的基础上，侧重发挥了性起学说。他把《性起品》对佛形象的叙述与《贤首品》对禅定状态的描述结合起来，并用《起信论》的理论予以改造，最终使性起说成为阐述世界和人生起源、论证解脱根据和过程的总理论。

在《探玄记》卷十六，法藏认为《如来性起品》以"性起法门"为宗旨，可见他对"性起"的重视。他首先结合"如来性起"四字释"性起"：

不改名性，显用称起，即如来之性起；又真理名如、名性，显用名起、名来，即如来为性起。

他把"如来性起"四字来回搭配，得出了"性起"的两重含义，或为"如来之性起"，或为"如来为性起"。紧接上文，他又"开十门"释"性起"，是把性起与因果、理行等概念搭配作解，还是没有讲清他的性起说的主要内容和特点。然而，法藏在这里毕竟具有把"性起"规定为体用关系的倾向，所谓"不改（体）名性，显用称起"，这是其性起学说的立论基础。法藏成熟的性起思想，不是反映在《探玄记》中，而是反映在《妄尽还源观》中。

《妄尽还源观》谓："依体起用，名为性起。"从体用关系方面立论，是法藏性起说最显著的特点。他的性起说，是讲本体与作用、本质与现象的关系。他所谓的"体"和"用"，具体指"一体"和"二用"。他对"一体"的说明是：

一显一体者，谓自性清净圆明体，然此即是如来藏中法性之体。从本已来，性自满足；处染不垢，修治不净，故云自性清净。性体遍照，无幽不烛，故曰圆明……亦可在圣体而不增，处凡身而不灭……《起信论》云："真如自体，有大智慧光明义故，遍照法界义故，真实识知义故，自性清净心故。"

这里用《起信论》的"心真如门"来塑造佛性。"体"是"自性清净心"，与《起信论》中讲的"真如自体"是同义语。它是产生世间和出世间一切现象的本原，是包含一切佛教功能的母体，是众生心所具有的本质方面。这种实存的精神本体的特征，是具足一切，常恒不变，绝对静止，遍在于一切现象中，成为一切现象的本质。它是智慧实体，遍知世间和出世间的一切。《起信论》特别强调真如自体的智慧功能，讲"真实识知义"。"识知"原指六识之知。即人们通过六种感官（眼耳鼻舌身意）所获得的认识和知识。佛教历来否定人们通过感觉、语言和思维所获得的知识的真实性和可靠性，所以六识之知被认为是人们产生谬误的原因之一。但是《起信论》把"识知"与真如自体结合起来，意味着六识之知与真如契合即具有真理性，此即为"真实识知义"。这样，作为佛性的"体"，即是众生心的一个本质规定，一切现象由"体"所产生，也就是由人心所产生。

通过创造性解释《贤首品》中所讲的"海印三昧"和"华严三昧"，法藏提出了"体"的"二用"：

依体起二用者，谓依前净体起于二用。一者，海印森罗常住用。言海印者，真如本觉也，妄尽心澄，万象齐彰。……经云：森罗及万象，一法之所印。言一法者，所谓一心也。是心即摄一切世间、出世间法。即是一法界大总相法门体。唯依妄念而有差别，若离妄念，唯一真如，故言海印三昧也。……二者，法界圆明自在用，是华严三昧也，谓广修万行，称理成德，普周法界而证菩提。

"海印三昧"是《华严经·贤首品》中所讲的一种佛的禅定，在其他地方也有论及。据说进入这种禅定状态，即可见到世界的一切现象，如同平静的大海水面映现一切物象一样，所谓"一切示现无有余，海印三昧势力故"(《贤首菩萨品》)。法藏有时也用"海印三昧"来概括华严宗的全部教义,《五教章》开首即言:"今将开释如来海印三昧一乘教义,略作十门。"在这里,法藏则把"海印三昧"解释为"体"的一种作用或表现。

法藏把"海印"释为"真如本觉",释为"一心"(即"自性清净心"),这样就把《华严经》对禅定状态的神通境界构想,改造成心生万法的宇宙起源理论。"一心"包含一切世间及出世间现象,并成为"一法界"的"大总相"。"总相"指整体、共相,这是强调世界万有作为一个整体存在,毫无例外是"一心"所产生,为"一心"所包容。另外,"一心"作为共相,又成为一切现象的本质。从上下文看,这里的"一法界"与"一心"含义相同,只是没有明确界定。在《大乘起信论义记》卷上,法藏就明确指出:"一法界者,是一心也,异彼余法,故言法界。"这样,作为表述世界存在状态的"法界",就不仅仅是外在的佛的境界,而首先是人心的本来境界。世间的一切现象都是"一心"的表现,本来没有区别,其所以有凡圣差别、净染区分、善恶对立,只是由于人有"妄念"的结果。消除妄念,"唯一真如",是说一切存在的现象本质上都是契合"真如"的,都是合理的,肯定"真如",也就是肯定作为"真如"表现的"森罗及万象"。

法藏论述的海印三昧这一"用",从理论形态上说,是讲本体与作用的关系,强调本体就是现象。从宗教信仰的角度看,其突出特点是把外在崇拜与自我崇拜紧密结合起来。

"华严三昧"也出自《贤首品》,与"海印三昧"在同一段落。据说,进入这种禅定状态,就具有佛教的一切修行功德,具有从事一切修行的能力,所谓"一切自在难思议,华严三昧势力故"(《贤首品》)。法藏所讲的这一"用",是在解脱论的意义上阐述。心体具有成佛的一切,那么从逻辑上讲,修心即可达到解脱。更为重要的是,法藏以"广修万行,称理成德"来定义"华严三昧"。"万行"是《华严经》所述普贤行的别称,概指达到成佛解脱的一切修行法门。这样,法藏就在"一体二用"这种新的理论框架下,把《华严经》列举的一切佛教修行规定全部接受下来。

实际上,《起信论》所讲的"真如用"也是"二用",其一是依分别事相的认识所见的佛身,即"应化身",其二是依于业识所见的佛身,即"报身",最后又把真如的作用完全归结到"一心",说明真如的作用即是"心"创造佛的过程。法藏所讲的"二用",其经典依据是《贤首品》讲的两种禅定。所论述的问题与原经已毫无关系。

三　性起缘起

佛教用以说明世界、人生及各种现象起源的理论称为"缘起"说,佛教各主要派别的缘起说不完全相同。一般说来,缘起说讨论本体界与现象界的关系,兼有宇宙生成论和本体论的双重内容,这是所有缘起理论的一致之处。法藏以性起说明世界、人生及各种现象的起源,与以往的缘起说涉及同一类问题。这样,他的性起说与以往的缘起说有何异同,就为当时学僧所关注。法藏曾多次就此问题作答,其中之一是:

> 问:性起及缘起,此二言有何别耶?
> 答:性起者,即(自是言,)本具性不从缘;言缘起者,此中入之近方便,谓法从缘而起,无自性故,即其法不起中令人解之。其性起者,即其法性,即无起以为性故,即其以不起为起。(《华严经问答》卷上)

"法从缘而起",可以说是对以往缘起理论的恰当概括。"缘"指事物或现象(法)赖以产生的条件,"起"指产生或生起。一切现象均依据一定的条件而产生和变化,处于普遍的因果联系之中。在法藏看来,这个理论只是一种"方便"之谈,是为了让人们懂得性起之理的手段。他所说的"性起",乃是"以不起为起",与以往的缘起说完全不同。

上引解性起文中的"自是言"三字是衍文。性起的意思是"本具性不从缘"。这是说,依本体而显现的一切现象不需要任何条件(不从缘),它们的产生即是"法性"的表现,不需要任何外在因素促动。从这个意义上讲,性起也就是"不起之起"。因为,凡言现象的生"起",总是与认为此"起"是有条件的前提相联系,否则就成了佛教一贯反对的无因论,与早期佛教就确立的"有因有缘集世间，有因有缘世间集；有因有缘灭世间，有因有缘世间灭"的原则相违。既然"本具性不从缘"，那么这个"起"也就等于"无起"。

法藏的上述论证，是在把本体与现象绝对等同的前提下立论。本体"一心"是绝对的永恒存在，不需要任何条件，而作为"一心"所显示的"法"，也就成了永恒绝对的存在，不需要任何条件。法藏并非只讲"性起"，不讲"缘起"，他是以性起的观点解释缘起："明缘起者，如见尘时，此尘是自心现。"（《华严经义海百门》）既然此"尘"是一"心"的示现，那么它的产生（起）也"不从缘"，也是"无起之起"。因此，法藏所讲的"缘起"实际上是"性起"，相对于以往的缘起说，这种缘起说是"无起之起"。

使用同样的"缘起"一词，却是截然不同的两个概念，表达完全不同的两种思想，必然造成混乱。于是，法藏就把"缘起"分为"三乘"和"一乘"两种。

问：三乘缘起，一乘缘起，有何别耶？
答：三乘缘起者，缘集有，缘散无。一乘缘起即不尔，缘合不有，缘散不无故。（《华严经问答》卷上）

用"不有"和"不无"表述缘起，不是华严宗的创造，而是承自大乘中观派建立的三论宗认识论。法藏在这里讲的"缘合不有，缘散不无"，不是强调"诸法皆空"，而是说明现象不待缘（条件）而产生，是强调本体及本体所显的现象的绝对实在，绝对不变。

法藏所讲的"性起"，以及由此形成的"缘起"说，是在"即体即用""一即一切"认识原则指导下形成的。离开"一即一切"，他的"性起""缘起"之说都失去意义。他在多次回答提问中表述这个观点：

问：一人修行，一切人皆成佛，其义云何？
答：此约缘起之人说故，一人即一切人，一切人即一人故。修言亦尔，一修一切修，一切修一修，故同云也。

问：现一人修而余不修，亦一人非余人，何得为尔也？

答：汝所见但是遍计耳，不知缘起之法，不足言也。(《华严经问答》卷上)

华严宗所说的"人"和"修"，是在缘起法的范围内谈"人"谈"修"，以"一即一切"为认识前提。如果离开"一即一切，一切即一"，追问为什么一个人修行就能使其余一切人成佛，这是"遍计所执性"的认识，即承认现象的客观实在性，就与缘起之法无关。

总之，性起说与以往缘起说在方法论上的关键区别，是性起说把本体与现象完全重合为一，在这个前提下论述世界、人生和一切现象的起源。在这种学说看来，一切事物或现象是本体直接的、全部的显现，它们的生起是无条件的、绝对的，既不以人的意志为转移，也不以佛的意志为转移。作为世界本原的"佛性"或"一心"是真实的、永恒的、无条件的存在，作为它的作用或表现的一切现象同样也是真实的、永恒的、无条件的存在。性起学说所描述的世界，既是现象界又是本体界，既是轮回世界又是解脱世界，既是现实世界又是理想世界。解脱世界所具有的神圣、圆满、合理等一切特征，都被赋予轮回世界。人们热爱前者即是热爱后者。人们在现实世界里"广修万行"，就是解脱的表现。这是性起学说鼓励依《华严经》修行的号召。

［原载《东洋学术研究》（日文版）2001年第40卷第2号］

论杜顺的华严禅观

一 法顺生平及其双重品格

关于法顺的生平事迹，道宣的《续高僧传》、杜殷的《杜顺和尚行记》、法藏的《华严经传记》均有详略不同的记述。道宣生活年代略迟于法顺，法藏是法顺的再传弟子，以他们的记载为据，可以了解法顺行事和学说的基本情况。唐中期以后，法顺被奉为华严宗初祖，晚出史书增加了不少内容，许多所谓事迹是不可信的。

根据早期的史料记载，法顺出身于下层游僧，因神异事迹而名闻朝野，并且与义学派关系很密切。他兼具禅僧和义学僧的双重品格，这不仅反映在他的行事上，也反映在他的学说中。

据《续高僧传》卷二十五本传，法顺（557—640）俗姓杜，世称杜顺，雍州万年（今陕西长安）人，18岁出家，师事因圣寺僧珍禅师，"受持定业"。僧珍俗姓魏，是位"志存俭约，野居成性"的游僧。他重视禅定修习，有神异事迹，从而首先在民间引起"四远响从"，由此又知名于隋朝廷，"隋高重之，日赐米三升，用供常限"。法顺的品格风貌颇类其师，也是一位居无定所的游荡僧人。他常游化于庆州（今甘肃庆阳），清河、骊山、三原、武功等地，一生活动范围不大，大约以今天陕西关中一带为中心。法顺所教化的主要对象，是普通农民。他曾在庆州"劝民设会，供限五百"。从举办法会的规模看，法顺与地方豪富也保持着联系。

法顺传教弘法于民间，首先是以神异动众。道宣把他列在《感通篇》，将其视为神异僧人，法藏则直呼其为"神僧"。到宗密时，法顺就被塑造成文殊菩萨的化身了。早期各类传记对其事迹有不同记述，但在突出他的神异灵迹方面基本一致。法顺神异事迹的主要特点，是把认为从禅定修习中获得的诸种有益于众生的神秘能力，用之于反对民间宗教信仰方面，以扩大佛教的影响。据说，他能通过"示语慈善"而"导发异类"，如驯服牛马、驱除虫蚁等，另外还能治疗天生聋哑等。但是，对于非佛教信仰的民间宗教活动，法顺一概采取激烈行动予以扫除，"神树鬼庙，见即焚除；巫觋所事，躬为并僾。祯祥屡见，绝无障碍"。"祯祥"之所以"屡见"，在于他的这些活动被认为是"奉正"驱邪之举。法顺"言教所设，多抑浮词，显言正理"。所谓"浮词"，当属神婆巫汉之语；所谓"正理"，应为佛教的义理。

法顺以"感通幽显，声闻朝野"，引起唐太宗的重视，后引入内禁，隆礼崇敬，"储宫王族懿戚重臣，戒约是投"。唐王朝统治者眷顾法顺基于两点：其一是仰其"神"，指为法顺的诸多神异功能所吸引；其二是奉其"德"，指他"言不涉世，全不留心；随有任用，情志虚远；但服粗弊，卒无兼副；虽闻异议，仍大笑之。其不竞物情，又若此也"。不与世争，生活从简，超然大度，此即为其"德"。从隋至唐初，南北各地佛教僧人云集长安，各种思潮相互激荡。争辩论战，互较短长，乃是硕学高僧的护教卫法之"德"。法顺的"德"，是成功地在民间弘教的下层僧人的特有品质。法顺此后无多事迹，卒于长安南郊义善寺。

法顺与《华严》、与义学中心至相寺的关系，可以从道宣对其弟子的记述中看到。道宣谓："弟子智俨，名贯至相。幼年奉敬，雅遵余度，而神用清越，振绩京皋。《华严》、《摄论》，寻常讲说。至龛所（指法顺葬身处）化导乡川，故斯尘不绝矣。"道宣比智俨年长6岁，当时均活动于长安城南同一地区，此段记述尤为重要和可信。

智俨27岁完成他的代表作《搜玄记》，说他当时"名贯至相""振绩京皋"，完全不是溢美之词。明确说智俨是法顺弟子，并且"幼年奉敬，雅遵余度"，表明法顺对智俨影响之深刻。智俨到法顺葬身处说法化导，可见他唯尊法顺为师，且以继承其思想自居。智俨讲说《华严》《摄论》被认为是"斯尘不绝"，暗示这些经论以前也为法顺所重。法顺逝世时，智俨已经38岁，其全部学说体系是在法顺生前完成的。智俨概括其独特学说的《华严一乘十玄门》，标有"承杜顺和尚说"，至少显示出法顺在智俨思想形成过程中的重要作用。

法藏在《华严经传记》卷三《智俨》中记，法顺见到12岁的智俨，带其出家，"即以俨付上足达法师，令其顺诲。晓夜诵持，曾无再问"。按此记述，智俨虽是法顺弟子，但未受其教诲，在思想上两人没有多少关系，这是与道宣所记不相符合的方面。另一方面，这里又提到法顺的另一位义学弟子达法师，住于至相寺，充分表明法顺对培养义学弟子的重视，这又是对道宣记述的补充。智俨从学于法顺的"上足"，也是间接从学于法顺。

法顺还有个居士弟子樊玄智，泾州人，16岁离家，在长安城南投法顺禅师，"习诸胜行，顺即令诵读《华严》为业，劝依此经修普贤行"。樊玄智后来"又服膺至相寺整（大约指智正）法师，入终南山，温习斯典（指《华严经》），遂得一部周毕"。樊玄智后来居坊州赤沙乡一石窟，二十余年间，"昼诵《华严》，夜修禅观"（《华严经传记》卷四），卒于唐永淳元年（682），年七十余。此述有三点值得注意。第一，法顺是依《华严》修行的，所重视的是"普贤行"，他如此教人，自当有如此行事。第二，各类传记均未明言法顺所教禅观的具体内容，从樊玄智习"胜行"重义学的情况分析，其禅观应以注重抽象思辨，不注重对具体形象的观想忆念为特征。这也是法顺华严禅观的特点。第三，樊玄智多年"昼诵《华严》，夜修禅观"，这是当时大多数依经修行者的习惯，也反映了法顺的修行方式。

综合上述资料考察，法顺华严学的师承关系虽然不明确，但他是位依《华严》修行的僧人，既有禅僧、神僧的品格，又有"显言正理"、重视培养义学弟子的法师品格。他所重的《华严》义理研究，与至相寺有密切关系。

从北周末年到唐初法顺时代，构成至相寺僧众主体或与至相寺来往甚密的僧众已有数派。其一，出自普圆系的普安，是由苦行头陀派向义学派靠拢的一支。其二，出自地论义学派的三支：有昙衍系的灵辨，师承灵斡；有昙遵系的智正，师承昙迁；有道凭系的彭渊，师承灵裕。其三，长安义学名僧慧藏，研究《华严》，逝世后葬至相寺。其四，法顺系，是由游荡神异禅僧派向义学派转化的一支。至相寺僧众并非只研究《华严》，而是以华严学为主,兼及其他。修行方式、理论见解不同的华严诸派会聚至相寺,使这里成为全国华严学的中心,成为创宗建派的基地,成为弘法传教的据点。在诸派融合过程中,各派僧众表现出向义学名僧靠拢,以义理研究为主的倾向。华严诸派的融合过程,也就是义学成为华严学主导潮流的过程。从一定意义上说,法顺兼具神异禅僧和义学法师的双重品格,正是这种融合过程的集中体现。

二 法顺著作及其真伪之辨

宗密在介绍法顺时说:"姓杜,名法顺,唐初时行化,神异极多,传中有证,验知是文殊菩萨应现身也。是《华严》新旧二疏初之祖师,俨尊者为二祖,康藏国师为三祖。"(《注华严法界观门》)这是法顺被奉为华严初祖之始。法顺没有晋译《华严》的注疏著作,所谓《华严》"新旧二疏初之祖师"没有根据。但宗密的说法也表明,奉法顺为华严宗"祖师",主要以奉其华严学说为标准,并非主要以师承关系为根据。要确定法顺的学说,首先需确定他的著作。

关于法顺的著作,历来争论不少。除智俨的《华严一乘十玄门》标有"承杜顺和尚说"外,到法藏时还没有人提及法顺的著作。从澄观开始,有了法顺著作的注疏,至宋代,标为法顺的著作持续增加。《佛祖统纪》卷三十九谓法顺劝人念阿弥陀佛,著《五悔文》"赞咏净土",此说是为附会法顺"路逢神树鬼庙,即焚毁之"的事迹。又记法顺有《妄尽还源观》一卷,这是宋代天台宗人的普遍看法。华严宗人净源针对孤山智圆的这个观点,经过考证后认为此文为法藏作品。日本僧人目录中记法顺有《十门实相观》一卷、《会诸宗别见颂》一卷,《大正藏》卷四十五所收《华严五教止观》后附《终南山杜顺禅师缘起》,谓法顺著《十玄止观》《文海》等。此类晚出说法均难以为据。

澄观认为《华严法界观》为法顺著作,并著《华严法界玄镜》二卷注解,后宗密又作《注华严法界观门》一卷予以发挥。《华严法界观》原为法藏《华严发菩提心章》的一部分。法藏书分为四大部分:"发心第一""简教第二""显过第三""表德第四"。最后一部分"表德第四"又分为五门，即"第一真空观""第二理事无碍观""第三周遍含容观""第四色空章十门止观""第五理事圆融义"，其中的前三观被澄观和宗密认作法顺的《华严法界观》。在法藏书中，这三观与后两部分相呼应，构成整体，专讲理事关系，而且行文体例也一致。就前三观的内容言，细致分析理事的十方面关系，并以理事阐述法界缘起。从华严学发展史的角度考察，这些思想不可能出现在智俨以前。因此，《华严法界观》应看作法藏《华严发菩提心章》的一部分，不大可能是法顺的独立著作。

现存的《华严五教止观》（简称《五教止观》）一卷，可以认定是法顺的唯一著作。由于此书部分内容见于法藏的《华严游心法界记》，所以也曾引起研究者的怀疑。从整体上看，《五教止观》与《华严游心法界记》的性质完全不同。《五教止观》讲从低到高、由浅入深的五重止观，即在修行禅观中所应思考的各种具体内容，是一部禅法性质的书。《华严游心法界记》接受了前书的分类名目，指出其各自的经典依据，是从对全部佛教经典和学说分类的角度论述华严宗思想，是一部判教性质的书。很明显，法藏是把法顺的五重止观说予以改造，形成了判教学说。至于法顺的华严思想，及其兼重禅观与义理探讨的特点，都在《五教止观》中得到了集中体现。

三　禅僧本色及其思辨特征

《五教止观》吸收了大小乘佛教的主要禅观内容，在分析批判的基础上，把它们统统作为"入道方便"，为达到"华严三昧"的禅观认识和体验服务。它以讲禅法为主，体现了法顺重禅定修习的禅僧本色；它强调"思之可知"，注重抽象思辨，又体现了法顺的义学特点。

《五教止观》开头言："行人修道，简邪入正，止观法门有五。""止观法门"指修禅观的方法，要求修行者（行人）在情绪稳定、精神专注（止）的状态下，认识、思考特定的教义（观），达到相应的体验（入道）。"简邪"是批判不正确的禅观，"入正"是认识和思考正确的教义。简邪是手段，入正是目的，它们又是同一修禅过程中的两个方面。法顺接受佛教关于禅修的一般观点认为："为病既多，与药非一，随机进修异，所以方便不同。"由于人们的错误认识（病）多种多样，人们的天生素质（机）也有差别，所以采取的修禅具体方法（方便）可以灵活变化。就法顺讲的五门止观的关系言，前四门都是方便，为消除特定的错误认识而设立，只有最后的"华严三昧"才是真正的"入正"。

第一，"法有我无门"。

> 今偏就五停心中，为众生著我者，说界分别观。

"五停心"观是小乘佛教禅法中的一种，包括五种观想（认识和思考）内容："不净观"，具体思考自己身体和他人身体的诸多污秽不干净，从而消除对人生的贪恋，坚定树立从事佛教修行的决心；"慈悲观"，思考一切众生值得怜悯同情的各个方面，以消除对外界一切的嗔恚；"因缘观"，思考十二因缘的道理，懂得一切生死痛苦源于对佛教的不理解和不信仰（无明）；"界分别观"，思考一切物质和精神现象（十八界）均由地水火风空识等六大（六种因素）聚合组成，处于生灭无常变动之中，以消除"我见"；"数息观"，思考呼息次数，以消除不良念头。这种"五停心"观，既有专注于思考具体事相的内容，又有专注于思考较抽象的佛教义理的内容。法顺在这里不要求修"五停心"的全部内容，而是选取了"界分别观"，是要求修习其中最具抽象意义的部分。修习界分别观的目的，是消除"我见"、"著我"或"我执"，即消除认为有支配人自身的精神主宰（"我"，相当于灵魂，又称"神我"）的错误观念。这种观法的特点是"人我虽去，法执犹存"，即认为客观外在事物（法）是实在的错误观念不能消除（法执犹存）。法顺分析："若行者观此十八界，断前等烦恼，得离我、我所，此即解脱能观之心。"就是说，"界分别观"虽然不是最究竟的认识，虽然有局限性，但它毕竟消除了"我执"，获得这种认识，即是"解脱能观之心"。就此而言，"界分别观"可以作为入道的"方便"手段之一。

法顺所述"界分别观"的主要内容承自佛教典籍中的传统说法，并无新意。但是，他在具体分析十八界没有"我"时，采用了"总相"概念，并从"名""事""体""相""用""因"六个方面观察。这种"六种简之"的认识方法也运用于"华严三昧门"的分析中，明显受了"六相"说的影响，使他对小乘禅法的复述带有了华严学的浓重色彩，具有了注重抽象思辨的倾向。在他所述的五门止观中，从一开始就没有给观想具体事相留下位置，从始到终强调"思之可知"，把认识和把握抽象义理放在第一位。

第二，"生即无生门"。

前一门讲"人我空"，论述人的存在并非真实存在。这一门则提高认识，论证"人法二空"，即认为一切事物和现象都不是真实存在，分为两方面叙述。其一是"无生观"。"法无自性，相由故生，生非实有，是则为空。空无毫末，故曰无生。"一切事物（法）由各种因素、条件组合而存在（生），自身没有保持其独立性的内部主宰（我或自性），当因缘离散，具体事物即不存在，所以这种存在（生）不是真实的存在（实有），此即为"无生"。其二是"无相观"。具体的事物有特定的相状，由于它们的存在是虚假的存在，不是真实的存在，所以"相即无相"，有相状的本质是"无相"。由此得出"生即无生"的结论。从"无生"和"无相"的论述看，法顺在这一门主要是接受了空宗的思想。第一门和第二门所论述的主要问题，是客观事物并非真实存在的问题，用佛教用语表述，即是思考"空"的问题。

第三，"事理圆融门"。

在法顺看来，思考"空"理并没有错，其局限性在于没有和"有"结合起来考虑，因此，第三门则以理事关系立论，讨论空和有的关系。他所论述的理事或空有关系，完全是依《大乘起信论》。据杜继文《大乘起信论全译》，"《起信论》的面世，只能在548年到588年的四十多年内"，它的思想本于《楞伽经》。在地论师中，净影慧远对此论最为重视，法顺在唐初也受到这股思潮的影响。《大乘起信论》提出了一个世间和出世间的本体，称为"一心"，这是一切众生都具有的。这"一心"又分为两门："真如门"是不生不灭，永恒存在的；"生灭门"是变化无常的。法顺全盘接受了这种说法，并认为"心真如门者是理，心生灭门者是事"，从理事的圆融方面论述空有关系。"所谓空有二见，自在圆融，隐显不同，毫无障碍。"这样一来，法顺把空有问题安置在"一心"本体上考察，如同理事均统一于"一心"一样,空有也统一于"一心",由此得出空有圆融的结论。在这里,"空"和"有"实际上已被赋予"心真如门"和"心生灭门"的含义,无论空与有,无论事物是"因缘有"还是"无性空",都体现"一心"。所以,法顺对此门观法的总结是:"双离双失,顿绝百非,见心无寄,故名观也。"

第四,"语观双绝门"。

法顺指出:

> 夫语观双绝者,经云:"言语道断,心行处灭"者是。即于上来空有两门,离诸言论、心行之境,唯有真如及真如智。何以故?圆融相夺,离诸相故;随所动念,即真如故。

这一门并无新意,没有增加新的思想内容,只是讲前一门空有圆融的境界不能以语言文字描述(离诸言论),不能以思维来把握(离心行之境)。这种不能心思口议的境界,即是真如境界,即是真如智慧的体现。从理事关系上描述这种境界的特点,就是:"此意在言外,勿执言思理;理不出言,莫捐而求理。"中国哲学中讨论的"言意之辨"也在这里得到运用。法顺强调空有圆融境界的特点,在于论证这种境界"唯证相应,岂关言说",鼓励僧众去践行、体验。如果说前一门是法顺创造性地运用了当时佛教义学界最时髦的新理论,表明了他的义学僧品格,那么这一门的论述,则反映了他重体验(证)的禅僧本色。

第五,"华严三昧门"。

此门要求认识、思考和体验"法界缘起"境界。"若有直见色等诸法从缘,即是法界缘起也,不必更须前方便也。"修华严三昧,认识了法界缘起,前四门的方便修行也就不必要了。

"直见(观想、体验)色等诸法从缘",就是入法界缘起。法顺反复强调,"见眼耳等事,即入法界缘起中也","见法即入大缘起法界中也"。所以,华严三昧所要求思考的直接对象是"事",而不是"理"。由于理事圆融,对"事"的完全把握即为对"理"的完全把握。

法界缘起"境界者,即法,明多法互入,犹如帝网天珠,重重无尽之境界也"。"帝网"又称"因陀罗网",指帝释天宫悬挂的一张结满无数宝珠的网,《华严》和《梵网》等经都有记述。按法顺的解释,这张网上的任意一颗宝珠都"能顿现一切珠影,此珠既尔,余一一亦然。既一一珠一时顿现一切珠既尔,余一一亦然,如是重重,无有边际。有边即此重重无边际珠影皆在一珠中,炳然高现,余皆不妨此"。这是说,因陀罗网上的每一颗珠子都映现其他一切珠子,也映现一切珠子中所反映的一切珠子,每一颗珠子都有这个特点,一一类推下去,就是重重无尽,没有边际。但是,没有边际又与有边际相统一,重重无尽的珠影反映在一颗珠子中,这就是有边际。这是因陀罗网之喻所能说明的全部内容,但并不是法界缘起的全部内容。法顺从"喻"与"法"的关系方面来补充说明法界缘起的全部内容:

> 如斯妙喻,类法思之。法不如然,喻同非喻;一分相似,故以为言。何者?此珠但得影相摄入,其质各殊。法不如然,全体交彻故,以非喻为显现真实义。

如果因陀罗网的比喻与法界缘起教义(法)毫无共同点,比喻就失去了意义(喻同非喻)。这个比喻与法界缘起教义有相通之处(一分相似),表现在"影相摄入"方面。但是,这个比喻也有不能说明法界缘起的方面,即"全体交彻"。具体说来,一颗珠子映现一切珠子,它所映现的只是那一切珠子的影子,并不是把那一切珠子本身全部摄入,那一切珠子还独立存在(其质各殊),这不是"全收"。法界缘起的"真实义"在于讲"全体交彻"、"全收",即作为"一"的珠子不仅能摄入作为"一切"珠子的"影相",也能摄入其"体"。也就是说,"一"不仅是指具体的事物,也具有本体、共性的意义。

华严三昧所要求体验的法界缘起境界,是以"明多法互入"为核心,明显带有《华严经》所描述的菩萨"一身入多身","须弥纳入芥子"之类的神通境界构想的成分。法顺所讲的"法界",指由佛法身所示现的整个世界,所讲的"法界缘起",指作为整体的部分存在的一切现象均处于"彼中有此,此中有彼"的状态,这即是"全体交彻"。法顺对一与一切、一与多没有明确定义，没有从理论上论证它们的关系，只是联系因陀罗网的比喻来说明。此后智俨由此发挥，把认识一与一切的关系作为把握法界缘起的关键。

（1997年佛教学术会议发表，后整理为《中国华严宗通史》第三章第四节，略有改动）

华严宗理论创新的过程、内容与价值
——以《华严十玄门》为例分析

隋唐佛教被称为中国佛教的顶峰时期，一个最重要的原因是中国佛教宗派的形成。在当时产生的众多佛教宗派中，不少宗派结合中国固有思想文化，对域外传入的佛教经典进行重新诠释，提出了既不同于印度佛教原有思想，又为中国传统文化所缺少的理论。这是中国佛教理论创造达到后代无法企及高度的重要标志。从这些新的佛教思想中，不仅可以看到中国佛教信徒的理论创造能力，更可以看到他们在理论创新过程中，在树立信仰过程中所肩负的社会责任。

从隋唐佛教理论中梳理出具有创新性质的思想是十分困难的事情。本文仅以华严宗二祖智俨的《华严一乘十玄门》（以下简称《华严十玄门》）为例，论述华严宗理论创新的过程、内容和价值。

一 提出创新思想的原则和步骤

在智俨（602—668）的著作中，《大方广佛华严经搜玄分齐通智方轨》（以下简称《搜玄记》）是他系统注解华严经的代表作，《华严十玄门》则是他系统总结新思想的集大成之作。根据晋译《华严经》，智俨通过注解经文、解释名相、概括宗旨大意等形式来发挥自己的创新思想。这个理论创新过程，始终在探索和开发原经中蕴含的"玄"理的指导原则下进行。无论是《搜玄记》还是《华严十玄门》，都不例外。

智俨把佛的真理性活动看作"玄"的体现,①认为经典中包含容摄的"玄",本质上有着离言绝相,不可心思口议的特点。②他把自己系统诠释《华严经》的第一部著作定名为"搜玄",把最具创新意义的学说定名为"十门玄"或"十玄门",正体现了他是在探索"玄"的思想支配下诠释经典。东晋僧卫在注解《十住经》时,就认为该经"文约而致弘,言婉而旨玄",③具有探求经典"玄"妙宗旨的主观意图。智俨正是对这种思想的继承。

作为中国哲学用语的所谓"玄",来源于《老子》。在道家哲学中,"玄"是能够体现万物无穷变化作用的幽深微妙、高远莫测的"道"。智俨所要搜的"玄",用《华严十玄门》中的用语,就是"一乘缘起"或"法界缘起"④。这个"法界缘起"所要阐明的道理,就是作为佛自体(也称为"十佛境界""如来藏自性清净心""一真法界""佛性"等)作用和表现的万事万物之间本来存在着圆融无碍的理想关系。所以,佛家讲的"玄"乃是佛家自己的"道",与道家的用语虽然相同,含义却不同。这就是所谓"借语用之,取意则别"⑤。

智俨在开发"玄"理思想指导下具体诠释经典的过程,分为两个阶段或步骤,这就是在"约教就自体相辨缘起"时所开的两门。所谓"约教就自体相辨缘起",就是从经典文字("教")出发,根据佛智慧本体("自体")的作用和表现("相")来论证法界缘起("辨缘起")。

第一门称为"举譬辩成于法",即通过分析来自经典中的譬喻来理解

---

① 《搜玄记》卷一谓:"夫如来大圣,自创悟玄踪,发轸于无住。融神妙寂,志崇于菩提。故能殖道种于先际,积善业于无我。晕正智于金刚。"见《大正藏》第35册,第13页下。
② 《搜玄记》卷一谓:"斯之玄寂,岂容言哉,但以大悲垂训,道无私隐,故致随缘之说。"见《大正藏》第35册,第13页下。
③ 《出三藏记集》卷九《十住经合注序》,《大正藏》第55册,第61页下。
④ 《华严一乘十玄门》,《大正藏》第45册,第514页上。以下引用本文只注页码。
⑤ 《华严经随疏演义钞》卷一。《大正藏》第36册,第2页中。这是佛教学僧的一贯做法,正如后来澄观所指出的,对儒道哲学用语,是"借语用之,取意则别"。《华严经疏》开头也用"众妙"一词,澄观在《随疏演义钞》中解释说:《老子》中"玄之又玄,众妙之门"中讲的"众妙",是"以虚无自然以为玄妙",他所讲的"众妙",是"以一真法界为玄妙体,即体之相为众妙矣"。就是说,"众妙"都是指一切事物,《老子》所指的一切事物来自"虚无自然",他讲的一切事物是"如来藏自性清净心"的作用。

佛法，阐述法界缘起的道理。《华严十玄门》谓：

> 所言举譬辩者，如《夜摩天会菩萨云集品》说云：譬如数十法，增一至无量，皆悉是本数，智慧故差别也。①

这里的引文同于今本60卷《华严》卷十《夜摩天宫菩萨说偈品》。原经文使用这个比喻，是为了说明一切法由于在"性"上没有差别，所以"一"与"十"的差别也只不过是人们世俗智慧分别的结果，实际上并没有差别。②

按照这个比喻，智俨又分两门论述"一"与"十"的关系。首先是"异体门"，即从差别、部分的角度讲缘起。分别采用《华严经》中已经有的"一中多，多中一"，"一即多，多即一"的说法，经过论证，证明"一"和"多"是相互联系、相互依存的，没有"一"，就没有"多"，反之亦然，最后得出"一"和"多"在缘起法的范围内可以完全等同。

然后是"同体门"，即从共性、整体的角度讲缘起，论述方法与"异体门"相同，也是借用"一中多，多中一"，"一即多，多即一"的说法，经过论证，证明"一"就是"多"，"多"就是"一"。

然而，经中的比喻并不能表达佛法的真正含义，这一点杜顺（557—640）在《华严五教止观·华严三昧门》已经讲过。他曾使用因陀罗网的比喻来说明法界缘起境界。按照他的解释，因陀罗网上的每一颗宝珠都能映现其他一切珠子，也映现那一切珠子中所反映的一切，每一颗珠子都有这个特点，一一类推下去，就是重重无尽，没有边际。但是，没有边际又与有边际相统一，重重无尽的珠影反映在一颗珠子中，就是有边际。这是因陀罗网之喻所能说明的全部内容。③ 但是，杜顺认为，这个譬喻虽然十

---

① 上引均见《大正藏》第45册，第514页中。
② 《大正藏》第9册，第465页上："诸法无差别，唯佛分别知。一切无不达，智能到彼岸。如金及金色，其性无差别。……譬如数法十，增一至无量，皆悉是本数，智能故差别。"
③ 《华严五教止观》：因陀罗网上的任何一颗宝珠都"能顿现一切珠影，此珠既尔，余一一亦然。既一一珠顿现一切珠既尔，余一一亦然，如是重重无有边际。有边即此重重无边际珠影皆在一珠中，炳然高现，余皆不妨此。"见《大正藏》第45册，第513页中。

分"妙",却并不是佛法的真正含义,也不是法界缘起境界的真实情况。只是因为这个比喻与法界缘起的真实情况有"一分相似",所以才讲这个比喻。法界缘起境界是诸法的"全体交彻",而不仅仅限于"影相摄入"。只有了解了这层意思,因陀罗网的比喻才有助于人们理解真正的佛法。①杜顺在这里提出了一个重要思想:经典中讲述的比喻再好再妙、寓意再深刻,都不能与真正的佛法画等号。所以,杜顺倡导从"喻"(原经叙述)到"法"(华严教义)的变革。智俨的"举譬辩成于法"这一门,正是对杜顺"以非喻显真实义"思想的继承和创造性总结。

在继承杜顺思想提出"举譬辩成于法"的基础上,智俨又完全创造性地提出了第二门:"约法以会理"。即从佛教名相概念分析("约法")来探究华严玄理("会理")。这种"会理",就是展开论述"十玄门"。这表明,智俨认为诠释经典不仅应该有从"喻"到"法"的过渡,还要有从"法"到"理"的过渡,即要求把所揭示的佛"法"用特有的概念予以论证,才能获得真正的"玄理"。所谓"十玄门",是从十个方面论述法界缘起的"玄妙"道理,并不是十个玄理。由于"十玄门"是讲法界缘起的,所以也称为"十玄缘起";由于它讲的是不同于其他缘起说的华严缘起,所以也称为"一乘缘起"。

十玄门最显著的特点,是运用十对概念("十会"、"十对")来论证教理,从而建立起华严学的概念体系。所谓"十会",指的是教义、理事、解行、因果、人法、分齐境位、法智师弟、主伴依正、逆顺体用、随生根欲性(半满)。② 这十对概念并不是原封不动地抄自《华严经》,而是智俨在诠释经典过程中逐步概括、总结和归纳出来的。《搜玄记》在随文释义过程中,往往运用一些概念归纳原典各部分的内容。例如,卷五上(解释入法界品)中说:"二约法者有十:一因,二果,三行,四理,五教,六

---

① "如斯妙喻,类法思之。法不如然,喻同非喻;一分相似,故以为言。何者?此珠但得影相摄入,其质各殊。法不如然,全体交彻,故以非喻为显真实义。"见《大正藏》第45册,第513页下。

② 这十对概念后来经过了法藏的整理,《华严经探玄记》谓:"就初门中有十义具足:一教义具足,二理事、三境智、四行位、五因果、六依正、七体用、八人法、九逆顺、十应感具足。"见《大正藏》第35册,第123页下。

义，七事，八人，九法，十解。"① 值得重视的是，《华严十玄门》中讲的这十对概念，定义明确、完整，而且未见于其他处，可以说是智俨在总结以往研究成果基础上提炼出来的。"十会"的提出和运用，不仅大大丰富了华严宗的概念体系，同时也丰富了整个佛教的思想内容。这十对名相，从狭义上讲，是概括一切佛法；从广义上讲，是概括一切世间或出世间现象。每一门所讲的关系，都是讲这"十会"的关系。例如，作为总纲性质的第一门，"同时具足相应门"，就是讲这"十会"的"同时"、"具足"和"相应"，也就是讲一切佛法，一切世间或出世间现象产生时间没有先后（"同时"），数量没有增减变化和遗漏（"具足"），相互依存而不相妨碍（"相应"）。

总之，智俨在探索"玄"理原则指导下诠释经典，不仅继承了以往华严学僧的成果，而且有自己不可替代的创造，使华严经学哲学化、概念化的过程不断深入。探索玄理的过程形式上是诠释经典的过程，实际上是提出新思想的过程。这个过程经过了从喻到法，再从法到理的两个阶段过渡。既然把佛所说的经看作"喻"，看作"譬"，其蕴含的真正佛"法"、佛"道"、佛"理"须待挖掘，须待哲学发挥和处理，就为解经注经者大胆变革、勇敢创新提供了信仰保障和精神鼓舞。从《华严十玄门》可以看到，华严概念体系的建造，新思想的提出，正是在这种中国文化中固有的不迷经、崇理性的人文精神驱动下进行的。

二 创新思想的内容和价值

在智俨之前，《华严经》的研究者就以"法界缘起"概括本经的核心内容。而集中对"法界缘起"进行创造性论述，是从智俨的《华严十玄门》开始。在本篇文章开头，智俨就明确指出了法界缘起说与佛教传统缘起说的本质区别，并概括了法界缘起的核心内容：

> 明一乘缘起自体法界义者，不同大乘、二乘缘起，但能离执常、

---

① 《大正藏》第35册，第87页下。

断诸过等。此宗不尔，一即一切，无过不离，无法不同也。①

缘起说是佛教最重要的基本理论，大乘（菩萨乘）、二乘（声闻乘，缘觉乘），也就是传统佛教所讲述的缘起说有许多种，各种缘起学说之间虽然互有差异，但有一个共性，即都是说明世界、人生及各种现象生成、变化和毁灭的理论。总的说来，传统缘起学说在承认事物和现象均依据特定条件而产生、变化和消亡方面是一致的。在智俨看来，传统缘起理论的价值和作用，是要消除（离）人们认为事物或断灭（断）或永恒（常）等错误认识和观念（诸过）。但是，华严经宗所讲的"一乘缘起"，也就是"法界缘起"，却不是关于世界、人生及各种现象起源的理论，不是侧重于解决宇宙生成论或本体论方面的问题，而是关于世界、人生和各种现象理想存在状态的学说，重点说明事物或现象之间本来具有的理想关系，说明修行解脱所要达到的理想境界。

"一乘缘起"或"法界缘起"的名目自然都不是智俨所创，但是，智俨在这里把它与传统缘起学说进行比较，指出了创新理论的特点，并赋予其新的内容。"一"和"一切"②可以相互等同（一即一切），尽管作为"一切"的事物或现象可以多得不可计数，但是没有存在于"一"之外的任何个体，也没有存在于"一切"之外的"一"（无过不离），任何事物或现象都是可以相互等同的（无法不同）。这三句简明且具有创新意义的概括，成为华严哲学思想的总纲。《华严十玄门》中讲的"十玄门"，就是对这个总纲的具体论述。

这种"一"与"一切"的关系，与智俨所引用的《华严经》中的"数十"比喻含义不同。原经是从十个数字在"性"相同的意义上讲没有差别，所讲的"一""十"（包括"多""一切""无量""无尽"）都是具体的数字，是具体的"一"和"多"。然而，《华严十玄门》所讲的一与一切的关系，有更深刻的多重含义。

---

① 《大正藏》第45册，第514页上。
② 在《华严十玄门》及在此前后的华严学僧著作中，"一切"与"多"、"十"、"无量"、"无尽"等是同类概念，含义相同，这是继承了《华严经》的内容。

其一，一与一切是处理整体与部分的关系，在整体与部分相互依存、不可分割的基础上讲两者可以相互等同。这里的"一"，是指与部分相互依存的整体，即所谓"缘成一"。这是抽象的一。一即一切，是把整体与部分相等同。在这层意义上使用"一即一切"，强调了整体与每一部分的依存关系。组成一个整体的部分哪怕多得无法计数，缺少其中任一部分也意味着没有那个整体的存在。

其二，一与一切是处理本质与现象、本体与作用、共性与差别的关系，在它们彼此不可分离的基础上讲相互等同。在这方面，"一"指"理"、"心"、"体"、"佛性"等，是抽象的"一"，是生起万有的本原，同时又是一切现象的本质规定。"一切"指"事"、"法"、"用"、"众生"等，是无穷无尽的个体、现象。"一即一切"，表明没有离开本体的作用，离开本质的现象，离开共性的差别。从而强调本体就是作用，本质就是现象，共性就是差别。在这层意义上使用"一即一切"，强调了轮回世界与解脱世界的合一，现实世界与理想世界的合一。不要希望在轮回世界之外寻找解脱世界，希望在现实世界之外寻找理想世界。

其三，一与一切是处理现象与现象之间的关系。在这方面，"一"指统一整体中的某个部分，是具体的"一"；"一切"指整体中除去为"一"的部分之外的其余所有部分，是具体的"一切"。"举一为主，余即为伴。主以为正，伴即是依。"① "一"与"一切"的关系，即是现象或事物间"主伴""正依"的关系，即主从关系。在这层意义上使用"一即一切"，既强化了每个部分相互依存、不能分离的整体意识，又突出了有主次之分的各部分本质上一律平等的观念，从而强调了部分与部分之间关系的协调、和谐。

在这种"一即一切，无过不离，无法不同"方法论指导下描述的理想世界，就是所谓"法界缘起"的真实图景：圆满无缺、同时具足的万事万物，是佛自体的直接体现，两者之间没有兴起和被兴起的关系；万事万物均处于没有矛盾、没有隔阂、相互依存、相互等同的和谐统一之中。世界本身就是一个完整的、统一的、没有时空差异的统一体系。这就是佛国世

---

① 《大正藏》第45册，第515页下。

界的终极真实，也是修行所能获得的理想境界。树立这样的理想境界，明显寄托着中土信仰者的期盼和追求。"十玄门"就是从十个方面讲述这个道理。

《华严十玄门》对法界缘起核心思想的概括，在中国哲学史上有着重要价值和影响。以道家和儒家为主的中国传统文化，历来强调理解"一"的重要性和深刻内涵，在对数字"一"进行理论抽象的基础上，形成了对"一"的特别尊崇。作为哲学概念的"一"，可以指天地万物一成不变的本源，共同的本质，也可以指事物的同一和统一。中国传统文化还重视对"一"的掌握和运用，"抱一""得一""执一""知一"① 等，被作为认识和实践的最高原则。但是，中国传统哲学在强调"一"的同时，普遍缺乏把"一"作为与"多"不可分离的范畴来同时考虑，没有相应地把"一"与"多"作为同等重要的范畴来对待。对"一"的强调实际上已经成为对"一"的孤零零的独尊。智俨的"一即一切，无过不离，无法不同"，明显改变了这种情况。因此，中国哲学对"一"的理论抽象和独尊，为华严学僧接受《华严经》中的一多关系奠定了思想基础，而《华严十玄门》为"一"与"多"在哲学层面确定的新关系，则是对中国哲学的丰富和发展。

《华严十玄门》在接受《华严经》某些内容的同时，始终坚持着拒绝神异、排斥神通的态度：

> 又云：如一微尘所示现，一切微尘亦如是。故于微尘现国土，国土微尘复示现，所以成其无尽复无尽。此即是其法界缘起，如智如理，实德如此，非即变化，对缘方便故说。若是大乘宗所明，即言神力变化，故大小相得入；或言菩萨力故入，又言不二故入，不同一乘说。②

---

① 《老子·二十二章》："圣人抱一为天下式。"《老子·三十九章》："昔之得一者：天得一以清，地得一以宁，神得一以灵，谷得一以盈，万物得一以生，侯王得一以为天下贞。"《管子·心术下》："执一而不失，能君万物。"《吕氏春秋·大乐》："知一则明，明二则狂。"

② 《大正藏》第45册，第516页中。

关于"微尘现国土""大小相得入"之类的描述，是充斥于整部《华严经》各个部分的，智俨反对一般大乘用"神力变化"来解释，不承认是菩萨的神通力量所变现，也不用"不二"法门之类的学说去解释，而是用世界本来具有的理想状态来予以说明。"此宗明相入，不论神力，乃言自体常如此"①，已经成为当时人们普遍了解的思想。最大限度地拒绝原经典中的神异灵迹或神通变化，是《华严十玄门》在理论创新过程中表现出的理性精神。

[原载《宗教哲学》（台湾）2010年第3期]

---

① 《大正藏》第45册，第516页中。

李通玄华严学的核心内容及其历史地位

隋唐佛教历来被认为是中国佛教的鼎盛时期,其中一个重要原因,就是佛教在这个历史时期整体上进入全面理论创新的阶段。博大精深、影响久远的中国佛学体系得以形成,首先归功于一大批卓有成就的学问僧,尤其是那些被奉为诸宗派祖师的人们。同时,为了更全面地总结这一阶段佛教学说的发展史,我们也不能不密切关注某些有佛教信仰的居士所起的重要作用。李通玄的华严学说,就给我们提供了一个范例。

武则天对《华严》的推崇,"八十华严"的译出,法藏成功的传教活动,使该经不仅受到义学僧人的普遍重视,也激发起有佛教信仰的知识阶层的研究兴趣。李通玄就是其中的著名代表。

李通玄在多方面继承了智俨、法藏的华严思想,他的独创成就,集中在三个方面:其一,倡导和完善把经文结构、修行阶段、佛果体现三者统一起来的学说;其二,为华严经学向华严宗学的过渡进一步明确方向;其三,建立三圣一体的佛菩萨信仰格局。李通玄的学说既有与华严宗理论完全不同的方面,又有构成从法藏到澄观理论过渡的重要内容。他的学说既是华严学的重要分支,又是华严学发展过程中不可或缺的环节。

一 生平与著作

大历五年(770),照明因"访道君子"询问李通玄生平事迹之"始末",就本着"不敢不言"的态度,作《华严经决疑论序》,概要介绍其事迹。其后的《释华严经论主李长者事迹》(简称《李长者事迹》)、《唐李长者通玄行迹记》(简称《行迹记》)、《宋高僧传·法圆》、《隆兴佛教编年通论》等,所记史实与照明的记述有明显出入。对于诸种异说的来源已难详细考察，鉴于照明与李通玄来往甚密，曾"亲承训授，屡得旨蒙"，可以主要依据他的记述了解李通玄的生平事迹。

据照明介绍，李通玄是北京（今山西太原）人，李唐王室后裔，卒于开元十八年（730）三月二十八日。照明没有说李通玄的生年和年龄，从他讲述李通玄在则天朝之前就年过四十分析，后出史书谓李通玄卒时九十六岁的说法基本可取。以此推断，李通玄当生于唐贞观九年（635）。

李通玄年轻时代"学非常师，事不可测。留情《易》道，妙尽精微"。对《周易》的精通，也体现在他以后注解《华严》的著作中。他"放旷林泉，远于城市"，一直过着游荡求学的生活。"年过四十，绝览外书"，从注重儒家经典转向佛教典籍。"在则天朝，即倾心《华严经》"。他首先接触的是晋译《华严》，并且"寻诸古德义疏"。当时他能看到的"古德义疏"，也都是晋译《华严》的注疏之作。

李通玄对以往的注疏著作并不满意，"每掩卷叹曰：经文浩博，义疏多家，惜哉后学，寻文不暇，岂更修行？"《华严经》本来就因为篇幅长而不易学，加上有多家注释，各自发挥一家之言，学者理解都很困难，修行更无所适从。这是促使他进一步研究《华严经》的原因，同时也表现出他力图统一华严理论的意愿。"幸会《华严》新译，义理未备"，李通玄即以注解唐译《华严》建立自己的理论。新经于圣历二年（699）译出，在李通玄之前还没有系统注释此经的著作。新译经与旧译经的差别，对他提出独到见解无疑有启发作用。

李通玄隐居著述始自开元七年（719），距新经译出已有20年。据《宋高僧传》卷二十二《法圆》后附所记，李通玄携带新译《华严》从定襄（今山西境内）到并州（今太原）盂县西南同颖乡大贤村高山奴家，开始撰述，三年足不出户。后又隐居神福山原下的土龛（即太原寿阳方山土龛），继续从事著述，直到逝世。他在隐居著述期间，"每日食枣十颗，柏叶饼一枚，余无所须"，所以后世称他"枣柏大士"。

李通玄的首部著作是《新华严经论》四十卷，照明谓此书乃是"考经八十卷，搜括微旨，开点义门，上下科节"。《新华严经论》体例仿自《搜玄记》，可分为两部分。第一部分是前八卷，具有序说概论性质，即所谓"悬谈"性质。其中前七卷分十门释经，实际上是提出十个方面的问题，从总体上论述他的华严学说，并不是结合经文的注释。卷八是讲对全经的分段及注解形式。第二部分是卷九至卷四十，逐品解释经文，属于"随文释义"性质。尽管李通玄的后出著作在某些方面有发挥和补充，但此论基本可以反映他的全部学说内容。

李通玄完成《新华严经论》之后，"犹虑时俗机浅"①，不懂此论，又著多种篇幅较短的文章，均具有简要叙述和补充说明的性质。其中最重要的是《略释新华严经修行次第决疑论》（简称《决疑论》）四卷，侧重从有利于学僧修行的角度释经。李通玄认为，《华严经》乃是"一乘圆教佛果之门"②，《决疑论》"但略叙纪纲，广伸难尽，意令行者顺辙，不枉其功。于此一部之经，略立十门，以知进修之轨"。③ 他把全部经文分成十部分，也是作为修行的十个阶段，同时又视为佛果的十种表现。这样，经文结构、修行过程和佛果体现这三者就紧密结合在一起了。后代佛教史书谓此论乃"绾十会果因之玄要，列五十三位之法门"④。实际上，李通玄在此论中对修行阶位的说法有多种，或五位，或六位，对"五十三位"也没有固定的说法。宋代张商英认为："五十三胜友者，五十则五位也，三则文殊、普贤、弥勒也。"⑤ 因此，"五十三"有两个来源，也有两重含义：其一，指善财所参访的五十三位善知识；其二，指修行的阶位，即"十住""十行""十回向""十地""十一地"，这是"五位"，每位各有十个阶位，合为"五十"，然后再加上文殊、普贤和弥勒三位，共计五十三位。这虽然属于后起的总结，但李通玄在使修行过程条理化方面做了许多努力是很明显的。

李通玄的现存著作还有《大方广佛华严经中卷大意略叙》（简称《华严经大意》）一卷，介绍本经各卷的大意、主要内容或特点，每卷一般仅用二十余字概括。《十二缘生解迷显智成悲十明论》（简称《华严十明论》）二卷，取材自《入法界品》和《十地品》等处所述的十二因

---

① 以上引文未注出者，均见《华严经决疑论序》，《大正藏》第36册，第1011页下。
② 《决疑论》卷一之上，《大正藏》第36册，第1012页上。
③ 《决疑论》卷一之上，《大正藏》第36册，第1012页上—中。
④ 《宋高僧传》卷二十二，《大正藏》第50册，第854页上。
⑤ 《决疑论后记》，《大正藏》第36册，第1049页中。

缘，从新的角度解释。该论认为十二缘生既是众生"逐妄迷真"、随生死流转的大苦海，同时又是一切诸佛众圣贤的"宝庄严大城"。这个一切诸佛的"功德海"，重重无尽，与一切众生犹如光影，没有障碍。迷于十二缘生者即为众生，悟十二缘生者即是佛。修行者只要用戒定慧观照的"方便"力，照见（认识、体验）自身心境体相都是"自性空"，即众生心就是"全佛智海"。这样，修行者的求解脱过程，最终归结为"无劳远求，但自净其心"。从李通玄的论述可见，他是运用"此阎浮提即是莲华藏世界"的旧理论重新解释十二因缘，并突出强调唯心思想。从华严学发展的角度讲，此说并没有创新内容。到了宋代，此论为禅宗僧人所重。

除了上述四种现存著作外，照明说李通玄还著有"《十玄六相》、《百门义海》、《普贤行门》、《华严观》及诸诗赋，并传于世"。①"十玄"，"六相"是华严宗人普遍重视的，从李通玄现存著作的论述看，虽然对此两说在某些方面有小改动，但所反映的思想实质没有超出法藏的学说范围。

在李通玄的所有著作中，以《新华严经论》和《决疑论》流通较广。唐代宗大历九年（774），僧人广超见到上述两书，请人抄写。唐宣宗大中年间（847—859），福州开元寺志宁将《新华严经论》的注疏部分附于经文之下，合成一百二十卷。北宋乾德五年（967），惠研又予以整理，题名为《华严经合论》，"人所贵重焉"②。

从唐代开始，李通玄的著作与华严诸祖的著作并行于佛教界，历宋元明清而不变。特别在明末清初，重视李通玄著作的人尤多，既有佛教界的宗师，也有信仰佛教的著名士大夫，出现了李通玄的著作比华严诸祖著作更流行的现象。这种情况反映了李通玄学说的历史价值，其中也有许多值得研究和探索的问题。

---

① 《华严经决疑论序》，《大正藏》第36册，第1011页下。
② 《宋高僧传》卷二十二，《大正藏》第50册，第854页上。

二 经文组织与判教之争

李通玄对《华严》经文组织提出多种划分新见解，主要是认为此经应是十处十会十品。提出这种新说有两方面的原因：其一，晋译经与唐译经在品会上不一致，促使他重提被智俨否定的意见，并且予以发挥；其二，为了适应教义的需要，特别是为了适应重新划分修行阶位的需要。

在《新华严经论》卷七，李通玄集中论述《华严》应有的经文结构问题：

> 此经在晋朝之译，有三十四品，今于唐朝再译，为三十九品。又检《菩萨璎珞本业经》云：……佛子，第四，十一地者，名入法界心……此即在第十一地等觉位。计此品名还名《佛华品》，为依法为名故。……如《璎珞本业经》，即是说《华严经》意，化诸三乘众生，诣菩提树下，二重叙初成正觉时所说华严五位法门，具如彼经说。为《华严经》少十一地一品经，今将彼配勘，方知次第。后有闻者，不须生疑，但去彼经勘验，可知皂白。今以第三禅中说十一地《佛华品》，即总有十处十会十品。……此处说十一地法门，地位行门，广如《璎珞经》说，此以当《华严经》来文未足。①

晋译经有七处、八会、三十四品，唐译经有七处、九会、三十九品。正是这种差别，使李通玄认识到两经都不完备。认为《华严》有缺文，并非新见解，也不会受到批评，因为法藏就指出过两部译经都有缺文。但是，认为《华严》的缺文要由《璎珞本业经》来补充，认为《璎珞本业经》也是讲华严教义，这就不仅是要把该经与《华严》并列，而且是要把该经置于《华严》之上。这种具有取消《华严》至上地位倾向的见解，自然要受到抵制和批评。但是，李通玄认为华严学的发展是多途径的，不仅反映在《华严》中，也反映在《璎珞本业经》中。他认为《华严》的

---

① 《新华严经论》卷七，《大正藏》第36册，第761页下—762页上。

编集和翻译是有发展阶段的，汉译《华严》的缺文是"来文不足"所致，这些观点都很深刻，符合华严类典籍形成的历史真实。

李通玄把《璎珞本业经》作为最重要的一品纳入《华严》，使该经成了四十品，然后又对处（佛说法地点）和会（佛说法次数）重新划分，使原经的七处九会变成十处十会：

第一，菩提场会；

第二，普光明殿会；

第三，升须弥山顶会；

第四，升夜摩天会；

第五，升兜率天会；

第六，升他化自在天会；

第七，升三禅天会；

第八，给孤独园会；

第九，觉城东大塔庙处会；

第十，于一切国刹及尘中一切虚空法界会。

与唐译《华严》相比，李通玄增加了三"处"，即"升三禅天"，依《璎珞本业经》加；"觉城东大塔庙"和"于一切国刹及尘中一切虚空法界"，是把原九会中《入法界品》分为两"处"。在原"九会"中，李通玄将其中"普光明殿"的三"会"合为一，再把所分的"三处"也作"三会"。这样，就形成处、会相当的"十处十会"。

李通玄对"十处十会"说有多种论证，论据之一，是认为《华严》以"十"为圆数，所以"此经中诸法，皆以十为圆数，不可但言七处九会之说"。论据之二，是认为《璎珞本业经》与《华严》有相同之处，可以用其补《华严》之不足。的确，《璎珞本业经》在论述教义形式方面，在叙述修行阶位方面，在包容的某些学说方面，都与《华严》有相同之处，属于"华严眷属经"之类。这类经典很多，并不限于此一部。但是，把此类经典与《华严》集成本并列，则是华严宗人一贯反对的。

关于《璎珞本业经》及《梵网经》与《华严经》的关系，早就引起华严学僧的注意。智俨在《孔目章》卷四专列"释《璎珞本业》、《梵网》二经显《华严经》一乘分齐义"一节，集中说明两经与《华严经》的异同。在《璎珞本业经》和《华严经》的关系方面，他认为："依大经本（指《华严》）所显义门相，即容融理事自在，所有教义，一即一切，一切即一，如帝网喻，无尽不同。"①《华严经》是讲"一即一切，一切即一"及"无尽缘起"教义的，这是其他经典所不具备的本质内容。所以，"《华严经》是一乘摄"，《璎珞本业经》是"二乘摄"，性质不同，不能把它们同等看待。在涉及为什么《璎珞本业经》"会数具十，《华严经》本但有七八（指晋译《华严》的七处八会）"的问题时，智俨专门论述了对"十"的看法：

> 十数之义，含有二门，一成圆教门，二不成圆教门……《璎珞》等十数，即是单别，不具一切圆故，入三乘摄。不具十义数，亦有二种，一目彼三乘，令人分解；二目彼一乘，就彼下机。相对以显一乘，分据相显发门故，用不满十数教，入一乘摄。②

在智俨看来，"十"虽然是"圆数"，但是它既可以用来论述圆教教义，也可以用来论述不是圆教的教义。《璎珞本业经》虽然讲"十会"，运用"十"来论述教义，但它讲的"十"不具备"一即一切，一切即一"的圆教性质，是三乘教义中所使用的"十"。同样，不用十数，也是既能论述圆教教义，又能论述不是圆教的教义。对于三乘教的经典，使用不足十的数字论述教义，是让人逐一理解；对于圆教的经典，使用不足十的数字论述教义，是为了照顾素质低下的人，便于他们理解。用十数或用不足于十的数，具有相互对照显示一乘（即圆教，均专指《华严》教义）的作用。智俨所述自然都是为维护《华严》的独尊地位，但他认为同一种教义内容可以根据条件具有不同的表述形式，同一种形式可以在不同条件下表述不同的内容，作为形式的圆数与作为内容的圆教既有区别又有统一，等等，都比李通玄把圆数（"十"）与圆教（华严义理）简单等同更有说服力。

---

① 《华严经内章门等杂孔目章》卷四，《大藏经》第45册，第587页下。
② 同上引书，《大正藏》第45册，第587页下—588页上。

李通玄的"十处十会"之说，在此后的佛教界有褒有贬，《宋高僧传》卷二十二评论："或曰：李《论》中加乎十会，经且缺焉。依梵字生解，可非迷名耶？何长者说法之有！通曰：十会理有，宜俟后到之经。"①《宋高僧传》作者认为"十会"之说有其合理因素。

天台宗除反对李通玄的"十处十会"说外，主要站在本宗立场上，反对他贬抑《法华》的判教学说。《佛祖统纪》卷二十九谓，李通玄"用新译《华严经》造释论四十卷，其立论以十处十会盛谈法界，与藏法师（指法藏）疏旨不同。又以教主、请主等十别对胜《法华》，而不知《法华》是开权显实之谈，不识《华严》是兼别说圆之典，故多为吾宗所斥"。②

这里的"教主"，指宣讲经典的佛，"请主"又称"请法主"，指请佛讲经的人。所谓"教主、请主等十别"，指李通玄在判教过程中对《法华》和《华严》所作的十个方面的比较。而关于《法华》的评价，正是李通玄判教与法藏判教的一个重要区别。

李通玄指出，他通过"参详""藏法师等前诸大德"的理论，认为"《法华经》引权器以归真；《华严》者，顿大根而直受。虽一乘名合，法事略同，论其轨范，多有差殊"。法藏推崇《法华经》，称其为"同教一乘"，地位仅次于被称为"别教一乘"的《华严经》。虽有"同教""别教"的区分，但他们同属"一乘"。李通玄在承认两经"一乘名同"的同时，重点找他们的"差殊"。他"略举十门，用知纲目"。"十门"也就是"十别"，其中，"教主别"列为十别之首。李通玄认为："此《法华经》即是化身佛说……如《华严经》则不然，教主则是毗卢遮那为教主者，即是法报理智真身。"③ 这就是说，《法华经》是方便之谈，《华严经》是真实之理。"请法主之别"列在十别第四位。李通玄认为："说《法华经》时，请法主者是舍利弗，以为劝请之首；说《华严经》时，佛令文殊、普贤随位菩萨各自说自位法门，为说法首……文殊、普贤，表因位可说，说

---

① 《宋高僧传》卷二十二，《大正藏》第50册，第854页上。
② 《佛祖统纪》卷二十九，《大正藏》第49册，第294页上。
③ 《新华严经论》卷一，《大正藏》第36册，第725页中。

佛果法，示悟众生。"① 舍利弗是小乘阿罗汉，只是听佛讲经；文殊、普贤是大乘菩萨，不是听佛讲经，而是自己讲佛法，孰优孰劣，自然很清楚。这些说法，都是为了贬抑《法华经》，指出它虽与《华严》同享"一乘"之名，但相差很远。

李通玄的判教是"十宗十教"，不同于华严宗法藏的"五教十宗"的名目。李通玄在"依教分宗"时说："已上分宗，皆是承前先德所立宗旨，设有小分，增减不同，为见解各别。大义名目，亦多相似。"② 通过评判佛教各派学说抬高本宗所尊奉的经典，进而抬高本宗的地位，对李通玄来说，的确没有必要。他的判教内容对其学说构成也没有重要影响。不过，相对于法藏的判教，他贬抑《法华》的倾向还是明显的。在"十教"判释中，《法华》列在《华严》、《涅槃》之后；在"十宗"判释中，《法华》列在《华严》、《涅槃》和《大集经》之后。然而，《法华》《涅槃》同属有宗系统经典，学说无实质性差异，孰先孰后，并不反映李通玄的佛学思想有什么变化。天台宗人对李通玄的批评，主要还是从维护本宗利益角度提出来的，并不涉及理论性质的义理之争。而在李通玄方面，宗派意识是很淡薄的，他贬抑《法华》的主要原因，不过是针对法藏"同教一乘"之说提出一点小分别而已。

三　取象表法与得意忘象

以《周易》（包括经和传）释《华严》，是李通玄注经的显著特点，其中既有牵强附会的内容，又有为改造华严经学提供的新依据，在更广阔的范围里实现佛学与中国传统思想的交融。

《华严》以"十方"指代所有空间，李通玄则以八卦比附，进而用华严宗的理论改造。他在释《华严·入法界品》中指出：

> 主方神随方回转者，震、巽、离、坤、兑、乾、坎、艮、上、下

---

① 《新华严经论》卷一，《大正藏》第36册，第725页下。
② 《新华严经论》卷一，《大正藏》第36册，第721页下。

二方为十方,皆有神随逐回转而行。……十方之法难量,一方之法具有十方,互体参差,卒申难明,但随世法及出世法,随事回转……以明法无定体,随事变通。①

"十方"是八卦所指代的八个方位加上下两方,这是用《周易》比附《华严》。"主方神"指《华严经》描述的居于某一方的具体的神,随方位不同而神不同,这里指难得行神。它随方位变换移动,使十方均有神跟随。用"一即十,十即一""重重无尽"的理论注解这幅形象画面,就得出了一方中具有十方,方位无尽,神也无尽的结论。这样,《华严》所描述的有可视形象的神及其他在各方的游动,就被认为蕴含着"法无定体,随事变通"的义理。这里的"法"指佛的"果法",即佛的不可言说、不可名状的境界。这个境界也就是最终要认识的真理。因此,李通玄也是通过揭示《华严》形象描述的象征含义来改造华严经学,提出自己的理论,走着与地论师以来的华严学僧相同的思维路线。所不同的是,他更侧重用《周易》来沟通华严经学说与他要论证的学说之间的联系。他先用《周易》比附《华严》,再通过这种比附来发挥,提出自己的学说。仅从下面一例中即可看到他这种注经特点。

用八卦加上下两方配"十方",贯穿于他对整部经的解释中。《入法界品》讲善财童子一路南行,寻访善知识。李通玄解释"南"行之意:"明托方隅而表法,以南为正、为离、为明,以离中虚,以中虚故,离为明,为日,为九天,在身为头、为目、为心,心达虚无智。"②李通玄以离卦解"南"行,赋予南方以《周易》的含义,但这种比附只是手段,目的在于说明善财南行要获得"心达虚无智",最终又使《周易》具有佛教的含义。他所引用的《周易》内容,最终要以与自己的华严学说相协调为原则。

李通玄把《华严》中所有形象描述都归结为"取像以表法",把所有的叙事都归结为"托事以显像"。如他在解释一些形象时说:"如鸠槃荼

---

① 《决疑论》卷三之上〈十行位〉,《大正藏》第36册,第1031页中—下。
② 《新华严经论》卷三十四,《大正藏》第36册,第954页中。

王所除恶鬼趣者，以此大囊垂下如冬瓜，坐以踞之，行以置之于肩，取像表法，以大悲垂俗担负众生，无辞劳倦。摩睺罗伽王者，此是腹行大蟒之类，取像表法，以胸腹行是恭敬义。"① 鸠槃荼王携大囊的形象，象征他担负着救度众生的重任；摩睺罗伽王爬行，象征着恭敬。在李通玄的注经中，常用"取之以像，表之以法""故取之像，表其道也""是故如来取像世间法则用表其法，令易解故"。把《华严》的一切叙述，都视为具有"像"的性质，认为其中蕴含着有待发掘的佛"道"、佛"法"，这就为大胆发挥、努力创造提供了可靠的信仰保障。

实际上，这是把《华严》视为与《易经》性质相同的书。《系辞传下》谓："古者包牺氏之王天下也，仰则观象于天，俯则观法于地，观鸟兽之文与地之宜，近取诸身，远取诸物，于是始作八卦。"《易传》认为制作八卦的圣人是取象于天地万物，李通玄则认为《华严》是如来"取像世间法"而作成，取象范围不同，性质没有不同。他的释经方法，继承了玄学家注经的传统；他的释经根据，来自易学中义理派处理言、象、意三者关系的理论。

王弼《周易略例·明象》说："故言者所以明象，得象而忘言；象者所以存意，得意而忘象。""言"是卦爻辞，是语言文字；"象"是卦爻象，指所有物象；"意"即玄妙的义理。"言"是明象的工具，"象"是得"意"的工具。研究的目的是从言象中探其所蕴含的义理，"搜玄""探玄"一直是华严学僧的追求，这与"得意忘象"的思路一致。李通玄则说得更直截了当：

> 今如来以方隅而显法，令启蒙者易解故，若不如是彰表令生信者，启蒙何托？有言之法，皆是托事以显像，故得意者，法像俱真也，言默皆契。②

这样，出自佛之口的《华严》只是一种方便施设，《华严》中的所有

---

① 《新华严经论》卷三十三，《大正藏》第36册，第949页中。
② 《新华严经论》卷十五，《大正藏》第36册，第816页上。

记述都是"世间法"，同于《周易》中的言和象，释经的过程即为"得意"的过程，也就是"搜玄""探玄"的过程。然而，在"得意"之后，又是"法像俱真"，从另一方面肯定了《华严》字字句句都蕴含着真理。这与只讲"得意忘象"又有所不同。

李通玄在以《易》释华严过程中，望文生义的曲解、比附之处不少，这是他受到多方批评的重要原因。如他以离卦解释"南方"的同时，把"南无"一词中的"南"也当成指方位的"南"，大加发挥："是故礼佛皆云南无，明南方虚无也。但虚无之理，是南方之义。……又南无者，为明正顺，正顺虚无之理，故号南无。"①

以《易》解《华严》并非李通玄首创，此前华严学僧也是致力于吸收《周易》内容改造华严经学，把儒家思想纳入佛学。法藏解释善财童子"南"行时说："其南有四义：一是正义，如指南之说等，表所向非耶故；二是背暗向明义，表舍障向理故；三是离增灭义，如日东出西没是增灭相，南离二边，表中道法界；四是生义，谓南主其阳，是其生义。"②法藏把"南"释为"正""明""生""阳"，明显是受到《周易》的影响，在吸收《周易》内容的基础上发挥本宗教义。

李通玄之后的澄观，对"南行"的解释基本承自法藏，但又增加了新内容，仅举其中一条："二者，明义，表舍暗向智故。南方之明，万物相见，圣人南面听政，盖取于此。"③《周易·说卦传》解离卦时说："离也者，明也，万物皆相见，南方之卦也。圣人南面而听天下，向明而治，盖取诸此也。"一望而知，澄观在法藏释文基础上所增加的部分，正是抄自《说卦传》的内容，只是个别字有改动。仔细对照，华严宗人的许多释经内容都和李通玄所述一样，是采自《周易》的。差别在于，华严宗人像避讳一样，并不明提该书，只是不声不响地将其中的内容搬进自己的著作。自然，这些都是次要问题，重要的是他们都和李通玄一样，把《华严》所述视为"托事显法""取像表法"，在搜探玄理的思想指导下改造华严经

---

① 《新华严经论》卷十四，《大正藏》第36册，第814页下。
② 《探玄记》卷十八，《大正藏》第35册，第453页中。
③ 《华严经疏》卷五十五，《大正藏》第35册，第920页上。

学，建立中国的华严理论。他们的释经方法，同于易学义理派的释经方法。

在李通玄的注释中，《华严》提到的佛菩萨和诸神，提到的名相、概念，大多数都与《周易》发生了关系。过多的牵强附会搭配，把佛学与儒学的融合变成了佛学与儒学的等同，产生了适得其反的结果。但是，李通玄所明确的释经理论，既为改造华严经学说提供了新依据，又揭示了华严学一个重要方面的内容，表明华严学始终在中国固有思想文化的制约、诱导下发展演变。

四　三圣一体说

在树立佛菩萨信仰方面，李通玄以前的华严学僧有自己的独特学说。就法顺系而言，法顺劝人依经修普贤行；智俨主张"隐于文殊，独言普贤"；法藏在用"因果"概括华严教义时，专以普贤代表"因"而与佛"果"相对。李通玄提出"三圣一体"说，彻底改变了此系重普贤轻文殊的倾向，为以后华严宗人建立新的佛菩萨信仰体系开辟了道路。

李通玄不再专用"因果"说明佛菩萨之间的关系，也不再专用"因"指普贤，他提出了佛和文殊、普贤三位一体的崇拜对象格局。他在概括《华严》全经宗旨时说："说此一部经之问答体用所乘之宗大意，总相具德有三：一佛，二文殊，三普贤。"① 这是说，《华严》对佛菩萨诸种问答的形象描述，所要表达的根本宗旨，从总体而言是讲佛、文殊和普贤，这三者既是《华严》所树立的具体崇拜对象，也象征《华严》中所蕴含的全部义理。

李通玄之所以提出这三者，首先出于适应修行的需要。"修行者，常以文殊师利、毗卢遮那、普贤三法为始终之体。如修道者，虽有拟成佛之意，多有滞一法，不知进修之路。"② 佛代表修行的目的，最终的觉悟解脱，文殊象征佛的智慧，普贤指代具体的修行实践。在整个修行过程中，

---

① 《新华严经论》卷三，《大正藏》第36册，第739页上。
② 《决疑论》卷一之上，《大正藏》第36册，第1013页中。

不能"滞一法"，即不能对其中任一个或专重或专轻，即不可偏废。因为，佛果、佛智慧和作为佛智慧体现的各种实践法门，是贯穿于整个修行过程的，此"三法为始终之体"。三圣之所以能被结合在一起，关键就是在"体"相同上。

李通玄专门详细分析了对三者有偏废的危害："三身一时，法合如是，废一不可。若废文殊存普贤，所有行门属有漏；若废普贤存文殊，所证寂定是二乘；若废佛存文殊、普贤，佛是觉也，无觉者故。以是义故，三人不可废一，若废一，三不成故。"这种从宗教修行角度的分析表明，在整个修行过程中，偏废其中任何一个都不能获得解脱，所谓"若废一，三不成"。等于说，偏废其中任何一个即等于偏废了一切。在李通玄看来，"三人一体，寄安五位，用接凡迷"①。在修行的五个阶段（五位）中的每一个阶段，都有佛果、佛慧和佛行的统一。

从当时华严学发展的状态观察，这种不可偏废说是直接针对华严学僧而发的。从用普贤行和佛果概括《华严》到用三圣概括，这个转变的特点是抬高文殊的地位。李通玄指出："以文殊主法身根本智之妙慧，为一切诸佛启蒙之师，有一切处文殊师利，亦乃一切众生皆自有之，皆从此法初入圣智也。"②以文殊代表佛的"妙慧"，并把它作为"入圣智"之"始"，这种观点不是李通玄的创造，早期研究《华严》的地论师就是这种认识，华严宗人也接受了这种认识，并运用它说明多方面的问题。但是，以同样的认识立论，却有不同的结论。李通玄把文殊视为佛"妙慧"的象征，便抬高文殊的地位，把它与佛、普贤并列。智俨则因此贬低文殊，认为文殊"虽复始起发于妙慧，圆满在于称周，是故隐于文殊，独言普贤也"③。法藏也不否认文殊象征"妙慧"，但他全盘接受智俨的观点，认为："夫华严宗旨，其义不一，究其了说，总明因果二门，因即普贤行愿，果即舍那业用。"④专用普贤象征"因"，完全抛开了文殊。李通玄的三圣不可偏废说，首先就是针对这种观点而发。

---

① 上引均见《新华严经论》卷五，《大藏经》第36册，第747页中。
② 《新华严经论》卷三十四，《大正藏》第36册，第954页中。
③ 《华严一乘十玄门》，《大正藏》第45册，第514页中。
④ 《华严策林》，《大正藏》第45册，第597页上。

李通玄把三圣并列，要说明三点：其一，三圣代表佛教的全部；其二，文殊与普贤相对于佛是完全平等的；其三，它们各有分工，共同组成一个整体。为了说明这三个方面的问题，李通玄进行了繁琐论证，既有牵强附会，又有结合佛学、儒学的理论分析。概括起来，有三个方面：

第一，用三宝说明三者关系。李通玄指出："如《华严经》三宝者，佛为佛宝，文殊为法宝，普贤为僧宝，是古今佛之旧法故。若合既一切皆同。"①"三宝"原指教主释迦牟尼（佛）、教义（法）和出家信徒（僧）。三者的完备，标志着佛教的建立。后来，其中的"佛宝"含义广泛，可以指一切佛。用"三宝"概括全部佛教，的确是"旧法"。李通玄则用三宝比附一佛二菩萨的关系，即是用三圣概括全部佛教，而不是仅仅概括它的全部教义。

第二，用因果说明三者关系。李通玄谓："佛表果德无言，当不可说、不可修、不可得、不可证，但因成果自得；文殊因位可说，以此说法身果德劝修；普贤自行可行，行其行海，充满法界故。用此三德，将为利乐众生。"② 佛果是佛的境界，离言绝相，不可言说。可以言说的只是文殊的"慧"和普贤的"行"。无论文殊的"慧"还是普贤的"行"，相对于佛果而言，都由于处在同样的"因"位而完全平等。"慧"和"行"的平等无高下，表明既要重义理探讨，也要重具体践行。一方面，作为佛果有不可言说、不可仿修、不可获得和不可亲证的性质；另一方面，由于"因成果自得"，那一切"不可"又通过文殊和普贤而转化为"可"。因此，文殊与普贤在本质上又与佛平等。

第三，用三智说明三者的关系。这是李通玄"三圣一体"说中最有特色的部分，是他的立论基础，他的大多数议论由此展开。李通玄说：

> 此经具明此无相法身、根本智、差别智三法，是一根本智之无相无作神用之源，皆遍周法界、虚空界也。此一部经，以文殊师利，此云妙德，明无相法身智慧门；毗卢遮那佛，此云种种光明遍照，以根

---

① 《新华严经论》卷六，《大正藏》第36册，第754页上。
② 《新华严经论》卷三，《大正藏》第36册，第739页上。

本智光遍照种种众生。同行济生，名曰普贤。①

李通玄所讲的"三智"是法身智、根本智和差别智，三者以根本智为主。所谓"根本智"是佛独具的智慧实体，作为万有的本原而存在（神用之源），并且是万法的本质规定（周遍法界、虚空界）。这个"根本智"有两重特性：其一是"无相"，不可言说；其二是"无作"，不可仿修。这个"根本智"由毗卢遮那佛表示。"法身智"本是佛的智慧，以因位的文殊象征法身智，说明这个"法身智"是处于世间的佛智慧，是可以言说的，是"有相"的。文殊象征的法身智是"明无相法身智慧"，即要以"有相"表"无相"，这样就解决了根本智的"无相"方面的问题。普贤象征"差别智"，指具体的修行，佛的根本智通过世间的具体实践表现出来，有"行"即"有作"，普贤行即以"有作"体现根本智的"无作"，这样就解决了根本智在"无作"方面的问题。这种论证表明，法身智与差别智的统一，是实现"根本智"的必要条件。在这种宗教议论中，包含着强调理和行统一、认识和实践统一的思想。用三智说明三者关系，反映了三者既有对立又有统一，共同组成一个不可分割的整体。

在论述三圣关系中，李通玄也重视文殊和普贤之间的关系，曾指出了他们的两重关系。首先，文殊表"因""体"，普贤表"果""用"，这是两者关系具有的确定性的一方面。另外，文殊和普贤可以互为体用，互为因果，这是两者关系具有的不确定性的一方面。李通玄通过描述两者关系既确定又不确定的两方面，论证了文殊与普贤的绝对平等。

然而，文殊与普贤的真正关系，是建立在"三智"基础上的，是在与佛发生联系中体现出来的。李通玄谓：

> 文殊为小男，普贤为长子，二圣合体，名之为佛；文殊为法身妙慧，普贤为万行威德，体用自在，名之为佛。文殊为小男者，为信证法身根本智慧，为初生故，因初证本智法身能生佛家故；普贤为长子

---

① 《决疑论》卷一之上，《大正藏》第36册，第1013页上。

者,为依根本智起行,行差别智,治佛家法,诸波罗蜜事自在故。①

此段糅进了用《周易》比附两者关系的内容,但并不妨碍李通玄在"三智"基础上论证两者关系。在体现根本智的"无相"和"无作"两方面,文殊和普贤的关系始终是确定的。李通玄从多方面说明两者的这种关系,并且搭配运用了多种成对概念,使文殊和普贤的关系义理化。从其著作中挑选出一小部分,列如下:

根本智——毗卢遮那
法身智——文殊—妙慧—体—因—理—小男
差别智——普贤—万行—用—果—事—长子

"三智"是佛智慧的三种不同表现,用"三智"说明三圣关系,最终是三者的平等合一。李通玄谓:"文殊、普贤、毗卢遮那三法,体用平等,名为一乘。"② 三者不仅在"体"上平等,而且在"用"上也平等,这是在承认三者有差别的基础上又将其完全等同。

李通玄的三圣说,建立了不同于此前华严宗人的佛菩萨崇拜格局。文殊和普贤的结合就是佛,强化了菩萨崇拜意识。三圣说既是讨论有可视形象的具体神灵,又是讨论纯思辨的抽象义理。对于思见菩萨求护佑的重灵迹者,对于追求心理体验的重禅观者,对于皓首穷经的重义理研究者,三圣说都有被接受的条件。

三圣说的产生,是华严学自身发展的必然结果,而它产生于五台山地区,又与该地佛教的特殊情况不无关系。五台山聚集着从事各种修行的僧众,有隐居深山一隅的依经修禅者,有身处名山大寺研究经典者,有以从事生产活动为修行者,有重念佛者,有重做法事者,更有不远千里而来朝圣的僧人和教外信仰者。从一定程度上讲,李通玄的三圣说正是对这种佛教综合体的理论概括。

李通玄是否认定五台山即是《华严经·菩萨住出品》中讲的清凉山,从他本人的著作中还不能断定。他说过:"东北方,此清凉山是也,经推

---

① 《新华严经论》卷四,《大正藏》第36册,第745页上。
② 《决疑论》卷一之上,《大正藏》第36册,第1014页上。

在震旦国，亦曰支提那国。"① 但他没有像其后的澄观那样明言："清凉山，即代州雁门郡五台山也。"② 根据《续高僧传》的记载，道宣把文殊显圣于五台山追溯到北齐，说明至迟在唐初，人们已经认为文殊与五台山有联系。③《宋高僧传》记，开元二十三年（735），牛云因"闻台上恒有文殊现形"而到五台。他说："吾虽为僧，自身昏钝，不能诵念经法，此来欲求见文殊，只乞聪明果报。"④ 这个后出的记载，反映了李通玄那个时代的情况。从三圣说抬高文殊地位这一点，也透露出一些文殊与五台山的关系。总之，李通玄学说的地方色彩是不可忽视的一个方面。

（原载《法源》2001 年总第 19 期）

---

① 《新华严经论》卷十四，《大正藏》第 36 册，第 814 页上。
② 《华严经疏》卷四十七，《大正藏》第 35 册，第 859 页下。
③ 《续高僧传》卷二十五〈明隐〉，《大正藏》第 50 册，第 665 页上—中。
④ 《宋高僧传》卷二十一〈牛云〉，《大正藏》第 50 册，第 843 页中。

"说似一物即不中"考辨

南岳怀让（677—744）是金州安康（在今陕西省安康地区）人，俗姓杜。十五岁时，到荆州玉泉寺依恒景律师出家，学习律藏典籍。据《祖堂集》记载，久视元年（700），怀让感叹："我受戒今经五夏，广学威仪而严有表，欲思真理而难契焉"。① 受具足戒五年之后，怀让对于自己掌握了丰富的戒律知识，并且持戒严谨感到不满足，产生了寻找能够契悟真理法门的念头。另外，张正甫的《衡州般若寺观音大师塔铭并序》对怀让从律学转向禅学的原因也有说明，认为怀让"厌离文字，思会宗元，周法界以冥搜，指曹溪而遐举"。联系怀让日后强调文字语言在表述禅境体验方面的局限性，这种说法也可以参考。

怀让接受同学坦然禅师的建议，到嵩山寻访弘忍的弟子慧安。慧安对他有所指教之后，又劝他到曹溪参谒慧能。怀让留住慧能处十二年。大约在唐景云元年（710）前后，也就是慧能逝世前一二年，怀让离开曹溪，曾到武当，"穷栖十霜"，然后辗转到南岳衡山的般若寺（观音台）修行和传教。

按照张正甫《塔铭》的记载，"能大师方弘法施，学者如归。……师（指怀让）以后学弱龄，分为末席。虚中而若无所受，善闭而惟恐有闻。能公异焉，置之座右。……同授密印，目为宗师"②。然而，较早的《坛经》本子中，还没有提到怀让的名字，这就足以证明，怀让在慧能的众多弟子中，还不是突出的人物。由于张正甫是受怀让的再传弟子惟宽、怀晖之请而作《塔铭》，所以对怀让在慧能处的待遇、地位，以及离开慧能之

---

① 《祖堂集》卷三〈怀让传〉，《大藏经补编》第25册，第370页上。
② 见《全唐文》卷六一九，第6246页下。

后独立传法的影响等方面的记述，不可避免地有夸张渲染，但在基本史实方面，其记述是可靠的。例如，在这段叙述中，"置之座右""目为宗师"等说法，并没有别的资料证明，但是，对照其他书的记载，《塔铭》记述怀让"以后学弱龄"到慧能处求学，并不能说是出于"攀龙附凤"的捏造。联系到怀让出身于律学名门，本人戒行严谨，像"虚中而若无所受，善闭而惟恐有闻"之类的记述，也很难说是溢美之词。

根据《宋高僧传》卷九《怀让传》的记载，怀让的弟子有道峻、道一；《景德传灯录》卷五《怀让传》记其弟子有常浩、智达、坦然、神照、严峻、道一。在这些弟子中，著名者唯有马祖道一。宗密指出："南岳观音台和上，是六祖弟子，本不开法，但山居修道。"① 律学出身的怀让重视戒律，专注于个人修行，并不致力于网罗徒众，广收弟子，也没有留下什么著作。

综合分析各种记载，可以看到，青年时代的怀让，在曹溪僧团中只是一般的弟子，并不是出类拔萃者；中老年时代的怀让，在佛教界没有显赫地位，在社会上也没有广泛影响，远不是一位名闻遐迩的大"宗师"。

怀让被奉为禅宗一大支派的宗师，是在其弟子道一之后。元和（806—820）中，道一的弟子惟宽、怀晖"至京师，扬其本宗，法门大启，传灯百千"。元和八年（813），衡阳太守令狐权舍衣财为怀让作忌斋，形成每年的"观音忌"。"宝历（825—827）中，敕谥大慧律师"②。

能够集中体现怀让独特禅学思想，并能够反映其学禅经历和传禅事迹的著名公案有三个：其一，"说似一物即不中"，是怀让和慧能之间的问答；其二，"磨砖作镜"，是怀让与弟子道一之间的言行录；其三，"法眼见道"，是怀让和道一之间的问答。记载怀让事迹的各种禅典籍和僧传大都提到这三个公案，它们共同构成了怀让禅学的主要内容。因此，综合考察这三个公案，可以比较全面地了解怀让的禅学思想。本文不准备全面分析怀让的禅学理论，仅结合唐宋时期的一些相关史料，集中对第一个公案提出一些看法。

---

① 唐宗密：《圆觉经大疏钞》卷三之下，《卍续藏经》第9册，第534页中。
② 上引均见《宋高僧传》卷九〈怀让传〉。

关于"说似一物即不中"这则公案，以《景德传灯录》卷五《怀让传》的记载在禅宗界和社会上流传最为广泛。据说，怀让初见慧能时：

> 祖（指慧能）问：什么处来？曰：嵩山来。祖曰：什么物怎么来？曰：说似一物即不中。祖曰：还可修证否？曰：修证即不无，污染即不得。祖曰：只此不污染，诸佛之所护念。汝既如是，吾亦如是。①

当慧能知道怀让来自嵩山慧安处之后，希望了解他的修行情况。所谓"什么物怎么来"，是问从嵩山来的人（怀让）修禅达到什么程度或境界，并不是问来的人是谁。这里的"物"，在禅典籍中可以兼指禅者所要体验的对象（所谓"体"，即本心佛性等）和体验的禅境界状态（所谓"用"，即无念等）。按照慧能南宗的基本观点，修禅者对禅境界的体验，就是对本心佛性的体验，也就是"明心见性"的过程。从这个意义上讲，佛性是"体"，参禅者的体验是这个本体的作"用"。例如，《坛经》在解释"无念"禅法时，就贯穿着这个思想。"无者，无何事？念者，念何物？无者，离二相诸尘劳；念者，念真如本性。真如是念之体，念是真如之用。"② 由此，就不难理解怀让的答语。他是直接针对问话而答，指他所体验的禅境（或者说"本心佛性的显现"）是不能用言语确切描述的，即"说似一物即不中"。

慧能又问，这种禅悟境界是可以凭借修行证得的吗？怀让的回答是肯定的：通过修行就能证得这种境界，所谓"修证即不无"。由于所谓禅境体验就是对本心佛性的体验，就是"明心见性"的过程，所以，如果不修行，就得不到这样的体验，就不能明心见性，也就是对本来清净的本心佛性的污染。慧能对他的回答十分满意，认为正是这个对佛性的"不污染"，就是诸佛和禅宗僧人们所要时刻追求和保持的。

通过这段问答可以看到，怀让首先强调禅境的体验不是语言文字所能

---

① 见《大正藏》第 51 册，第 240 页下。
② 这些内容在各种《坛经》本子中是相同的，没有出入。

表达和描述的，也就是强调本心佛性是超言离相的。其次，他强调有"修"有"证"，所要体验的禅境界，也就是本心佛性的显现，是要通过修行才能获得。所谓"不污染"，就是对修行的强调。这种见解符合怀让的律师出身。

实际上，尽管这些议论的言语很新颖，但是所反映的思想并非完全是怀让的首创，《神会语录》在讨论修行"无念"时，也涉及其中的一些问题。① 不过，此段问答的确语言表述更精练，思想表达更明确。

怀让的这番对答，涉及对南宗禅学核心内容的认识、理解和实践。对南宗禅学的理论作出这样的概括，对自己的禅行体验作出这样的表述，应该是一位不仅具有深厚禅学理论素养，而且具有长期禅修践行工夫的禅师。宋代禅僧就很推崇这番机语酬对，慧洪在引用了《景德传灯录》记载的这段问答之后评价："大哉言乎，如走盘之珠，不留影迹也。"②

然而，怀让当时刚刚步入禅门，无论从禅学素养还是禅行实践方面讲，都难以与慧能进行这种程度的对话。日本禅史研究学者也注意到这种情况，并且提出了怀疑："让龄仅过弱冠，参玄日犹浅，何以得如斯师子吼耶？"③ 对照成书略早于《景德传灯录》的《祖堂集》，就发现了一些问题。《祖堂集》的相关内容是：

> 祖问：子近离何方？对曰：离嵩山，特来礼拜和尚。祖曰：什摩物与摩来？对曰：说似一物即不中在。于左右一十二载。至景云二年，礼辞祖师。祖师曰：说似一物即不中，还假修证不？对曰：修证即不无，不敢污染。祖曰：即这个不污染底，是诸佛之所护念，汝亦

---

① 张燕公问："禅师日常说无念法，劝人修学。未审无念法有无？"答曰："无念法不言有，不言无。"问："何故无念不言有无？"答："若言其有者，即不同世有；若言其无者，不同世无。是以无念不言有无。"问："唤作是没物？"答："不唤作物。"……问："既若如此，作没生时得？"答："但见无。"问："既无，见是物。"答："虽见，不唤作为物。"问："既不唤作是物，何名为见？"答："见无物，即是真见、常见。"杨曾文：《神会和尚禅语录》，中华书局1996年版，第68—69页。

② 《石门文字禅》卷二十五〈题让和尚传〉，《大藏经补编》第21册，华宇出版社1976年版，第280页下。

③ ［日］忽滑谷快天：《中国禅学思想史》，朱谦之译，上海古籍出版社1994年版，第150页。

如是，吾亦如是。①

怀让初见慧能，只能认识到禅的体验不能用语言来确切描述，等到修行了十二年之后，才在慧能的进一步启发下，讲到禅的体验要经过修行才能证得，并且对清净的本心佛性采取"不敢污染"的严谨态度。《祖堂集》的这段记载，加上了怀让参学的史实和禅语问答产生的原因和背景，这正是《景德传灯录》所缺少的内容，也可以说是后者删除的内容。

然而，对照成书晚于《景德传灯录》的《天圣广灯录》，又出现了新的变化：

> （怀让）谒嵩山安禅师，安启发之，不契。乃直诣曹溪，礼六祖。祖问：什么处来？师云：嵩山安禅师处来。祖云：什么物与么来？师无语。经于八载，忽然有省，乃白祖云：某甲有个会处？祖云：作么生？师云：说似一物即不中。祖云：还假修证也无？师云：修证即不无，不敢污染。祖云：只此不污染，是诸佛之诸（护）念，吾亦如是，汝亦如是。②

根据这里的记载，怀让初见慧能，并不能理解慧能的问话并对答，这可能更符合实际情况。因为，怀让是律学出身，刚刚下决心习禅，对于有关南宗禅法核心内容的提问，很难提出自己有体验的独到见解。尽管《天圣广灯录》晚出，但它与《祖堂集》和《景德传灯录》相比，更注重记载怀让的求学经历，以及他的禅学思想形成过程。通过比较，可以说《天圣广灯录》不仅补充了《祖堂集》所缺少的历史内容，而且使人更清楚地了解到《景德传灯录》怎样不顾历史事实剪裁编排禅师机语的具体做法。

《景德传灯录》是把怀让与慧能不同时期的问答编排在一起。组成一个前后连贯、思想完整的单元。通过对历史资料和思想资料的加工整理，

---

① 《祖堂集》卷三〈怀让传〉，《大藏经补编》25 卷，第 370 页上。
② 《天圣广灯录》卷八〈怀让传〉，《卍续藏经》第 78 册，第 477 页下。

使禅书更具可读性。其所以会出现这样的情况，与杨亿编改《景德传灯录》时所确定的原则有关。杨亿认为，禅师的"参游之辙迹，此已标于僧史"，所以，《灯录》要删掉僧史传方面的内容，主要记下禅师的"启投针之玄趣，驰激电之迅机"。这样一来，《灯录》主要成为禅师的语录集锦，完全忽略禅语酬对的历史背景。同时，杨亿还强调对禅语问答进行加工，所谓："或辞条之纠纷，或言筌之猥俗，并从刊削，俾之纶贯。"[①]《景德传灯录》对怀让和慧能的这一段形式完整的问答记录，明显就是本着"俾之纶贯"的思路进行编排的结果。它的意思完整了，思想内容清楚了，但由于删除了传主的"参游之辙迹"，距离历史的真实相对遥远了。从表面上看，这段问答可以用来概括怀让一个方面的思想，但是，由于它不能反映怀让的求学经历，不能反映怀让禅思想形成的过程，所以，完全按照《景德传灯录》的记载研究怀让的思想，有很大的局限性。

到了北宋时期，禅宗已经从注重文字语言在表述禅境体验上的局限性，转向重视文字语言在表达证悟解脱方面的作用。所以，"说似一物即不中"这个公案，又被赋予新的意义。慧洪在《题让和尚传》中，专门论及怀让与慧能的这则公案，并且进行了与本公案原来意思不相符合的著名发挥：

> 心之妙不可以语言传，而可以语言见。盖语言者，心之缘，道之标帜也。标帜审则心契，故学者每以语言为得道浅深之候。[②]

这里的"心之妙"，从体验对象上来说，是指每个人都具有的本心佛性，属于"体"的方面；从体验者来说，是其禅境体验状态，属于"用"的方面。两者是合一的，主客不分。文字语言当然不能代替禅宗的"以心传心"，明心见性的体验也不能用语言来相互传递。但是，"心之妙"可以用语言来表现。心表现为语言，并且成为心的外在标帜。标帜明悉了，心即契会了。所以，是否"得道"就可以从其使用的语言上来衡量。

[①] （宋）杨亿：《景德传灯录序》，《大正藏》第51册，第196页下。
[②] 《大藏经补编》第21册，第280页下。

慧洪的发挥，实质上反映了禅学思想的变化。禅宗从注重文字语言在表达禅境体验方面的局限性，转向强调文字语言在表达明心见性方面的重要性，与怀让原来的思想已经不相同了。

（原载《禅宗与中国佛教文化》，中国社会科学出版社 2004 年版）

澄观华严学的特点

从安史之乱到唐武宗灭佛的九十年间,华严学僧遍布南北各地。总体而言,以长安、五台山和杭州集中的专业华严学僧较多。在这个时期,推动华严学发生实质性进展的代表人物,首推澄观。他在华严学发展过程中的最重要贡献,是使整个华严宗的学说基本定型,这也是澄观华严学的一个基本特点。

一　游学经历与著作

澄观一生的活动大致可分三个阶段,第一阶段是游学时期,始自十一岁出家,终至大历十一年(776)。

据《宋高僧传》卷五本传,澄观俗姓夏侯,越州山阴(今浙江绍兴)人,十一岁出家,卒于元和中(806—821),享年七十余。《广清凉传》卷下谓澄观俗姓戴,年十三出家。《华严玄谈会玄记》卷一说澄观生于开元二十六年(738),卒于唐文宗开成四年(839)。《隆兴佛教编年通论》卷二十五说卒于唐文宗开成三年(838),一百零二岁。今以《宋高僧传》所述为准。

澄观十一岁依本州宝林寺霈禅师出家,习《法华经》。自唐肃宗乾元(758—759)之后的近二十年间,他"遍寻名山,旁求秘藏",游学南北,几乎涉猎了当时全国范围内流传的各种经律论典籍,接触了当时禅教律各派的著名僧人。他的求学经历,反映了佛教界的基本状况。

澄观游学从习律开始。乾元年间,他依润州栖霞寺醴律师习相部律宗,又依本州县一习南山律。在金陵随玄璧法师学"三论",在瓦官寺学《起信论》和《涅槃》,从淮南法藏学习新罗元晓的《大乘起信论疏》。然后到杭州，师从法诜习《华严经》。当时杭州天竺寺是南方弘扬《华严》的中心，以法诜（718—778）为首。法诜从学于地恩贞，专业《华严》《菩萨戒》和《起信论》。他依《华严》树立信仰，天宝六年（747），在苏州常乐寺缋卢舍那像，"化示群品"。先后在苏州龙兴寺和杭州天竺寺讲《华严》十遍，撰《华严义疏》十二卷。他的著名弟子有太初、正觉和神秀等。澄观在天竺寺见到法诜，"就席决疑，深得幽趣"（《宋高僧传》卷五《法诜》）。

在苏杭地区各寺院，此后讲《华严》的僧人较多，从而使此经也在民间广为流传。据白居易宝历二年（826）所作的《华严经社石记》载，长庆二年（822），杭州龙兴寺南操请灵隐寺道峰讲《华严经》，因听到《华藏世界品》，"闻广博严净事"，发愿劝人共同念诵此经，以便与众人"来世生华藏世界大香水海上宝莲金轮中毗卢遮那如来前"。据说南操发愿劝十万人读《华严经》，每年举行四次集会，每人诵《华严》一卷。南操通过募款购置良田千亩，"岁取其利"，以解决举办斋会的费用。这种"华严经社"是以信奉《华严经》而自发组织的佛教结社，由僧人领导，参加者主要是在家信徒。澄观在杭州时，还没有如此盛大的华严经社，但他接触的法诜南方华严学，对他以后树立专弘《华严》的信念有影响。

大历七年（772），澄观到成都，随慧量法师再习"三论"。大历十年（775），他到苏州从天台宗僧人湛然（711—782）习天台止观及《法华》《维摩》等经疏。湛然也是对澄观思想形成有重要影响的人物。在天台宗的学说中，湛然的独创理论是"无情有性"，即没有情识的草木等也有佛性。他主要运用《起信论》讲的"真如随缘不变"论证"无情有性"："万法是真如，由不变故；真如是万法，由随缘故。子信无情无佛性者，岂非万法无真如耶？故法之称宁隔于纤尘，真如之体何专于彼我？"（《金刚錍》）在以后澄观的著作中，对天台宗的教义既有批判也有继承。澄观对湛然比较重视，除了教理方面的原因，还由于他们都曾从学于昙一律师。湛然著有《华严经骨目》两卷。

澄观还求教于禅宗南宗系的牛头慧忠、径山道钦和洛阳无名，"复见慧云禅师，了北宗玄理"（《宋高僧传》本传）。由于长安是华严宗的发祥地，澄观大约也在此地学习过一段时间。据《宋高僧传》卷二十《无著传》，无著曾到"京师云华寺，就澄观法师研习《华严》之教，凡诸经论，志极旁通。然于华藏海，终誓遨游。以大历二年（767）入五台山"。此段所述为大历二年以前事，澄观当时尚未到五台山。

澄观以"多能"著称，研习范围包括"经传子史，小学苍雅，天竺悉昙，诸部异执，四围五明，秘咒仪轨"等（《宋高僧传》卷五本传）。澄观了解南北佛教界的情况，精通中印佛学及中国传统典籍，为他继承和发展华严宗的理论奠定了基础。

澄观生平的第二阶段，是在五台山地区讲经和著述的时期，约大历十一年（776）至贞元十一年（795）。

大历十一年，澄观游历五台山，接着又去四川峨眉山，"求见普贤，登险陟高，备观圣像。却还五台，居大华严寺"。此后近二十年间，澄观活动于五台山及周围地区，以行方等忏法，应请讲经和著述为主。他的代表作《大方广佛华严经疏》六十卷，自唐德宗兴元元年（784）正月动笔，至贞元三年（787）完成。第二年，他应寺主贤林之请讲新著。贞元七年（791），他又应请到太原崇福寺宣讲。

五台山聚集着众多从事各种修行的僧人，在遇到饥荒年时，不免"寺宇萧条"。华严寺虽"是大圣栖真之所，巡游者颇众"，但也时常"供施稀疏，院宇伦巡，例称不迨"，澄观能够在华严寺讲经著述，形成较大影响，与寺主贤林和该寺都供养主智颙（777—853）[①]的支持分不开。"当观师制《华严经疏》，海众云集，请颙为讲主，日供千僧，十有余禩，食无告乏。"（《宋高僧传》卷二十七《智颙》）

澄观生平的第三阶段，是在长安参加译经和从事著述、讲经的时期，即从贞元十二年（796）至逝世。

贞元十二年，澄观奉诏到长安崇福寺，参加"四十华严"的翻译。贞元十四年（798）新经译出后，德宗命其造疏，于是他在终南山草堂寺撰

---

① 《宋高僧传·智颙》所记载的智颙生卒年有误，本传后"系曰"记："五台山自贞元中智颙始封僧长矣。"本书卷二十三《无染传》记，贞元七年（791），"有僧颙为台山十寺都检校，守僧长之初也"。若按《智颙传》所记，贞元七年智颙才14岁，尚未得度，不可能为僧长。澄观制《疏》时，他也不可能为"讲主"。《广清凉传》卷中记智颙为"讲主"在澄观制疏毕后，但其前所述与《宋高僧传》同，可见《宋高僧传》材料来自《广清凉传》，叙述均有误。

成《贞元新译华严经疏》十卷。《疏》成进呈，德宗命两街各讲一遍，他的注疏书成为钦定著作。贞元十五年（799），授澄观"镇国大师"号。澄观还参加了《守护国界主陀罗尼经》的译事。唐顺宗曾诏澄观讲《了义》一卷，《心要》一卷及《食肉得罪因缘》。唐宪宗元和五年（810），诏澄观入内殿讲华严法界宗旨。澄观自入长安后，与诸多朝臣和地方官吏有往来，所谓"朝臣归向，则齐相国抗、韦太常渠牟，皆结交最深。故相武元衡、郑纲、李吉甫、权德舆、李逢吉、中书舍人钱徽、兵部侍郎归登、襄阳节度使严绶、越州观察使孟简、洪州韦丹咸慕高风，或从或训。"澄观的弟子有"一百许人，余堪讲者千数"（《宋高僧传》卷五本传）。华严宗的影响因此在佛教界和社会上迅速扩大。

澄观的全部著作据称有400余卷，故有"华严疏主"之誉。他系统注解八十华严的著作是《大方广佛华严经疏》（简称《华严经疏》）六十卷。《宋高僧传》谓，澄观因感到《华严》旧疏"文繁义约"而撰此书，实际上，澄观的注疏篇幅超过以往的任何同类著作。按澄观自己的说法："晋译幽秘，贤首颇得其门；唐翻灵编，后哲未窥其奥。"（《演义钞序》）法藏系统注解了晋译《华严》，但注解唐译《华严》的工作未完成。注解唐译《华严》的有李通玄、慧苑等人。澄观是因为对唐译《华严》的注疏著作不满而撰此书，表明他继承法藏学说的意图。总的说来，此书虽有不少发挥，而且接受了李通玄的影响，但继承法藏学说，并使之系统化、定型化的特点十分突出。

《大方广佛华严经随疏演义钞》（简称《演义钞》）九十卷。在澄观宣讲《华严经疏》过程中，众多听讲者不断提出问题，此书即是为回答这些问题而作。同时，此书也对《华严经疏》作了系统解释。从一定意义上讲，此书有系统整理、归纳澄观全部学说思想的性质。

《贞元新译华严经疏》（《普贤行愿品疏》）十卷，注解"四十华严"。其主要内容与《华严经疏·入法界品》的释文相同，对"四十华严"独有的"普贤菩萨十大愿"部分详加注释。

《华严法界观玄镜》（《华严法界玄镜》）两卷，注解传为法顺所作的《修大方广佛华严法界观门》。此文原夹杂在法藏《华严发菩提心章》中，未指明是法顺撰，自澄观开始认为是法顺著作，但他未讲原因。《华严法界玄镜》当作于澄观晚年,其注文反映了他的成熟学说,特别反映出他此时有关"四法界"的学说已定型。

《大华严经略策》(《华严略策》)一卷,分四十二条解释唐译《华严》的经名、流传、翻译、各处会内容及华严宗主要教义。每条以四字为题,其下是问答形式。被认为是对数百万言《华严经疏》极简略的归纳。

《新译华严经七处九会颂释章》(简称《华严经七处九会颂》)卷,介绍唐译《华严》十处九会三十九品的大意,每节先列颂文,附以散文注解,其中亦引晋译《华严》相对照。据书前所附沙门典寿的《序》文:"其书仅一万三千余言,较之疏钞,不及百之一,而全经要义,揭示殆尽。且其文平易明白,虽初学可解,实为入华严教海之津梁矣。"这段评论概括了此书在内容和风格上的特点,但此书所述,并不能反映澄观学说的独特之处。

《三圣圆融观门》(《三圣圆融观》)一卷。因有人问及《华严经》"以二圣(指普贤和文殊)表法之二义",遂著此书,论述三圣(毗卢遮那如来、普贤和文殊)的关系。"三圣圆融"是澄观受李通玄影响,在华严学僧内部创立的新说。

此外,澄观还著有《华严经入法界品十八问答》一卷、《五蕴观》一卷、《华严心要法门》(《答顺宗心要法门》)一卷等。已佚著作有《十二因缘观》《法华经》《楞伽经》《中观论》等经论的疏钞。

二 扶持正宗与诸宗融合

澄观在《演义钞》卷二末指出自己研究《华严》、制造经疏的目的:"使造解成观,即事即行;口谈其言,心诣其理。用以心传心之旨,开示诸佛所证之门。会南北二宗之禅门,摄台(天台)衡(南岳)三观之玄趣,使教合亡言之旨,心同诸佛之心。无违教理之规,暗蹈忘心之域。"调整佛教内部各宗关系,纠正各派在修行方面的偏差,在崇奉华严教义的前提下,使禅教各宗融合,是澄观学说的特点。就属于"教"门的华严、天台等派僧人言,他们的修行弊端是"不详至理,不参善友,但尚寻文,不贵宗通,唯攻言说"。这是以禅宗的长处批评教门的短处。在澄观时代,正值南宗马祖道一和石头希迁两系兴盛发展。他们虽然强调遍参寻访（参善友）、提倡证悟自心，但又轻视佛教经典，轻视戒律（有违教理之规）。所以，澄观要求他们应克服"不能以圣教为明镜，照见自心；不能以自心为智灯，照经幽旨"的弊端。澄观最终主张把信奉经典教条与观行体验结合起来。

澄观在继承法藏思想，批判吸收各宗学说的过程中，把注意力主要集中于禅宗、天台宗和华严宗支派三方面。全面吸收禅宗心学理论，把南宗和北宗平等看待，统统列为"顿教"，是他对禅宗的基本态度。澄观在给唐顺宗讲"心要法门"时，很精练地概括了"心"的特征及证悟自心的手段："至道本乎心，心法本乎无住；无住心体，灵然不昧。性相寂默，包含德用；该摄内外，能广能深；非有非空，不生不灭。求之不得，弃之不离。迷现量则惑苦纷然，悟真性则空明廓彻，虽即心即佛，唯证者方知。"（《答顺宗心要法门》）澄观劈头所讲的"心要"，与其说是华严宗的"心要"，不如说是禅宗的"心要"，此后《景德传灯录》卷三十亦收此文。

又《演义钞》卷八谓：

> 顿诠此理，故名顿教……若诠三乘，即是渐教……若诠事事无碍，即是圆教……达磨以心传心，正是斯教。若不指一言以直说即心即佛，何由可传？故寄无言以言，直诠绝言之理，教亦明矣。故南北禅宗，不出顿教。

把禅宗纳入教门，把南北禅宗列为顿教，使其居于作为"圆教"的华严宗之下，是澄观继承法藏判教说提出的见解。唐以后的华严学僧，一般都接受澄观的这种看法。

否定"无情有性"，吸收"性恶"说，是澄观针对天台宗学说而提出的。"无情有性"是天台宗僧人湛然提出的新说，其中的"性"指"佛性"。这是说，不但有思维活动（有情识）的众生可以成佛，而且像草木瓦石等没有思维活动（无情识）的众生也可以成佛。澄观反对"无情有性"，并不是依据独创的新说，而是依据《涅槃经》和《大智度论》中已有的论述。他在《华严经疏》卷三十中说："况经（指《涅槃经》）云：佛性除于瓦石。论（指《大智度论》）云：在非情数中，名为法性；在有情数中，名为佛性。明知非情非有觉性，故应释言：从性从缘则情非，情异为性亦殊。"一切万法，一切事物，包括有情与无情，都是"真如"所产生，都是"真如"的体现，从这点上看，有情众生和无情众生均有"性"。因此，"无情有性"也是合乎逻辑的结论。但是，澄观依据已有的经论，把有情所具有的"性"称为"佛性"，这是成佛的内在根据；把无情所具有的"性"称为"法性"，并不作为成佛的依据。由于"性从缘"不同（或处有情众生，或处无情众生），分为"佛性"和"法性"，实际上均指"真如"。这种说法与"无情有性"在立论基础上没有不同，差别在于它把成佛范围限定在有情众生之内。

"性具善恶"是天台宗智𫖮所创的学说，《观音玄义》卷上记："问：缘了既有性德善，亦有性德恶否？答：具。问：阐提与佛，断何等善恶？答：阐提断修善尽，但性善在；佛断修恶尽，但性恶在。"众生与佛的本性中同样具有善恶两种性质，阐提人之所以是恶人，是因为他从恶，使本性中恶的一面表现出来；佛之所以为"善"，是他修善，把本性中恶的一面没有表现出来。"性具善恶"，是把众生与佛在先天本质上完全等同。澄观并不主张佛性有恶的一面，但是他又认为佛与性恶有联系。

《华严经疏》卷二十一记：

> 如世五蕴从心而造，诸佛五蕴亦然。如佛五蕴，余一切众生亦然，皆从心造。然心是总相，悟之名佛，成净缘起；迷作众生，成染缘起。缘起虽有染净，心体不殊。佛果契心，同真无尽，妄法有极，故不言之。若依旧译（指晋译《华严》）云：心、佛与众生，是三无差别。明三皆无尽，无尽则是无相之相。应云：心、佛与众生，体性皆无尽。以妄体本真，故亦无尽。是以如来不断性恶，亦犹阐提不断性善。

澄观是依据《华严》讲的心、佛与众生三者关系而立论的。众生与佛，都是心之所造，心体为"真"不变，迷之为众生，悟之为佛。这样，作为"妄"的众生和作为"真"的佛都统一于"心",代表心的两个方面,这实际上又是套用《大乘起信论》"一心二门"的模式。因此,他所说的"如来不断性恶",是说佛与"性恶"有联系,并非指佛性具有恶的一面。他所说的"阐提不断性善",是说阐提与"性善"有联系,不是说阐提本性中兼具善恶。实际上,澄观讲的"性"是"真",并不具有善恶之别,"性善"与"性恶"的使用,是受了天台宗人的影响,造成了表面上的混乱。他并不主张性具善恶,而是主张佛与恶有联系,众生与善有联系,但他们的本性中均没有恶。

在对待华严宗方面,澄观以批判慧苑学说为主,以继承法藏学说自居,此即为"扶持正宗"。他批驳慧苑主要有两点:一是"四教"说;二是两重"十玄"说。澄观在《演义钞》卷三说:"而《刊定记》主(指慧苑),师承在兹,虽入先生(指法藏)之门,不晓亡羊之路……破五教而立四教,杂以邪宗,使权实不分,渐顿安辨?析十玄之妙旨,分成两重,徒益繁多,别无异辙。"

在澄观看来,判教是判释佛说,即判"圣教",不能把不是佛说的理论概括进来。但是,慧苑的"四教"第一个是"迷真异执教",讲不识"如来藏"的"凡夫"的理论,所谓"初教谓诸外道,迷于真理,广起异执"(《华严经疏》卷二),这是在判教中"杂以邪宗",所以"四教"之说不能成立。"权实不分"和"渐顿安辨",则指慧苑的"四教"判释不能突出华严宗教义的独特之处,不能把华严教义和其他各宗派教义区分开来。澄观对慧苑的双重十玄作了多处批判,而其主旨,则是认为把十玄划分为德用二重,只是增加了名目,其思想内容与原十玄没有不同。所谓"历门备举,便成二十,今明德相业用虽异,不妨同一十玄,无不该摄"(《演义钞》卷十)。在澄观看来,"文华尚犹翳理,繁言岂不乱心?科文过碎,已杂尘飞;重叠经句,但盈笔墨"(《演义钞》卷三)。就是说,慧苑的双重十玄只是增多了名目,是"乱心"的"繁言",没有存在的必要。澄观对慧苑学说批判的目的,是要将其驱逐出正宗的华严学。

澄观在采用中国古籍中的诸多名词、概念时,强调"借其言而不取其义"。儒、道学说中的概念一旦被组织到华严学的体系中,统统被赋予崭新的内容。《华严经疏序》中用"穷理尽性",《演义钞》卷一专门做了说明：

> 理谓理趣，道理广也；性为法性，心性深也。若穷其理趣，则尽其体性。今此经（指《华严经》）中，意趣体性皆穷究也。此借《周易·说卦》之言，彼云：穷理尽性，以至于命。昔者圣人作《易》也，将以顺性命之理。注云：命者，生之极，穷理则尽其极也。即以极字解性，性者，极也。若穷其理数，尽其性能，则顺于天命。……今借语用之，取意则别。

他所讲的"穷理尽性"，是要穷尽《华严经》所讲的道理，尽诸法之性，也是尽心之体性。而儒家所讲的"穷理尽性"，是穷尽万事万物的理数，尽其性能，达到顺应天命的目的。澄观是不承认有"天命"的，也不承认有顺天命之理。

《华严经疏》开头也用"众妙"一词，《演义钞》卷一解释，《老子》中"玄之又玄，众妙之门"讲的"众妙"，是"以虚无自然以为玄妙"，他所讲的"众妙"，是"以一真法界为玄妙体，即体之相为众妙矣"。就是说，"众妙"都指一切事物，《老子》所指的一切事物来自"虚无自然"，他讲的一切事物是"如来藏自性清净心"的作用。

三 事理范畴与四法界

智俨在论述十玄门时，用"十会"（十对）概括一切佛法，进而概括一切现象。法藏的十玄门完全继承了这个说法，只对"十对"的个别名目有改变。澄观认为："然上十对，皆悉无碍，今且约事理，以显无碍。"他特别重视"事理"一对，用事理关系概括十对所要表达的"无碍"关系。《华严经疏》卷二分十门论述理事关系，《演义钞》卷十又予以补充说明。这两处的论述，基本包括了澄观事理关系说的全部内容。具体如下。

（一）"理遍于事门，谓无分限之理，全遍分限事中。"不可分割的本体（"理"）遍彻于有差别的事物（"事"）中。所谓"全遍"，指每一具体事物包括"理"的全部，《演义钞》强调"若不全遍，则理可分"。

（二）"事遍于理门，谓有分之事，全同无分之理。"事物虽然千差万别，是可分的，由于有共同的本质（"理"），所以每一事物又均与"理"相等同。《演义钞》谓："以事无别体，还如理故。"

（三）"依理成事门，谓事无别体，要因理成。"事物由理产生，以理为本体。《演义钞》谓："缘从真起，故依理成；离如来藏，一切诸法不可得故。"澄观把"理"定义为"佛性""真如""如来藏"以及与"妄心"相对的"成佛之心"，因此，"事依理成"或"依理成事"，是讲一切事物都是"如来藏"的作用和表现，"理"是世界的本原。

（四）"事能显理门，谓由事揽理成故，事虚而理实。"由本体"理"所变现的万事万物，又能表现理。"事虚"指事物只是理的表现，"如波相虚，令水显故"。这一门是说明本质与现象方面的关系。作为本质的理，决定作为现象的事，"事能显理"，即现象能够反映本质。

（五）"以理夺事门，谓事既全理，则事尽无遗。""夺"是容摄、包含之意。"理"可以把"事"包容无遗。《演义钞》强调："以离真理外，无片事可得故。"理能包含所有的事，是理作为事物产生本原的必然结论。既然事都由理产生，那么离开理之外，就没有事。

（六）"事能隐理门，谓真理随缘而成事法，遂令事显理不现也。"此门与第四门相对，事能体现理，也能掩盖理。此门进一步揭示本质与现象的关系。本质相对于现象来说，是一种间接的存在，本质并不能为人们直接感知，要依靠抽象思维才能认识和把握。"事能隐理"，正是接触到本质与现象的这种关系，从而引导人们通过现象看本质，透过可分的、千差万别的"事"去认识"理"。

（七）"真理即事门，谓凡是真理，必非事外。"由事外无理，得出理即是事的结论，这是把理与事相等同。这也是第二门所强调的内容。

（八）"事法即理门，谓缘集必无自性，举体即真故。"由于一切事物都是各种条件聚合而形成，它们的"体"即是"真如"，也就是"理"，所以事可以与理相等同。第七门是把理与事相等同，第八门是把事与理相等同，其义无别，所以《演义钞》说，这两门都是"明事理非异"。所谓"非异"，可以指两者有同一性，也可以指两者完全等同。澄观讲的"非异"，有着把两者完全等同的含义。

（九）"真理非事门，即妄之真异于妄故。""妄"指"事"，"真"指"理"，产生"妄"（事）的"真"（理）与"妄"（事）不同。这是强调，虽然理是事的本原、本质，与事有联系，但理毕竟与事有别。

（十）"事法非理门，即真之妄异于真故。"事是理的表现，但表现理的事毕竟与理不同。以上两门是讲事与理的区别。所以澄观强调，这两门"明事理非一"。

澄观从十个方面论述事理关系，自然是屈从于"开十门"的形式需要，其中前两门是总纲，后八门均是在其基础上的发挥。就这十门所讲理事关系的核心内容言，"理"指佛性、如来藏、真如，是产生一切事物的本原，是事物的本体。这种不可分割的本体"全遍"于一切事物，成为一切事物的共同本质。理包含了所有的事，事又摄尽了全部的理，在承认理事有差别的同时，又把两者完全等同，这就是"理事无碍"。这种理事关系，就是本体与作用、本质与现象的关系，澄观的"理事无碍"揭示了某些本质与现象的辩证关系，但最后又把两者完全等同，以适应"无碍"说。

澄观对事理关系的论述，从总体言，并没有超出智俨、法藏的学说范围。他只是进行了一番整理，使之条理分明，更有系统。然而，他对事理一对的重视，却是与他建立"四法界"说相联系的。《演义钞》卷十谓："今且约事理者，事理是所诠法中之总故，又诸处多明理事故，为成四法界故。""所诠法"即所定义的诸多概念和范畴，"总"即把理事作为其概念体系中的总范畴。这既不违背以前华严学僧多论理事关系的传统（诸处多明理事），也是为了适应建立"四法界"说的需要。这是澄观重视事理一对的原因。

在澄观的著作中，"四法界"只是他对法界的一种分类，他常讲的有三类。《演义钞》卷一指出："法界类别者，略有三意，一者约三法界，初句事法界，次句理法界，第三句无障碍法界。"这种"三法界"说，源于传为法顺作的《华严法界观》。因为法顺讲三重观法，澄观予以发挥，配为"三法界"说。他在《华严法界玄镜》卷上说，"真空观"就是"理法界"，"理事无碍观"即"理事无碍法界"，"周遍含容观"就是"事事无碍法界"。"二者约四法界，为事法界，理法界，理事无碍法界，事事无碍法界。"(《演义钞》卷一）四法界的名目可以在法藏的著作中找到，但将其归纳起来，是澄观的创造。同时，澄观不仅因重视理事一对而组成"四法界"说，而且把十玄门也纳入其中的"事事无碍法界"。"三者，约五法界"。澄观对他的"五法界"说也比较重视，在《华严经疏》卷五十四中有集中说明："统唯一真无碍法界，语其性相，不出事理，随义别显，略有五门：一有为法界，二无为法界，三俱是，四俱非，五无障碍。"五法界的名目虽然与前两种分类中的名目全异，但从事理关系上立论的意图是明显的。

总之，澄观在重视理事范畴过程中建立了"四法界"说，他对四法界还没有系统论述，只是把它作为诸种法界分类中的一种。此后经过宗密整理，"四法界"才成为从总体上论述法界缘起的完备学说。

（1995年佛教学术会议发表，后整理为《中国华严宗通史》第五章第二节，略有改动）

华严系统中的普贤

一 引言

在印度佛教中，菩萨信仰起源很早，可以追溯到部派佛教时期。但是，从早期佛教的阿罗汉崇拜转变到菩萨崇拜，菩萨成为与多佛信仰相联系，与基本教义相协调的稳定信仰对象，则是与大乘佛教的兴起同步展开的。大约从公元前1世纪开始，相继出现的各类大乘佛教典籍，都依据各自的教理需要，塑造出不同的菩萨。各类大乘典籍树立的重要大菩萨所具有的外在风貌、精神内涵、品质性格，以及发挥出的社会功能等，都与该类经典所宣扬的基本教理、修行方式和修行目的密切相关。同时，在这些菩萨的身上也寄托着信仰者的理想、期盼和追求，成为他们学习的榜样，膜拜的对象。

大乘佛教中流传广、影响大的一些菩萨，无论其外在形象还是内在精神都经历过种种变化，这与相关经典在整个学说体系方面的发展演变有直接关系。另外，不同类别的大乘经典由于所宣扬的教义有差别，它们所塑造的同一位菩萨也就呈现出迥然不同的形象。这些重要的菩萨随着经典的翻译传到汉地，又受到中国特定社会环境的制约和诱导，发生了新的变化，逐步成为独具特色的中国佛教中的菩萨信仰。

被称为中国佛教四大菩萨之一的普贤，多种经典有程度不同的涉及和描述，并且受到佛教多宗派的重视。相对来说，华严类经典的记述、华严学僧和华严宗祖师的多种发挥和广泛弘扬，构成了汉族民众普贤信仰的核心内容和基本特点。本文主要叙述从华严经到华严宗中的普贤。

二 "早期华严支品"和"华严本部"中的普贤

华严类典籍是大乘佛教经典的一个部类,约发端于公元1世纪,基本定型于公元3世纪,此后数百年间,主体部分没有大的变化。现存的华严类经典由三部分组成:其一,不同时代和地区产生的众多独立流行的小经,史称"华严支品";其二,在系统修改和整理众多单行小经基础上形成的两种集成本,即习称的"六十华严"和"八十华严",史称"华严本部";其三,程度不同地受到"支品"或"本部"的影响,但主要内容又与之有别的一类经典,史称"华严眷属经"。

从华严类典籍以主角菩萨为标志的经典构成方面考察,整个华严类典籍是以文殊和普贤两类经典为骨干,逐渐扩大而形成的。其中,以文殊为主角菩萨的典籍形成最早。东汉末年到三国时期,翻译出的两部华严类典籍,都是以文殊为十大菩萨之首。他"持佛威神",提出问题,讲述教义,使华严菩萨具有了代佛宣言的资格。在这个时期,以普贤为主角菩萨的经典还没有出现。普贤经典进入华严典籍体系的时间较晚,从经典翻译史方面考察,普贤经典是从西晋开始翻译出来的。所以,华严类经典最早树立的大菩萨是文殊,接着是具有后来居上势头的普贤。他们各具特点,共同构成了华严菩萨的整体形象。

在两部《华严》集成本翻译出来之前,集中译介普贤经典的是西晋竺法护。他所译的普贤经典共有三部。其一,《佛说如来兴显经》(简称《兴显经》)四卷,元康元年(291)译出,又名《兴显如幻经》。其前半部分相当于晋译《华严经·性起品》,篇幅约占五分之四;后半部分相当于《十忍品》,篇幅约占五分之一。① 其二,《度世品经》六卷,也是元康元年译出,相当于晋译《华严经·离世间品》,采取普贤菩萨解答普慧菩萨二百问的形式,主要讲述菩萨如何修行,以便用"神通方便"度化众生。其三,《等目菩萨所问三昧经》三卷,又名《普贤菩萨定意》,相当于唐译《华严经·十定品》,晋译《华严经》中缺。主要讲述普贤菩萨

---

① 《华严经传记》卷一,"是从〈性起品〉无重颂偈仍将〈十忍品〉次后编之,亦不题也。"

"诸定正受卓变之行",即不可思议的神通变化。以上三部经典的共同特点,是抬高普贤菩萨的地位,把他作为菩萨修行的样板和楷模。普贤行、普贤境界以及法身理论,是这些经典的共有内容。

对普贤行和普贤境界的描述,集中在《等目菩萨所问三昧经》中。普贤菩萨的一个最显著的特性,就是可以与法身相契合。佛告诉众菩萨:普贤"于三世等诸佛法身""等吾神足境界"。这样,普贤也就首先成为永恒的绝对精神存在,所谓普贤境界,佛的神通(神足)境界和法身,三者在这里就完全相同,没有区别了。

普贤之所以能与法身契合,达到与"法身等"的境界,在于他经历了与诸佛相同的修行过程。这个修行过程称为"普贤行",也称之为"无限行"。所谓"无限行",是强调其修行具体内容的多种多样,包罗万象,无穷无尽。这种无限行概括起来无外乎两个方面,即积累个人的无限功德和拯救无量众生。本经卷上借佛之口概括了普贤行:

> 普贤菩萨以净无数众生,无极清净,无量功德,兴无数福,修无数相,德备无限,行无等伦,名流无外,无得之行,普益三世。有佛名誉,普而流著。普贤菩萨,行绩若斯。①

在积累个人功德方面,普贤"兴无数福,修无数相",经历了无数的修行实践,从而达到"有佛名誉",实现了个人解脱成佛,这属于自度。在拯救众生方面,普贤"净无数众生",这属于度他。自度和度他是同一修行过程的两个方面。

尽管普贤行具有无限性,但普贤能于法身契合的关键是神通行。于是,号召学习普贤,最终是鼓励修习禅定以获神通,此即为修普贤行。所谓"菩萨以几无思议之定,得应普贤之行"②。按照此类经典的叙述,没有修习禅定所获得的神通变化,与法身契合就是一句空话。

普贤能够与法身契合,也就是具有了法身的显示功能,为了让聚会的

---

① 《大正藏》第10册,第576页中。
② 《大正藏》第10册,第575页下。

菩萨见到他，他又从不可见转变为可见，"普贤菩萨，兴为感动，使其大众，咸见普贤，于世尊足左右，坐大莲华上"①。这种变化，实际上也就是从法身到色身的转变。能够具有这种转变能力，也就与佛没有差别了。所以"普贤能化为佛，能住如佛，能化法轮，建立应化，普现如来之光明"②。这样，作为菩萨修行成佛样板的普贤，并不是以学问精湛、能言善辩、智慧超群见长，而是以具有不可思议的神通变化、具有法身的善权方便著称。

在竺法护所翻译的普贤类三部经典中，普贤并没有特定的可视形象展现在世人面前，当然就没有什么乘白象的描述，也没有具体的身世和弘化事迹。这三部经典所描述的普贤境界，实际上就是法身佛的境界。

从"六十华严"开始的两种集成本，对普贤描述的内容又有所增加，除了对先前的内容予以更清晰概括之外，明确把普贤境界与卢舍那佛（毗卢遮那佛）境界联系起来。唐译《华严·普贤三昧品》中说：

> 普贤身相如虚空，依真而住非国土，随诸众生心所欲，示现普身等一切，普贤安住诸大愿，获此无量神通力。……从诸佛法而出生，亦因如来愿力起。真如平等虚空藏，汝已严净此法身。一切佛刹众会中，普贤遍住于其所。功德智海光明者，等照十方无不见。③

"普贤身相如虚空"，他没有特定的可视形象，但是，他又能够根据众生的需求，根据解救众生的需要，以任何一种外在形象出现在世人面前。他是"从诸佛法而出生"，与法身佛的出身是一样的。同时，他的修行和解救世人的一切言行，既是他的行愿，也是如来的行愿。

既然普贤行就是如来行，普贤愿就是如来愿，那么这个"如来"是指

---

① 《大正藏》第10册，第576页中。
② 《大正藏》第10册，第584页下。
③ 唐译：《华严经》卷七，《大正藏》第10册，第34页上。

哪位佛呢？从"六十华严"开始，华严经所塑造的最高崇拜对象是卢舍那佛。① 这位佛的特点在于：他是"法身""化身"和"报身"的统一体，具有三位一体的特性。

> 佛身清净常寂然，普照十方诸世界，寂灭无相无照现，见佛身相如浮云。一切众生莫能测，如来法身禅境界。②
> 卢舍那佛成正觉，放大光明照十方，诸毛孔出化身云，随众生器而开化，令得方便清净道。③
> 卢舍那佛不可思议清净色身，相好庄严，我见此已，起无量欢喜。④

把集成本（包括"六十华严"和"八十华严"）中对普贤的描述和对卢舍那佛（毗卢遮那佛）的描述进行对照，就可以看出，经过集成本整理的普贤境界，归根结底是卢舍那佛的境界。

三 "晚期华严支品"中的普贤

唐贞元十四年（798），般若等人翻译了四十卷本的《大方广佛华严经入不思议解脱境界普贤行愿品》，简称《普贤行愿品》或"四十华严"。它虽然篇幅很大，只是本部中"入法界品"的展开，依然是两种集成本之后的"支品"经，我们可以称之为"晚期华严支品"之一。这部经对普贤的论述又有增加，其中影响最大，流传最广的一个内容，就是对普贤行

---

① 把竺法护所译的《渐备经》、鸠摩罗什所译的《十住经》、佛陀跋陀罗所译的《华严经·十地品》、菩提流支等所译的《十地经论》相对照，可以发现，后三个本子同为"卢舍那佛"的地方，《渐备经》为"如来至真"，未出现卢舍那佛名。这一方面表明，集成本的编订时间是在竺法护之后，另一方面也表明，对卢舍那佛进行全面塑造，使其贯穿于全经，是与集成本的整理、修改过程同步的。也就是说，我们可以推测卢舍那佛整体形象的塑造经历了一段较长时间，但是它的定型不应该早于集成本的完成。所以，我们把树立卢舍那佛为最高崇拜对象作为集成本的创造，而不是作为华严典籍中某类经（或文殊或普贤等）的创造。
② 《世间净眼品第一之一》，《大正藏》第9册，第399页上—中。
③ 《卢舍那佛品第二之一》，《大正藏》第9册，第405页下。
④ 《入法界品第三十四之十》，《大正藏》第9册，第736页中。

愿的归纳。

在两种华严集成本以及此前的华严单行本中，普贤行被称为"无限行"，普贤愿被称为"普贤愿海"①。他的行和愿就是佛的行和愿，是无量无边的，不可计算的，并没有固定的十种行愿。但是，"四十华严"的最后一卷专门讲述了普贤的十种行愿。本卷开头部分对这十种行愿有一个总的说明：

> 尔时，普贤菩萨摩诃萨称叹如来胜功德已，告诸菩萨及善财言：善男子，如来功德，假使十方一切诸佛经不可说不可说佛刹极微尘数劫，相续演说不可穷尽。若欲成就此功德门，应修十种广大行愿。何等为十？一者礼敬诸佛，二者称赞如来，三者广修供养，四者忏悔业障，五者随喜功德，六者请转法轮，七者请佛住世，八者常随佛学，九者恒顺众生，十者普皆回向。……若诸菩萨于此大愿随顺趣入，则能成熟一切众生，则能随顺阿耨多罗三藐三菩提，则能成满普贤菩萨诸行愿海。②

把无穷无尽的普贤行愿归纳为十种行愿，用这十种行愿概括"普贤菩萨诸行愿海"，这是四十卷本《华严》的创造。这就是说，修行了这十种愿行，也就是实践了无穷无尽的普贤行愿。

四　从杜顺到法藏的普贤观

在《华严经》树立的文殊、普贤两大菩萨中，华严宗的前三位祖师，即杜顺、智俨和法藏，有着轻文殊，重普贤的特点。这种情况直到李通玄提出"三圣一体"的新说之后，才在华严学人中得到纠正。

法顺传教弘法于民间，以神异事迹知名于朝野。道宣把他列在《感通篇》，将其视为神异僧人。法藏则直呼其为"神僧"。到宗密时，把杜顺

---

① 唐译：《华严经·世主妙严品》，《大正藏》第10册，第2页。
② 《普贤菩萨行愿品》卷四十，《大正藏》第10册，第844页中。

塑造为文殊菩萨的化身,① 此后的佛教史籍大都沿袭了这种说法。影响较大的《佛祖统纪》卷二十九记载,杜顺于长安南郊义善寺逝世后,"有弟子谒五台,抵山麓见老人,语曰:文殊今往终南山,杜顺和上是也。弟子趋归,师已长往。至今关中以是日作文殊忌斋"②。但是,在法藏时期的记载中,杜顺主张依《华严》修行,最重视的是"普贤行"。樊玄智十六岁从学于杜顺,"顺即令读诵《华严》为业,劝依此经修普贤行。"③ 他对普贤的重视,也为其弟子智俨所继承。

《华严一乘十玄门》虽然篇幅很短,却是智俨最有创新思想的著作之一。本文题目之下标有"承杜顺和尚说",表明此文继承了杜顺的思想。在该文的一开头,智俨就指出:

> 今且就此华严一部经宗,通明法界缘起,不过自体因之与果。所言因者,谓方便缘修,体穷位满,即普贤是也。所言果者,谓自体究竟,寂灭圆果。十佛境界,一即一切,谓十佛世界海及《离世间品》,明十佛义是也。

在这里,智俨把"果"定义为"十佛境界",自然是没有异议的。但是,认为"因"只指"普贤",就完全与此前华严学僧的见解不同,所以引发疑问:

> 问:文殊亦是因人,何故但言普贤是其因人耶?答:虽复始起发于妙慧,圆满在于称周。是故隐于文殊,独言普贤也。亦可文殊、普贤据其始终,通明缘起也。④

很明显,智俨的答辩是针对论师的观点而发的。慧光的《华严经义记》在解释为什么十大菩萨的队列是以文殊为首时指出:

---

① 《注华严法界观门》,《大正藏》第45册,第684页下。
② 《大正藏》第49册,第292页下。
③ 《华严经传记》卷四〈樊玄智〉,《大正藏》第51册,第166页下。
④ 上引均见《华严一乘十玄门》,《大正藏》第45册,第514页上。

文殊为首者，欲明始发于妙实也。

就此菩萨中，初明文殊者，始证真性波若，根本妙慧故也。①

慧光的这些议论，影响很大，法藏的《探玄记》中也有引用："光统师以因果理实为宗，即因果是所成行德，理实是所依法界。"② 在这里，"理实"与"妙实"所表达的意义相同；在慧光的著作中，"妙实""真性波若""根本妙慧"等是同类概念，相当于指佛性、法身、诸法本性等。既然强调文殊象征"妙慧"，自然是首重文殊，把象征"行"的普贤放在第二位，这是重理论的官僧的特点。智俨所说的"虽复始起发于妙慧"，就是针对慧光的理论而来。在智俨看来，慧光所说的一切万法、一切修行都来自于"妙实"（理体）是没有错的，但是，"圆满在于称周"。这里的"称周"，指"称理周遍"，只有"称理周遍"才算"圆满"。这就是说，根据"理"而进行了圆满的修行（即实践了"普贤行"），其境界会周遍法界。正是在这个意义上，才"隐于文殊，独言普贤也"。如果从缘起的角度讲，才可以说"文殊、普贤据其始终"。智俨的论述，完全代表了杜顺一派重"行"的华严学僧的观点。

法藏全盘接受了智俨的观点，在不否认文殊象征"妙慧"的同时，认为："夫华严宗旨，其义不一，究其了说，总明因果二门，因即普贤行愿，果即舍那业用。"③ 专用普贤象征"因"，完全抛开了文殊。

那么，从杜顺到法藏的这种重普贤、轻文殊的倾向是不是此派在隋唐之际的独有特点呢？当然不是。从北周开始，"认为《华严经》主要讲普贤行，实际上是绝大多数依此经修行僧人的共同认识"④。华严宗前三祖在这方面所表现的特点在于：为重普贤提供了理论依据。

法藏在弘扬普贤信仰方面还有一个贡献，就是把普贤乘白象的形象引入华严系统。《华严经传记》卷二《释智炬》记载：

---

① 上引均见《华严经义记》，《大正藏》第85册，第234页上。
② 《探玄记》卷一，《大正藏》第35册，第120页上。
③ 《华严策林》，《大正藏》第45册，第597页上。
④ 魏道儒：《中国华严宗通史》，第93页。本书第三章论述了多派重普贤的华严学僧。

> 释智炬，姓刘氏，少事神僧昙无最，器局融明，学艺优博。先读《华严经》数十遍，至于义旨，转加昏瞑。……遂梦普贤菩萨乘白象放光明，来语曰：汝逐我向南方，当与汝药，令汝深解。……同意者曰：圣指南方，但当依命，何忧其不至乎。遂束装遄迈，行三日，见一清池中有菖蒲，茎叶殊伟。意悦而掘之，其根盘薄数尺，劣同车毂。炬中心豁然，以为圣授，服之。数日聪悟倍常，昔年疑滞，一朝通朗。而超入神之趣，特出于先贤矣。遂周流讲说五十余遍，有疏十卷。年七十终于北台。①

在唐译《华严经·十定品》（晋译《华严经》缺）中，乘坐六牙白象的是帝释天。② 普贤乘白象是《法华经》的记载，他是作为《法华经》和信奉此经的所有信众的保护者出现的。

> 世尊，若后世后五百岁浊恶世中，比丘、比丘尼、优婆塞、优婆夷，求索者、受持者、读诵者、书写者，欲修习是《法华经》，于三七日中应一心精进。满三七日已，我当乘六牙白象，与无量菩萨而自围绕，以一切众生所喜见身现其人前，而为说法，示教利喜。亦复与其陀罗尼咒，得是陀罗尼故，无有非人能破坏者，亦不为女人之所惑乱，我身亦自常护是人。③

法藏通过记录智炬的故事，不但把普贤乘白象的形象纳入华严系统，而且使普贤也成为华严经及其信众的保护者。

五　李通玄与澄观的普贤观

在树立菩萨信仰方面，从李通玄开始，彻底纠正了华严系统中或重文

---

① 《大正藏》第51册，第158—159页。
② 《大正藏》第10册，第228页。
③ 《大正藏》第9册，第61页。

殊、或重普贤的倾向。他提出"三圣一体"说,为以后华严宗人建立新的佛菩萨信仰体系开辟了道路。至于把文殊作为"一切诸佛启蒙之师",明显是把般若类典籍的观点引入华严思想。而李通玄的"三圣不可偏废说",是对地论师和华严宗人或重文殊、或重普贤两种倾向的纠正。①

澄观撰《三圣圆融观门》,其重要性并不在于确立一佛二菩萨的信仰格局,而是继承李通玄三圣一体的思想,进一步依据华严宗无碍圆融的基本教义,论述三圣之间的圆融关系。他主要讲两方面的内容。

其一,三圣之间的因果关系以及两位菩萨所象征的教义。在他看来,三圣之中,普贤、文殊二圣为因,如来为果,"若悟二因之玄微,则知果海之深妙"。这是"因"与"果"的关系。另外,作为"因"的两位菩萨,从"能信所信"、"解行"和"理智"三方面相对而言,分别象征其中的一端,即分别"表"不同的"三法":普贤代表"所信法界"、"所起万行"和"所证法界";与之相对,文殊则代表"能信之心"、"能起之解"和"能证大智"。由于文殊的"三事"和普贤的"三事"都是相互融通的,所以,最后证明,"理"与"行"都无不具有"一证一切证"的圆融关系。这就是用华严宗的基本教义把三圣的关系进一步梳理清楚。在这方面,澄观实际上并没有为李通玄的三圣一体说增加什么实质性的新内容。

其二,在论述二圣法门自身相互圆融和两者又相互融通的基础上,论证三圣圆融关系,所谓"普贤因满,离相绝言,没因果海,是名毗卢遮那"②。实际上,这些观点不过是重复法藏以来华严宗人的老观点。不过,澄观重视用华严宗的无尽圆融基本观点梳理三圣关系,强调理智等不离于心,心佛众生是三无差别,③是其在论证三圣关系方面的重要特点。总之,到了澄观,华严三圣的关系就最后确定下来了,以后再也没有明显的变动。

峨眉山成为朝野公认的普贤菩萨道场,是从北宋初年开始。但是,澄

---

① 关于李通玄的"三圣一体说"参见本书第57—62页。
② 上引均见澄观《三圣圆融观门》,《大正藏》第45册,第671页。
③ 《三圣圆融观门》指出:"然上理智等,并不离心,心佛众生无差别故。若于心能了,则念念因圆,念念果满。"

观在把普贤与峨眉山联系起来方面，其重要作用是不可忽视的。唐大历十一年（776），他游历五台山，接着又去峨眉山，"求见普贤，登险陟高，备观圣像。却还五台，居大华严寺"①。在澄观时期，五台山已经被公认是文殊的道场。澄观于大历七年（772）就曾在成都一带活动，数年间来往于五台、峨眉两地，并且认定峨眉山为普贤道场。以其日后被奉为华严祖师的身份，对于峨眉山成为普贤道场的影响力是不言而喻的。

总之，从李通玄开始，主要依据华严宗的基本理论，并且融合其他经典的记载，扭转了或重文殊、或重普贤的倾向。澄观在此基础上提出的三圣圆融新说，最终确定了普贤在华严佛菩萨信仰体系中的地位，并且建立了普贤与峨眉山的联系。

（原载《普贤与中国文化》，中华书局 2007 年版）

---

① 《宋高僧传》卷五〈本传〉，《大正藏》第 50 册，第 737 页上。

汉译经典中的"护国"

佛教的护国思想起源很早，可以追溯到佛陀时代。以大乘佛教兴起为标志，佛教护国思想的内容更为丰富多彩，并且与佛教基本教义的发展、信仰的传播、宗教仪轨的演变，僧团的扩展等更为紧密地联系在一起。

在佛教的众多经典中，对于护国思想并没有进行专题论述，但是，从不同角度涉及"护国"的内容，在各种大小乘经典中多能见到。佛教护国思想在古代不同国家和民族中产生过深远影响。本文仅依据几部汉译典籍简述大乘佛教护国思想的起因、性质和内容。

一 "护国"起因

在四部《阿含经》中，记载了许多释迦牟尼教导国王如何保卫国家，如何治理国家等方面的内容。其中，有些是作为帮助理解教义的比喻提及，有些则是作为政治主张正面讲述。在诸如此类的内容中，贯穿了一个中心思想，就是把实现国泰民安作为国王的职责。而要达到国泰民安的目的，国王就必须"以法治化"。释迦牟尼告诉当时的国王：

> 大王：以法治，自济其身，父母，妻子，奴婢，亲族，将护国事。是故，大王，常当以法治化，勿以非法。①

这里的"以法治化"的"法"，实际上就是佛法。国王只有按照佛的教导自修其身，处理与其他人的关系，才能维护国家的稳定。这些内容散

---

① 《增一阿含经》卷五十。

见于诸种《阿含经》中，成为佛教领袖劝化国王的基本主张，构成了大乘佛教兴起之前佛教处理与国家关系的准则。把护国作为国王的职责，把依据佛法治国作为护国的前提条件，可以说是早期佛教护国思想的核心内容。在这个时期，护国思想是针对现实世界的国王讲的。到了大乘佛教时期，这些内容依然被继承下来，同时又增加了全新的内容，从而使大乘佛教的护国思想的主体部分真正形成。

大乘佛教有别于此前佛教的重要特点之一，是从以前的罗汉崇拜转化到菩萨崇拜。对于菩萨而言，"护国"是其全部修行的一个重要内容。无论是修行成佛的重要代表弥勒菩萨，还是处于菩萨修行阶段的释迦牟尼佛，都重视"净国土""护国土"：

> 菩萨以四事不取正觉。何等为四？一者，净国土；二者，护国土；三者，净一切；四者，护一切。是为四事。弥勒菩萨求佛时，以是四事故不取佛。
>
> 佛言：阿难！我本求佛时，亦欲净国土，亦欲净一切，亦欲护国土，亦欲护一切。[①]

在修行成佛的漫长过程中，净化国土，守护国土，成为重要的内容。这样一来，护国就不仅是国王的职责，也是佛教信徒必须实践的内容。所谓"护国土"或"守护国土"，指的是保卫国家不受外国入侵；所谓"净国土"，指的是建设国家，建设美好的家园。佛教的"护国"，首先就包括了保卫国家和建设国家这两个重要内容。当"护国"成为菩萨修行的重要内容的时候，当"护国"成为现在佛和未来佛的重要誓愿的时候，这个"护国"就不仅仅是国王的职责，而是上升为佛教信众的宗教情感、信仰支柱和实践内容。大乘佛教的"护国"思想正是有这样的特点。这是此前佛教所没有强调的。

根据现存的多类大乘经典的相关内容分析，大乘佛教对"护国"的强调和突出，首先与强调和突出大乘经典的功能、大乘教义的作用、诵持经

[①] （西晋）竺法护译《弥勒菩萨所问本愿经》。

典的功德等紧密联系在一起。之所以出现这种情况,是与各类大乘经典注重抬高自身地位,抬高新兴教义的地位分不开的。

尽管对佛教经典的起源、种类和演化过程等问题尚有不少待解之谜,但是,有一点可以肯定,直到公元1世纪前后大乘佛教兴起之时,公认的经典只有记录释迦牟尼言行的阿含类经典。大乘佛教兴起的标志,不是出现了新的领袖人物,而是陆续出现了一系列不同类别的新经典,比如,般若类、华严类、法华类、宝积类、涅槃类、大集类、经集类等。每一类经典,甚至每一部分量比较重的大乘经典,都会不厌其烦地论述本经的法力无边,功能无限,强调以各种方式信奉本经的无限功德。这些内容在此前经典中即便不是完全没有,至少也没有如此渲染过。这种做法是为新经典谋求合法性,为新教义树立权威。《法华经》如下两段话比较有代表性,代表了各类大乘经典的基本主张:

> 佛告药王:又如来灭度之后,若有人闻《妙法华经》,乃至一偈一句,一念随喜者,我亦与授阿耨多罗三藐三菩提记。若复有人受持、读诵、解说、书写《妙法华经》,乃至一偈,于此经卷敬视如佛,种种供养——华、香、璎珞、末香、涂香、烧香、缯盖、幢幡、衣服、伎乐,乃至合掌恭敬。药王!当知是诸人等,已曾供养十万亿佛,于诸佛所成就大愿,愍众生故,生此人间。
>
> 药王!若有人问:"何等众生,于未来世当得作佛?"应示:"是诸人等,于未来世必得作佛。"何以故?若善男子、善女人,于《法华经》乃至一句受持、读诵、解说、书写,种种供养经卷——华、香、璎珞、末香、涂香、烧香、缯盖、幢幡、衣服、伎乐,合掌恭敬;是人一切世间所应瞻奉,应以如来供养而供养之。当知此人是大菩萨,成就阿耨多罗三藐三菩提,哀愍众生,愿生此间,广演分别《妙法华经》。何况尽能受持、种种供养者?[①]

要求把经典与佛等量齐观,倡导哪怕只接受经典中的一句话都会收到

---

① (后秦)鸠摩罗什译《妙法莲华经·法师品》。

日后必定成佛的果报。各类大乘经典在强调其经典的无限功能时，在宣扬信奉经典的无量功德时，都是同样的基调。如果一定要从中找出一些差别来，只不过是不同种类的经典所强调的侧重点有区别。这里所列举的信奉《法华经》的方式很多，很细致，包括受持、读诵、书写、为人讲说等，要求把对经典的供养与供养佛看得同等重要，而所获得的功德也并无二致。对于受持经典的各种功德，已经被神化到不可思议的程度，这在大乘佛教兴起之前是没有的。这种前所未有的做法，首先是为新经典、新教义树立权威，是争取来自各阶层信众的有力措施。诸如此类的赞颂受持经典功德的内容，普遍见于各种大乘佛教经典中。

对于一般信众来说，受持经典的功德莫大于可以修行成佛；对于国王来说，受持经典的功德莫大于国泰民安。根据多种大乘经典的记载，佛对不同人说法，所强调的经典功德也不相同，对于国王而言，最重要的经典功能就是"护国"，即护佑信奉佛法的国王所统治的疆域国泰民安，政通人和。这样，"护国"作为新经典的多种功能之一，作为国王信奉佛法所获得的多种功德之一，逐渐受到佛教界和统治阶层的重视。大乘的"护国"思想正是从抬高新经典，神化新教义中脱颖而出。

二 "护国"性质

大乘佛教"护国"思想的一个重要特点，就是不仅仅把"护国"看作国王的职责，而是把"护国"作为护法诸天、鬼神的职责，从而说明"护国"乃是佛教教义的功能，是佛教佑护众生的必然体现。"护国"中的"国"，是泛指所有信奉佛法的国度；"护国"的标准，是实现国泰民安，政通人和；"护国"的本质，就是与"护教"完全等同。这些思想散见于多种经典中，而比较集中的论述，是在《金光明经》中。

四大天王是佛教的重要护法神，《金光明经》中记述了他们向佛叙述《金光明经》护国功能的缘由，四天王对佛说：

> 世尊！是《金光明》微妙经典，于未来世在所流布，若国土、城邑、郡县、村落随所至处，若诸国王以天律治世，复能恭敬至心听受

是妙经典,并复尊重供养、供给持是经典四部之众,以是因缘,我等时时得闻如是微妙经典,闻已即得增益身力,心进勇锐,具诸威德。是故我等及无量鬼神,常当隐形,随其妙典所流布处,而作拥护令无留难;亦当护念听是经典诸国王等及其人民,除其患难,悉令安隐。他方怨贼亦使退散。①

因为《金光明经》是佛所讲说的微妙经典,所以,无论在任何国度、城邑、郡县和村落,只要那里的国王真心诚意地接受这部经典,真心诚意地供养以各种方式接受本经的在家、出家信徒,就会使天人众生获得利益,四大天王因此就会和数不尽的鬼神在冥冥中护佑这个国家,护佑这个国家中受持本经典的国王和人民,消除他们的灾难,并且使企图入侵这个国家的敌人退散。从这一段可以看到,佛教讲的"护国",是护法天神保护信奉佛教的任何国家。因此,大乘佛教所要护佑的国家,既不是所有国家,也不是某一个特定的国家,而是信奉佛教的任何国家。从这个角度讲,佛教的"护国"是与"护教"相一致的,两者之间是可以画等号的。

相反,对于那些不接受《金光明经》,不供养接受本经的出家、在家信众的国王,天王就不能保护其国家。四天王对佛说:

世尊!若有人王,于此经典心生舍离,不乐听闻,其心不欲恭敬、供养、尊重、赞叹;若四部众有受持、读诵、讲说之者,亦复不能恭敬、供养、尊重、赞叹,我等四王及余眷属无量鬼神即便不得闻此正法,背甘露味,失大法利,无有势力及以威德,减损天众,增长恶趣。世尊!我等四王及无量鬼神舍其国土。不但我等,亦有无量守护国土诸旧善神皆悉舍去。我等诸王及诸鬼神既舍离已,其国当有种种灾异,一切人民失其善心,唯有系缚瞋恚斗诤,互相破坏,多诸疾疫,彗星现怪,流星崩落,五星诸宿违失常度,两日并现,日月薄蚀,白黑恶虹,数数出现,大地震动,发大音声,暴风恶雨,无日不有,谷米勇贵,饥馑冻饿,多有他方怨贼侵掠其国。人民多受苦恼,

---

① (北凉)昙无谶译《金光明经·四天王品》。

其地无有可爱乐处。世尊！我等四王及诸无量百千鬼神，并守国土诸旧善神，远离去时生如是等无量恶事。①

如果国王不接受《金光明经》，并且不供养以各种方式接受本经的出家、在家信众，那么，四天王和无数鬼神就不能听闻这种"正法"。由于他们不能听闻正法，所以他们就丧失了护国消灾的能力，就只能离开这个国家。当他们离开这个国家以后，该国就会出现种种灾难，国内的人民不能和睦相处，不断进行相互斗争。疾病流行，各种天灾频频出现，社会陷入动乱之中。总之，要出现不能计算的天灾人祸。

从这里可以看到，佑护国土人民、消弭灾难的不可思议的能力，并不是天王、鬼神自身本来具有的，而是因为他们听闻佛法才具有的，是佛法赋予他们的。因此，天王、鬼神佑护国泰民安的能力，首先是《金光明经》所赋予，归根结底是佛法所具有的。天王、鬼神只能护佑佛教流行的国家，这并不以天王、鬼神的意志为转移，而是由佛法本来具有的功能或效力所决定。正是因为天王、鬼神听闻了佛法，才具有了护佑国家、人民的能力。离开了佛法，天王和鬼神也就没有任何能力了。

那么，如果国王希望国家稳定，人民安乐幸福，希望没有外敌入侵，没有天灾人祸，唯一的办法就是要以各种方式接受《金光明经》，护佑受持本经的在家、出家信徒。四天王正是这样讲的：

世尊！若有人王，欲得自护及王国土多受安乐，欲令国土一切众生悉皆成就，具足快乐，欲得摧伏一切外敌，欲得拥护一切国土，欲以正法正治国土，欲得除灭众生怖畏。世尊！是人王等，应当必定听是经典，及恭敬供养读诵受持是经典者。我等四王及无量鬼神，以是法食善根因缘，得服甘露无上法味，增长身力，心进勇锐，增益诸天。②

由于国王和人民接受了《金光明经》，在他们恭敬供养、读诵、受持

---

① （北凉）昙无谶译《金光明经·四天王品》。
② 《金光明经》卷二《四天王品》。

这部经典的同时，天王和无数鬼神也因为听讲这部经而获得了利益，具有了护佑这个国家的能力，所以，国王的一切护国目的就都可以实现了。

那么，为什么接受这部经就会具有这么大的功德呢？原因来自释迦佛讲这部经典的目的。

> 如来说是《金光明经》，为众生故，为令一切阎浮提内诸人王等以正法治，为欲一切众生安乐，为欲爱护一切众生，欲令众生无诸苦恼，无有他方怨贼棘刺，所有诸恶背而不向；欲令国土无有忧恼，以正法教，无有诤讼。是故人王各于国土，应然法炬，炽然正法，增益天众。我等四王及无量鬼神、阎浮提内诸天善神，以是因缘，得服甘露法味充足，得大威德进力具足，阎浮提内安隐丰乐，人民炽盛，安乐其处；复于来世无量百千不可思议那由他劫，常受微妙第一快乐，复得值遇无量诸佛种诸善根，然后证成阿耨多罗三藐三菩提。得如是等无量功德，悉是如来正遍知说……世尊！以是因缘故，是诸人王，应当必定听受、供养、恭敬、尊重、赞叹是经。①

佛弘法宣教的目的，讲这部经典的目的，就是为了使所有国家的国王以正法治化，让一切众生安乐，脱离现实的一切苦难，消除一切天灾人祸。如果国王接受佛的教导，弘扬佛法，使佛法兴盛（然法炬，炽然正法），自然就是天王、鬼神具有了护佑国土的能力（增益天众），国家就得到了保护。因此这里强调了两点。第一，国王、人民以各种方式接受《金光明经》所具有的一切功德，天王鬼神护佑国土人民的能力，归根结底来自佛教的经典，来自佛法，来自佛的慈悲愿力。第二，所谓护国的内容十分广泛，包括了保卫国家，维护国家稳定，消除一切天灾人祸，使人民安乐富足，和睦相处，并且最终实现佛教所倡导的觉悟解脱。

综上所述，在《金光明经》所讲的"护国"，就是通过供养、读诵、听讲大乘佛教的经典，信仰大乘佛教，从而得到天王、鬼神的护佑，建设一个稳定和谐、没有任何天灾人祸、人民安居乐业的国家。能够达到护国

---

① 《金光明经》卷二〈四天王品〉。

目的的根本原因，是经典的功能，是佛的愿力。"护国"就是佛教护佑芸芸众生，佑护佛教自身。

三 "护国"法事

在各种讲述"护国"的经典中，"护国"学说的基本内容、本质特点是一致的，差别只在于要求信奉的特定经典和教义有所不同，列举的天灾人祸的种类有不同。所有这些差别，都不足以改变佛教"护国"思想的基本性质。在《佛说仁王般若波罗蜜经》中有一个《护国品》，除了讲该经的护国功能之外，重点讲了举行护国法事仪式，历来影响很大。

该经《护国品》记述释迦牟尼给国王讲般若经典的各种功能，并且以护国功能为主，尤其重点讲述举办护国法会的仪轨。

> 尔时，佛告大王（波斯匿王）：汝等善听，吾今正说护国土法用。汝当受持《般若波罗蜜》。当国土欲乱，破坏劫烧，贼来破国时，当请百佛像、百菩萨像、百罗汉像、百比丘众、四大众、七众，共听请百法师讲《般若波罗蜜》。百师子吼高座前燃百灯，烧百和香，百种色花，以用供养三宝，三衣什物供养法师，小饭中食亦复以时。大王！一日二时讲读此经，汝国土中有百部鬼神，是一一部复有百部，乐闻是经，此诸鬼神护汝国土。①

这里讲的是为获得鬼神佑护而举办法会，其中蕴含的护国思想和理念与《金光明经》是完全相同的，也是通过读诵、听讲等信奉方式，使鬼神闻听特定的经典教义，获得护佑的能力，从而发挥护佑的作用。这里讲的鬼神所"乐闻"的经典以及所具有的护佑能力来自《仁王般若经》，而不是《金光明经》。各种类的大乘经典都是抬高自身，哪种经典讲护国，自然就神化那种经典。

从上述记载可以看到，举办这种护国法会规模是很大的，仅参加讲经

---

① （后秦）鸠摩罗什译《佛说仁王般若波罗蜜经》卷二〈护国品〉。

的就有一百位法师。显然，举办这样的法会，只有在佛教教团发展到一定规模才有可能，只有官方才有能力举办。

本经所具有的护国作用，只不过是多种护佑功能中比较重要的一种，列在首位的一种，除此之外，还有"护福""护难"等功能：

> 大王！不但护国，亦有护福，求富贵官位七宝如意行来，求男女，求慧解名闻，求六天果报，人中九品果乐，亦讲此经，法用如上说。
>
> 大王！不但护福，亦护众难，若疾病苦难，杻械枷锁检系其身，破四重罪，作五逆因，作八难罪，行六道事，一切无量苦难，亦讲此经，法用如上说。①

所谓"护福"是求各种福报，所谓"护难"是消除各种天灾人祸。这些都可以通过举办大致相同的法会来达到。因此，护国法会也具有"护福""护众难"的作用。举办法会，通过各种宗教活动祈求天王、鬼神来护佑国家人民，消弭灾难，实际上是祈求佛法的护佑，是祈求佛教教义的护佑。

总之，透过多类经典对神化经典功能和奉佛功德的描述，透过其中对遣神役鬼的法事仪轨和供养礼仪的描述，我们可以清楚地看到，大乘佛教的护国思想中蕴含着一个基本理念：佛法有利于国泰民安，有利于政通人和，这是佛教解救众生苦难慈悲精神的必然表现之一。

（原载《佛教护国思想与实践》，社会科学文献出版社 2012 年版）

---

① 《佛说仁王般若波罗蜜经》卷二〈护国品〉。

佛舍利崇拜的地位、功能与现代价值

　　佛舍利崇拜始于对释迦牟尼的崇拜，逐渐发展成为与佛祖崇拜、教义崇拜、经典崇拜相结合的信仰形式，成为修行解脱的重要内容。关于舍利的形成、功能、崇拜方式等论述几乎遍及各类大小乘佛教经典，并且与佛教的基本教义密切联系。中国古代佛舍利崇拜活动的历史十分悠久，可以追溯到三国时期，到隋唐时期达到鼎盛阶段。这个时期也正是中国佛教的理论创新、宗派兴盛、佛教向社会各阶层普及、中国从佛教输入国向佛教输出国转变的时期。舍利文化曾在历史上发挥过多种多样的功能，至今仍然可以在继承优良传统遗产的前提下，发挥各种积极的社会影响，甚至产生超出宗教领域的作用。

一　舍利崇拜在佛教信仰文化中的地位

　　"舍利"一词是梵文的音译词，也作"驮都""设利罗"等，意译为灵骨、身骨、遗身等，是指一个人去世后经过火化留下的遗存物。佛教的"舍利"崇拜是从释迦牟尼开始，"佛舍利"就是指释迦牟尼的遗骨。根据《长阿含经》卷四《游行经》所述，释迦牟尼圆寂之后火化，其舍利分为八份，由八个国家分别建塔供养。据说当时佛的弟子们在灰烬中得到的舍利有一块头顶骨、两块肩胛骨、四颗牙齿、一节中指骨，另外还有八万四千颗珍珠状舍利。佛祖的这些遗留物被信众视为圣物，争相供奉。据《阿育王传》卷一载，佛灭度百年后，阿育王搜集佛遗存的舍利，建造八万四千宝塔供养。从这些记载来看，佛教的舍利崇拜从释迦牟尼逝世就开始了，供养舍利是敬仰释迦牟尼的延续。在佛教传入中国之前，汉地流行土葬风俗，自然没有相关的舍利崇拜。佛教最初造塔供养舍利并不神秘，仅仅是信众们表达对佛的敬仰、怀念和崇拜。佛舍利成为圣物，成为人们礼拜的对象，源自人们对释迦牟尼的尊崇，对佛教教义的信仰。

到了大乘佛教时期，从朴素的宗教情感中发端的舍利崇拜，逐渐被赋予了多种功能。关于舍利种类、形成过程、价值、功能、崇拜方式等方面的论述，散见于各个部类的大乘经典中。所以，舍利崇拜是超越宗派、地区的，是整个佛教的共同信仰。归纳起来，大乘佛教经典对舍利的论述主要从四个方面展开。

第一，结合大乘佛教基本教义对舍利的形成、种类进行理论塑造，使舍利具有了超出朴素情感的神圣属性。

大乘经典在述及舍利形成的时候，增添了舍利形成与按照佛教规定修行有关系的内容，从而把大乘教义引入舍利崇拜。《金光明经》卷四《舍身品》说："舍利者，即是无量六波罗蜜功德所聚，舍利是由戒定慧之所熏修，甚难可得，最上福田。"既然舍利的形成与修习六度有关，与修习戒定慧三学有关，那么，不信仰佛教的人，不按照佛教规定修行的人，火化后就肯定没有舍利。这样的界定，就是以"舍利"为标准，把佛教信徒与非佛教信徒泾渭分明地区别开了。

当把佛教基本教义引入舍利形成过程的时候，舍利自然就不会只限于佛的遗存物，也与高僧大德的遗骨相联系，他们的遗存物也是舍利。这样一来，舍利的种类和数量就多了起来。① 佛教典籍中关于舍利种类的记载很多，就佛舍利而言，最重要的一个现象是把舍利概念扩大化，把佛的遗骨与佛的教法都称为舍利，即佛的身骨舍利和法身舍利。这样的学说出现，反映了把佛的遗骨与佛的教法同样看待的思想倾向。不仅如此，还有把佛舍利与佛相等同的说法，比如《大般涅槃经》说："若见如来舍利，即是见佛。"既然把佛舍利与佛法、佛相等同，那么，供养佛身骨舍利本质上就是一种与六度、三学同样的修行法门。许多经典在讲供养佛舍利功德时，正是从这个思路发表议论的。

《大智度论》卷五十九指出："供养佛舍利，乃至如芥子许，其福报无边。"在许多典籍中，都讲了以各种方式供养佛舍利的功德。比如，《宝悉

---

① 各类经典对舍利分类有不同的说法，仅就佛舍利而言，重要的是把身骨舍利和法舍利并列。

地成佛陀罗尼经》讲述了供养舍利的功德作用。

> 善男子等，假使世间若有愚童有情、愚夫有情、愚惑有情、老耄妇女、愚痴僧尼，如是有情得佛舍利，乃至一粒分散一分，及与舍利所置之物，带于身上，不论昼夜，若净若不净，若触若不触，不离其身，常可带之，所获功德无有所计比量。若顶上、若颈上、若心前、若背后、若两胁、若腰间带舍利者……离一切罪业、恶业，恶趣不能染著，善根渐生，恶障渐离；善人自遇，恶人自去。所作事业，皆同佛行，同释迦牟尼如来故，其身即是世间应化故，即是清净法身大毗卢遮那佛。其人必入大涅槃位，于现身中证得无相法身……

从这段论述可以看到，供养佛舍利的功德可以包括从事任何一种修行所获得的功德。因此，供养佛舍利本身就是追求解脱的一种修行方式。供养舍利与六度中的任何一度相比，在获取功德方面都毫不逊色。除了上述关于供养舍利的神奇功能之外，各类佛教典籍还记载了许多与供奉舍利有关的神异灵迹。灵异故事侧重宣传佛教的神圣、神秘和不可思议，同时也是推动舍利崇拜在社会上广泛流行的动力。总之，供养佛舍利在大乘佛教中成为修行的一个重要方面，不仅与获得无量功德联系起来，而且直接与解脱成佛联系起来。

总之，佛舍利崇拜并不是一个孤立的信仰理念，而是与佛祖崇拜、教义崇拜、经典崇拜密切联系的。从本质上说，佛舍利信仰是佛教整个信仰体系中一个不可或缺的内容，是佛教整体信仰的一个重要组成部分。

二　隋唐时期的佛舍利崇拜

舍利的出现，与古印度火葬的习俗直接相联系。舍利崇拜赋予了舍利宗教意义。在佛教传入中国之前，汉地的丧葬习俗是土葬，自然没有舍利概念，更没有舍利崇拜。印度佛教经典上对舍利形成、供养功德等方面的描述，直接为中国佛教所接受，为佛舍利崇拜在中国社会的流行提供了信仰保障。

把佛舍利传到中国来的，既有东来传法的外国僧人，也有西去求法返回的中国僧人。佛教经典中记载的各种舍利灵异功能，几乎都在中国社会上有过反映。关于供养佛舍利的著名感应故事，在三国康僧会传教时期就开始出现了。到了隋唐时期，中国社会的舍利崇拜达到了高峰，其重要的标志有两个：一是隋文帝在全国范围内分送舍利建塔供养；二是唐王朝多次从法门寺迎请佛指舍利。这些都是中国社会崇拜舍利前所未有的事件，其影响遗存到现在还能看到。

隋文帝认为他能够得到天下，是佛教护佑的结果，所以在仁寿年间仿效阿育王分送舍利造塔的故事，动用全国的人力、财力、物力，先后三次下敕在各州兴建舍利塔。这是中国舍利崇拜开始兴盛时期。这种席卷全国的舍利崇拜浪潮甚至影响到朝鲜半岛。

唐王朝从法门寺迎请佛指舍利在宫中供养，前后共七次，历经唐太宗、高宗、武则天、肃宗、德宗、宪宗、懿宗七朝。每次迎请都是场面盛大，礼仪隆重，影响广泛，对佛教在社会各阶层的传播起到了推波助澜的作用。公元873年以后，再也没有发生类似规模的崇拜舍利活动。

从隋文帝到唐懿宗的三百多年时间里，正是中国佛教发展的鼎盛时期，其重要的表现是：中国佛教诸宗派相继成立，标志着中国佛教的理论创造达到了前所未有的巅峰，从此以后，再也没有出现过这样的佛教理论大发展和大繁荣时期。另外，中国佛教也正是从这个时期开始大规模向外传播，中国开始从佛教的输入国向佛教的输出国转变。因此，在中国历史上，从帝王到庶民的席卷全社会的舍利崇拜高峰，也正是在隋唐盛世时期出现的。

隋唐时期出现的佛舍利崇拜活动规模之大，影响范围之广，延续时间之长，在整个世界佛教史上也堪称独一无二。隋炀帝仁寿年间在全国范围内造塔供奉舍利，从官方到民间，从京城到地方，各阶层民众踊跃参与，耗费的人力、财力和物力之巨大，可以说是空前的。隋唐时期舍利崇拜在社会各界掀起了宗教信仰浪潮，其中产生的灵验故事、吉祥瑞兆之多，远远超出了翻译经典中的记载。在狂热的佛舍利崇拜中，出现了不少非理性烧身供养、自断肢体供养等惨烈事件。关于这些记载，直到今天读起来也令人震惊。因此，弘扬佛舍利文化，必须是理性的，必须有吸收精华，排除糟粕的批判精神，必须防止崇拜佛舍利过程中的非理性狂热。

三　佛舍利文化的现代价值

近些年兴起的佛舍利文化逐渐引起许多地方政界、教界、学界和商界的重视。改革开放以来，各地报道发现舍利的新闻也越来越多。现代弘扬佛舍利文化，可以追溯到隋唐盛世时期，但是，历史毕竟不能重演。结合现代的实际情况，发挥佛舍利文化的现代价值，已经取得了非常值得称道的积极作用。这里仅举三方面的例子。

第一，在"宗教搭台，经济唱戏"观念的指导下，利用发现佛舍利来为当地的旅游事业服务。所谓"宗教搭台"是"文化搭台"的另一种说法。尽管现在人们已经认识到"文化搭台，经济唱戏"实际上体现了文化被边缘化的意义，但当初文化毕竟作为配角已经站在了前台。现在是经济建设、文化建设等五大建设协调发展，无疑向前跨进了一大步。不少地方弘扬舍利文化有着"宗教搭台，经济唱戏"的用意，主要是为发展当地的旅游事业服务。这大约是一个必须经历的阶段。

第二，佛舍利承担了强化我国大陆和香港、澳门、台湾的民族认同感的使命。送舍利到港台地区，供信众礼拜、瞻仰，其场面十分隆重、壮观、庄严。比如，2002年2月23日，佛指舍利开始了长达37天的台湾之旅。佛指舍利跨海赴台，台湾十多万佛教信众在长达几公里的马路上摆设香案，供奉鲜花、果品，齐诵佛号，有的信徒跟在车队后面三跪九叩、顶礼膜拜。人们认为，佛指舍利的送迎，是两岸最亲切、最自然、最和谐的交流，不仅是宗教方面的交流，更是两岸人民感情的交流，已经超出了宗教的范围。台湾佛教徒称之为"法亲、人更亲"，希望今后能进一步扩大两岸佛教界的交流和交往，以此促进两岸人民沟通，以佛教文化交流促进对中华文化的认同感，增强中华民族的凝聚力，推动两岸关系的正常发展，促进两岸和平统一的早日实现。

2004年5月25日，佛指舍利及珍贵文物乘包机抵达香港，香港举行了隆重的迎接及安奉仪式。佛指舍利自5月26日起在香港会展中心连续展出十天，受到社会各界人士的瞻仰和膜拜，创下一日有十万余人次排队瞻礼的记录。香港方面认为，佛指舍利的到来"会为香江带来无边福祉、无比智慧和祥和力量"。佛指舍利已经被认为是和谐、吉祥、智慧的象征。

第三，佛舍利承担了加深中国和其他国家人民之间传统友谊和促进两国在文化、宗教方面友好交往的使命。1994年11月至次年2月，为促进中泰人民友谊，应泰国国王、僧王的请求，经中央政府批准，佛指舍利首次离境，用专机护送到曼谷，供泰国广大佛教信众瞻拜85天。当时的泰国总理川·立派、副总理占隆·西蒙、空军司令西里蓬上将和专程到北京迎请佛指舍利的泰国外长他信·西那瓦等各界代表上千人参加了迎请仪式。佛指舍利在泰国供奉期间，泰国国王和僧王都曾前往瞻拜。2005年11月，佛指舍利被迎请到韩国供奉40天，引起很大轰动，受到韩国人民的热烈欢迎。韩国方面十分感谢中国政府和中国佛教协会以及法门寺，认为此次供奉满足了韩国佛教徒长久的心愿，认为在中韩两国佛教界共同推动下，中韩两国人民的友谊必将得到进一步的加强和发展。

（2011年佛教文化艺术论坛发表）

观音信仰的性质、发展与传播

大乘菩萨信仰的兴起，本质上是塑造一批佛教救世主的运动。在早期大乘经典中地位并不显赫的观音菩萨，就是这些救世主中的一位。中国佛教中的观音拯救众生的功能既有来自印度佛教的内容，又有中国信仰者的创造。正因为观音具有其他菩萨不能取代的多种功能，才逐渐在中国发展演变成知名度最高、流行最广泛的信仰对象。中日韩海上交通中的观音信仰内容，主要与四个要素联系在一起：第一，早期经典中记述的观音菩萨居住地或传法地，始终影响着以后有关观音显化地或信仰圣地的建立；第二，在观音菩萨具有的无数慈悲功能中，拯救海难是最早突出的职责，也是以后航海信众最重视的观音功德；第三，航海的艰难，成为人们接受观音信仰的心理需求；第四，中日韩海上经济贸易的繁荣，是推动这种观音信仰传播的直接动力。

一　大乘菩萨信仰共性

佛教从创立之日起，就把解决人生的痛苦作为整个学说的核心问题提了出来。在佛教经典中，列举的人生痛苦种类之细致，提出的解除人生苦难的方法之多，内容之丰富，是任何其他宗教所不能比拟的。然而，尽管解决人生苦难的方法很多，但是解决个人痛苦不能依靠任何人，只能依靠自己。这是佛教的业报轮回理论所确定的。

佛教继承印度宗教思想文化的传统，倡导因果报应学说。这种学说认为，每个人的思想、言论和行为都要产生相应的果报，自己的一切境遇实际上都是自己造成的。自己要想改变境遇、改变命运，必须靠自己的努力。对于每一个人应该遭受的业力报应，连最高崇拜对象佛也不能改变。

某一个人因为做了恶事一定会获得恶的果报，连佛也不能消除这种果报，也不能改变这种果报的性质。

正是由佛教的业报轮回学说所决定，佛教中的最高崇拜对象不是全能的，不能消除众生的业力。也就是说，佛不是救世主，解决个人现实苦难问题只能靠自己。从释迦牟尼创教到大乘佛教兴起的五六百年时间里，佛教崇拜系统中始终没有出现以消除众生苦难，拯救众生为特点的救世主。

大乘佛教在接受此前佛教基本教理的同时，也发生了许多变化，提出了许多新的思想和理论。其中，菩萨信仰的兴起，就是信仰体系方面的一个影响全局的变化。作为大乘菩萨，首先要有"大誓愿"，而"大誓愿"的核心内容，有两个方面，即"发心作愿：我当作佛，度一切众生"①。自己要"作佛"，属于自度，"度一切众生"，属于度他。把自度和度他结合起来，是所有大乘菩萨的共同职责。从自度的角度来考察，也就是从追求个人解脱的角度来考察，大乘菩萨与以前的修行者没有本质区别，因为包括阿罗汉在内的任何修行者都要追求个人解脱。从度他的角度来看，也就是从拯救众生的角度来看，大乘菩萨就是一个全新的信仰对象。由大乘菩萨誓愿的内容所决定，菩萨的修行过程既是一个自度的过程，同时也是一个度他的过程。

对菩萨度他职责的强调，实际上就是对救世主功能的强调。众多大乘菩萨的出现，本质上是为佛教塑造了一批形象各别、拯救众生职责有分工、救度世人能力有大小的一批救世主。大菩萨所具有的拯救众生的能力，不仅是以前的阿罗汉所不具备的，即便是以前的释迦牟尼佛也没有。各种大乘经典在塑造大菩萨形象时，突出强调他们在拯救世人过程中的功能无限、威力无比，正是适应了塑造救世主的需要。大乘经典中的这些内容，恰恰是以前的经典所没有的。大乘佛教菩萨的共性，集中体现在救世主的功能方面，这是以前佛教的信仰体系中所没有的新内容。

佛教塑造的各大菩萨，虽然他们拯救世人的能力都可以说无限大，但是，他们的修行法门和拯救对象等则各有侧重。宣传菩萨信仰的大乘经典传译到中国，经过历史的筛选，最终确定下来的影响较大的菩萨有弥勒、

---

① 《大智度论》卷四。

观音、文殊、普贤、地藏、大势至等。其中，观音菩萨在早期的般若、华严、法华等类经典中，排名并不是最靠前，地位并不是最显赫，影响并不是最大。但是，经过在中国的长期发展和演变，观音菩萨逐渐成为众多菩萨中最有影响的菩萨。出现这种情况，与在长期历史过程中形成的中国观音信仰特点分不开。

二 中国观音信仰特点

大乘佛教经典所塑造的菩萨数量和佛的数量一样，可以说是无限多，并且没有明确说明某一位菩萨功德显赫。大约从中国宋元时代，观音逐渐被认为是众多菩萨中功德最显著者。所谓"释典所载菩萨名号，如恒河沙数，不可胜计。惟观自在，洋洋赫赫功德，独显乎世间"[1]。

一般说来，佛典中虽然提到的菩萨数量很多，但是，着力塑造的大菩萨则数量有限。不少著名菩萨是集中在某一部类经典中塑造的，比如弥勒菩萨主要出现在弥勒净土经典中，普贤主要由华严类经典塑造，文殊主要由般若类经典塑造。有些菩萨则是由多部类经典共同塑造起来的，观音就是一个最有代表性的例子。宣传观音信仰的典籍几乎遍及般若、华严、法华、密教等所有的经典部类，所以其形象就更为丰满。然而，这只是观音信仰内容丰富的原因之一，另一个重要的原因，是中国社会在长期历史过程中的进一步发挥。

观音菩萨的名号在东汉末年就传到了中国。在当今中国社会，佛教崇拜对象中知名度最高、最受人们敬仰的是观音菩萨。对这位菩萨的信仰，可以说超出了不同宗教的界限，不仅在佛教、道教、民间宗教的活动场所有她的身影，在基督教、天主教的活动场所也能看到这位菩萨的雕像。可以说，观音的知名度之高，流行之广，超过其他诸菩萨。

中国社会上流行的观音信仰内容丰富，既有印度佛教的原创，又有中国佛教的增添。在中国学术界，研究观音中国化的成果很多。比如观音有多少种化身，有多少种功能，有多少种应验类型，等等，已经有许多学者

---

[1] （元）盛熙明：《补陀洛迦山传·自在功德品第一》。

从不同方面进行过总结。其中，比较有特点的一种论述，是李利安教授从中国佛教观音信仰的基本义理以及与之相关的修持方式、修持目标等方面入手，把中国汉地的观音信仰概括为六种形态：即"称名救难型""智慧解脱型""密仪持咒型""净土往生型""行善福报型""解疑释惑型"。[1]

从李利安教授总结的观音信仰六种形态来考察观音拯救众生的职责，值得重视的内容有四个方面：第一，观音有求必应地解决一切人所遇到的所有无法解决的困难和危险；第二，观音能够用般若智慧教化众生，使人们达到最终的解脱；第三，观音能够帮助众生得到今生或来世的福报，并且使众生往生到西方净土世界；第四，观音能够给众生指点迷津，释疑解惑，预测吉凶。

这四个方面的慈悲救世能力，有的来自印度佛教经典，有的则是中国各民族信众的进一步创造和发挥。在中国社会长期流行的几位大菩萨信仰中，除了观音菩萨之外，其他菩萨并没有同时具备这样的功能。可以说，观音信仰之所以在中国长盛不衰，影响之所以逐渐扩大，就是与观音越来越多的慈悲功能分不开的。可以说，观音信仰起源于印度，发扬光大在中国。在中国塑造的更为丰富多彩的观音形象，也随着佛教的流传，传播到韩国和日本。

三 早期经典中的观音形象

关于观音菩萨的起源，学者们已经从不同方面有所阐述，发表了很多见解。在这里，我们只是关注经典中关于观音道场的记载，关于观音救难类型的记载，因为这两种记载构成了观音形象的最早特征，并且在历史上持续发挥作用。记载这些内容的早期经典主要有两类：一类是华严类经典，主要记载观音菩萨的弘法地；一类是法华类经典中的《普门品》，侧重记载观音菩萨救难的主要职责。

第一，华严经典中的观音形象。

在华严类经典中，有两个记载比较重要。其一，是关于观音菩萨弘法

---

[1] 李利安：《中国观音信仰的基本体系》，中国佛学网：www.china2551.org。

地点的记载，其二，是反映观音菩萨地位和修行法门的记载。首先我们分析观音菩萨的弘法地点。

东晋译出的六十卷本《华严》记载："于此南方有山，名曰光明。彼有菩萨，名观世音。"① 唐代译出的四十卷本《华严》记载："于此南方有山，名补怛洛迦。彼有菩萨，名观自在。……海上有山众宝成，贤圣所居极清净。泉流萦带为严饰，华林果树满其中。最胜勇猛利众生，观自在尊于此住。"② 唐代译出的八十卷本《华严》记载："于此南方有山，名补怛落迦。彼有菩萨，名观自在。""海上有山多圣贤，众宝所成极清净，花果树林皆遍满，泉林池沼悉具足，勇猛丈夫观自在，为利众生住此山。"这个山的"西面岩谷之中，泉流萦映，树林蓊郁，香草柔软，右旋布地。观自在菩萨于金刚宝石上结跏趺坐，无量菩萨皆坐宝石，恭敬围绕，而为宣说大慈悲法，令其摄受一切众生"③。

以上三个版本对观音菩萨弘法地的描述用语有差别，内容是基本一致的。观音菩萨的居住地是补怛落迦山，这个山在"海上"。因此，按照华严典籍的记载，所谓"补怛落迦"山是一个很大的岛屿，并不是海滨的半岛。

关于观音菩萨的地位和修行法门，从如下记载中可以反映出来。

> 善男子！我唯得此菩萨大悲行门，如诸菩萨摩诃萨，已净普贤一切愿，已住普贤一切行，常行一切诸善法，常入一切诸三昧，常住一切无边劫，常知一切三世法，常诣一切无边刹，常息一切众生恶，常长一切众生善，常绝众生生死流。④

从这个记述可以看到，观音菩萨在众多大菩萨中的地位并不特殊，并不显赫，只是众多大菩萨中的一员。在华严类经典中，重点塑造的菩萨是文殊和普贤，前者可以代佛立言，后者则是修行成佛的样板。观音菩萨是

---

① 《大正藏》第9册，第717页下。
② 《大正藏》第10册，第732页下。
③ 同上书，第366页下。
④ 同上书，第367页中。

以修行"大悲行门"为主，他和其他所有的大菩萨一样（"如诸菩萨摩诃萨"），是通过以普贤菩萨为榜样，向普贤菩萨学习，已经发了普贤愿（"已净普贤一切愿"），已经完成了普贤行（"已住普贤一切行"），所以才具有了后面八个"常"所描述的能力。然而，这八个"常"所讲的观音菩萨的能力，是一般大菩萨都具有的，并没有突出的个性特征。所以，华严类经典在这里所要强调的，是观音菩萨通过学习和实践普贤的"愿""行"具备了拯救众生的能力，而这些能力是大菩萨们都具有的，并不是为观音菩萨所独有。因此，在华严经典中，观音拯救众生的特点还没有明确起来，拯救众生的职责还没有具体化。

关于《华严经》所记述的观音道场，以后玄奘在《大唐西域记》卷十中又进行了比较详细的记载。根据玄奘记述，在南印度秣罗矩吒，"国南滨海，有秣剌耶山"。"秣剌耶山东有布呾洛迦山。山径危险，岩谷敧倾。山顶有池，其水澄镜，流出大河，周流绕山二十匝入南海。池侧有石天宫，观自在菩萨往来游舍。"① 显然，玄奘的记载与华严经的描述已经有了很大距离。华严经把补怛洛迦描述为海中的大岛屿，玄奘则把补怛洛迦描述为一个滨海的半岛。玄奘的记载无疑是后起的传说，与华严类经典的描述已经有了一定距离。然而，无论是海岛还是半岛，总是与大海有不解之缘。现代学者根据玄奘的记载，考证洛迦山位于现在印度的某个滨海地区，就完全不能当成历史来看待了。

第二，法华经典中的观音形象。

与华严经典不同，《法华经·普门品》中描述的观音形象，侧重点在观音救难的具体内容方面。鸠摩罗什所译的《妙法莲华经》说：

> 佛告无尽意菩萨：善男子！若有无量百千万亿众生受诸苦恼，闻是观世音菩萨，一心称名，观世音菩萨实时观其音声，皆得解脱。若有持是观世音菩萨名者，设入大火，火不能烧，由是菩萨威神力故。若为大水所漂，称其名号，即得浅处。若有百千万亿众生，为求金、银、琉璃、车璖、马瑙、珊瑚、虎珀、真珠等宝，入于大海，假使黑

---

① 《大正藏》第51册，第932页上。

风吹其船舫，飘堕罗刹鬼国，其中若有乃至一人，称观世音菩萨名者，是诸人等皆得解脱罗刹之难。以是因缘，名观世音。若复有人临当被害，称观世音菩萨名者，彼所执刀杖寻段段坏，而得解脱。若三千大千国土，满中夜叉、罗刹，欲来恼人，闻其称观世音菩萨名者，是诸恶鬼，尚不能以恶眼视之，况复加害。设复有人，若有罪、若无罪，杻械、枷锁检系其身，称观世音菩萨名者，皆悉断坏，即得解脱。若三千大千国土满中怨贼，有一商主，将诸商人，赍持重宝、经过崄路，其中一人作是唱言："诸善男子！勿得恐怖，汝等应当一心称观世音菩萨名号。是菩萨能以无畏施于众生，汝等若称名者，于此怨贼当得解脱。"众商人闻，俱发声言："南无观世音菩萨。"称其名故，即得解脱。①

这里描述的观音菩萨称名救难的重点有二：第一是救海难，是海上救护神的形象；第二是保护商人，是商队保护神的形象。竺法护所译的《正法华经·光世音普门品》的内容，与此大同小异。在法华类的典籍中，观音菩萨仍然不是诸位菩萨中排名最高的，地位也不是最显赫的，但是，观音拯救海难、保护商队的特点明确了。

综合以上两种经典的记载，可以总结出观音的形象：观音在诸位大菩萨中地位不是最显赫的，他的道场在海岛上，以拯救海难众生为主要职责，是商队的保护神。这些记载，基本奠定了观音在海路传播中的基本特性。

四　中日韩海上交通中的观音信仰

从隋唐时期开始，观音信仰盛行起来。关于观音显化故事越来越多，各地建造的观音寺、观音庙、观音阁、观音堂、观音殿、观音庵等不计其数；根据地理环境命名的观音山、观音台、观音洞等不胜枚举。但是，最终在东亚佛教文化交流史上产生的观音道场，则影响最大，知名度最高。

---

① 《妙法莲华经·普门品第二十五》。

这就是普陀山。

普陀山与观音的故事,[①] 在中日韩三国的典籍中都有记载。据说唐大中年间（一说咸通年间），日本慧锷和尚入唐求法，准备把从五台山得到的观音菩萨像请回日本。在到达梅岑山（今普陀山）附近时，遇到大风浪，不能前进。观音菩萨夜晚托梦给慧锷和尚，要求他把观音像安放在此山。于是，慧锷在同船新罗商人的协助下，把观音像安置此处。当地人后来供奉这尊观音像，称为"不肯去观音"，普陀山也就成为观音菩萨的显化道场。这个故事表明，普陀山作为从唐代开始（或说时间更早）就是中国、日本、韩国及东南亚国家交往的必经通道和停泊地，这里成为观音显化道场，乃是中、日、韩三国信众共同建立起来的。普陀山有新罗礁等历史遗迹，流传着韩国民族英雄张保皋等人的事迹。在这里形成跨国的观音崇拜中心，与这里是东亚商业贸易必须经过的路线有直接关系。所谓"三韩、日本、扶桑、阿黎、占城、渤海，数百国雄商巨舶，由此取道放洋，凡遇风波寇盗，望山归命，即得消散，感应颇多"[②]。"风波寇盗"是海上遇到的天灾人祸；"望山归命"是祈求观音的佑护。古代商船航海既有遭遇风浪暴雨的危险，又有遭遇海盗袭击的危险，观音菩萨由此成为人们寻求的保护神。观音经典上特别强调的拯救海难内容，正是人们特殊信仰观音的一个重要原因。古代从海路求法或传法的高僧传记中，即便远离普陀山，也有反映重视观音信仰的记载。比如，晋代法显在海上遇到危险时，就念观音求庇护。唐天宝年间，律宗祖师鉴真和尚五次东渡日本受阻，最后东渡成功也是得到观音佑护。东密弘法大师西来求法成功，传说也是得到观音的加持，等等。

总之，在从东南亚到中国，以及从中国到韩国、日本的海上商业通道上，流传的观音信仰总是与四个要素联系在一起：第一，早期经典中记述的观音菩萨居住地或传法地，始终影响着以后有关观音显化地或信仰圣地的建立；第二，在观音菩萨具有的无数慈悲功能中，拯救海难是最早突出的职责，也是以后航海信众最重视的观音功德；第三，航海的艰难，成为

[①] 关于普陀山成为观音道场的研究成果已经很多，此不赘述，只是简单列举史实说明。

[②] （元）盛熙明：《补陀洛迦山传·应感祥瑞品第三》。

人们接受观音信仰的心理需求；第四，中日韩海上经济贸易的繁荣，是推动这种观音信仰传播的直接动力。

（2011年韩国佛教学术会议发表）

镇国之典，人天大宝

——《大般若经》导读

一

《大般若经》全称《大般若波罗蜜多经》，简称《般若经》，六百卷，唐玄奘（602—664）译，属般若类经典的汇编。

据《大慈恩寺三藏法师传》等记载：玄奘对《大般若经》十分重视，认为"此乃镇国之典，人天大宝"，直到晚年才开始动笔翻译。鉴于此经卷帙浩大，身在京城又事务繁忙，玄奘唯恐译事不能顺利完成，决定选择安静之所专心宣译。显庆四年（659）冬十月，玄奘得到朝廷许可后，由长安移至坊州玉华宫寺，从第二年春正月初一日始译此经。

当时一些人建议仿效鸠摩罗什的译经事例，采取删繁就简的摘编节译方法。玄奘没有同意这个建议，坚持依照梵本不加省略地全译。在翻译过程中，他参照从古印度带回的三个梵文本子，细致地改正行文错谬之处，态度十分严谨。玄奘弟子中有不少人参加助译。担任"笔受"的有大乘光、大乘钦、嘉尚、慧朗、窥基等，担任"缀文"的有玄则、神昉等，担任"证义"的有慧贵、神泰、慧景等。玄奘本人精通梵汉文字，佛学知识渊博，加上多位有专长的僧人协助，从而保证了译文的质量。

在译经过程中，玄奘时常勉励助译者要不辞辛苦、努力工作，希望在自己有生之年译完此经。龙朔三年（663）冬十月二十三日，《大般若经》全部译出，从而了却了他的一大心愿。玄奘甚至说："今经事既终，吾生涯亦尽。"他本人因勤于译事，积劳成疾，不能再从事《大宝积经》的翻译，于第二年二月五日逝世。

《大般若经》的经文结构分为四处、十六会。"四处"指佛讲说此经的四个处所或地点，即王舍城鹫峰山、给孤独园、他化自在天王宫、王舍城竹林精舍。这是《般若经》以外的佛典也常提的佛说法之处，对于理解经文并没有直接关系。从经文结构上说，"会"相当于编；从佛说法方面讲，"会"也相当于说法次数。经文在其下还有"品"，相当于内容相对独立的章。

《大般若经》的全部经文翻译，是重译和新译（单译）相结合的。在全经所分的十六会中，第一、三、五、十一、十二、十三、十四、十五和十六会，是玄奘新译，共计四百八十一卷，其余各会是重译。

第一会是对全经总的叙述，是《大般若经》的主体部分，有七十九品，四百卷。此会全面详细地论述了《般若经》的教义，内容最丰富。主要包括诸菩萨、佛弟子、诸天、释梵天王等供养和赞誉佛，听佛宣讲般若教理、菩萨修行的内容、阶位及其趋向。般若类经典的基本内容在此会中已大体完备。据《开元释教录》卷十一等载，此会原梵本有十三万二千六百颂。

第二、三、四、五会的主要内容与第一会区别不大，但其中的品名和文字叙述有差异，特别是其数量还有减少。它们都缺少第一会最后的三品经，即《常啼菩萨品》《法涌菩萨品》《结劝品》。其中，第二会有八十五品，从卷四〇一到四七八，共七十八卷。此会原梵文本有二万五千颂。此会异译本有西晋竺法护的《光赞般若经》十卷，西晋无罗叉的《放光般若经》二十卷，后秦鸠摩罗什的《摩诃般若波罗蜜经》二十七卷。第三会有三十一品，从卷四七九到五三七，计五十九卷，没有相应的前代异译本。原梵本有一万八千颂。第四会有二十九品，从卷五三八到五五五，计十八卷。前代异译本有四种：后汉支娄迦谶的《道行般若经》十卷，吴支谦的《大明度无极经》六卷，前秦昙摩蜱和竺佛念的《摩诃般若波罗蜜多钞经》五卷，后秦鸠摩罗什的《摩诃般若波罗蜜经》十卷。北宋施护译的《佛母出生三法藏般若波罗蜜多经》二十五卷，亦属此会异译本。此会原梵本有八千颂。第五会有二十四品，从卷五五六到五六五，计十卷。原梵本有四千颂。

第六会有十七品,从卷五六六到五七三,计八卷。叙述佛在鹫峰山为最胜天王讲般若修行,为光德菩萨示现净土等。异译本有隋月婆首那的《胜天王般若波罗蜜多经》七卷。原梵本有二千五百颂。

第七会为《曼殊室利分》,从卷五七四至五七五,计二卷。叙述佛在给孤独园为曼殊室利、舍利子等讲说观佛即"真如"相,以无生灭、去来、染净、二不二等为其本质规定。异译本有梁曼陀罗仙的《文殊师利所说摩诃般若波罗蜜经》二卷,僧迦婆罗的《文殊师利所说般若波罗蜜经》一卷等。原梵本有八百颂。

第八会为《那伽室利分》,卷五七六,叙述妙吉祥菩萨有关一切法非实在,如幻如梦等教义。属重译经。

第九会为《能断金刚分》,卷五七七,有一卷,叙佛在给孤独园宣讲般若教义,世界上的一切事物或现象(一切法)都是如梦幻泡影,并非真实存在,"实相"即是"非相",若欲以三十二相见如来是不可能的,应该离一切相而"无所在",即对一切认识和思维对象都不执着和迷恋。异译本主要有四种:后秦鸠摩罗什、北魏菩提流支、陈真谛的三种译本,均名《金刚般若波罗蜜经》,为一卷本,隋达摩笈多的《金刚能断波罗蜜经》一卷。原梵本有三百颂。

第十会为《般若理趣分》,卷五七八,有一卷,叙述佛在他化自在天宫讲一切甚深微妙般若理趣清净法门,有四十一门"清静句义"。唐代及以后的异译本有:唐菩提流支的《实相般若波罗蜜经》,唐金刚智的《金刚顶瑜伽理趣般若经》,唐不空的《大乐金刚不空摩耶经》,北宋施护的《遍照般若波罗蜜经》,均为一卷本。原梵本有三百颂。

第十一会为《布施波罗蜜多分》,卷五七九至五八三,有五卷。佛在给孤独园讲"布施波罗蜜",菩萨应不计较一切个人得失,毫无保留地广行布施,饶益有情众生。原梵本有三百颂。

第十二会为《净戒波罗蜜多分》,卷五八四至五八八,有五卷。舍利子承佛神力讲持戒修行,关于持戒和犯戒的种种规定。原梵本有两千颂。

第十三会为《安忍波罗蜜多分》,卷五八九,有一卷。满慈子承佛神力讲以"平等心"修行"六度",包括菩萨忍与声闻忍的差别。原梵本有四百颂。

第十四会为《精进波罗蜜多分》，卷五九〇，有一卷。佛讲精进而不懈怠地修行"六度"。原梵本有四百颂。

第十五会为《静虑波罗蜜多分》，卷五九一至五九二，有二卷，释迦牟尼佛在灵山为舍利子等讲四禅、八解脱、九次第定等教义。

第十六会为《般若波罗蜜多分》，卷五九三到六〇〇，有八卷。佛在王舍城竹林精舍讲般若修行，强调对一切现象都应无取、执、住、著。原梵本有二千五百颂。

《大般若经》译出之后，玄奘曾为十六会分别作序，窥基撰《大般若波罗蜜多理趣分述赞》三卷。此后概括此经主要思想的还有新罗元晓的《大慧度经宗要》一卷，宋大隐的《大般若阐法》六卷等。有多种佛教经录介绍本经的异译本，品会数量、主要内容等。由于此经篇幅巨大，完整研究整个《大般若经》者为数极少。

在数量众多的般若类经典中，流传最广、影响最大、普及程度最高、使用途径最多的是《摩诃般若波罗蜜多心经》（简称《心经》）。本经由玄奘于唐贞观二十三年（649）五月译出，正文只有260字。这部微型典籍阐述了主流般若学对人生、对世界以及对佛教主要学说的基本看法，叙述了菩萨获得解脱的阶段、过程和步骤，指出了达到证悟的基本条件和要求。一部篇幅如此简短的经典，居然蕴含如此广博的般若学内容，实属不可思议。这大概是促成《心经》能够畅行于从帝王到庶民中的一个重要因素。一千三百多年来，《心经》成为僧俗信众树立信仰、精研义理、完善践行、祈盼佑护、求得证悟的经典依据，或为善男信女朝习暮诵，或在各种法会上多途创用。直到今天，依然看不到《心经》在信众中风行势头减弱的迹象。

《心经》译本很多，玄奘译本之所以最流行，与其翻译质量密切相关。玄奘译本中的或音译或意译，或增益或删节，乃至布局谋篇、遣词造句，都是大师融汇般若学说之后的智慧选择，都是大师贯通中印文化之后的惊世创造。260字的经文凝练准确、典雅畅达，给人超凡脱俗、庄严肃穆的感觉。默诵也罢，朗读也罢，吟唱也罢，总会让人触摸到脉动其中的别样韵律。作为人类文化交流史上光耀千古的翻译家，玄奘对两种文化的沟通和两种文字的互释，达到出神入化的地步。《心经》的翻译质量已经很难通过两种版本逐字逐句的机械对照来衡量其优劣水平，测试其信达程度，个中妙趣大约只有在精通整体般若学要义的基础上，在深谙两种文字本质异同的基础上才能说得明白，讲得清楚。

般若类经典的梵本，现存有《十万颂般若》，相当于汉译第一会；《二万五千颂般若》，相当于汉译第二会；《八千颂般若》，相当于汉译第四会；《曼殊室利分》，相当于第七会；《能断金刚分》，相当于第九会；《般若理趣分》，相当于第十会；《般若波罗蜜多分》，相当于第十六会等。在藏文译籍中，没有像汉译这样的汇编本。现存藏译本有《十万颂般若》（相当于汉译第一会），《二万五千颂般若》（相当于汉译第二会），《一万八千颂般若》（相当于汉译第三会），《八千颂般若》（相当于汉译第四会），《七百颂般若》（相当于汉译的第七会），《金刚能断般若经》（相当于汉译第九会），《百五十颂理趣般若》（相当于汉译第十会），《五波罗蜜经》（相当于汉译第十一至十五会），《善勇猛问说般若经》（相当于汉译第十六会）等。国内外一些学者曾对汉、梵、藏本进行比较研究。

二

从汉译佛经史看，东汉末年译出了属于般若类的《道行般若经》，此经至少在公元2世纪已经在大月氏流传。有的学者认为《金刚般若经》或许起源更早。般若类经典的产生，可以追溯到公元1世纪前后。《大般若经》汇集的以"般若"命名的经典十六种。分别在不同时期和地点形成，各部分多有交叉重叠，其内容自然庞杂。不过，般若类经典所倡导的主要思想，在汇编的《大般若经》中还是十分明确的。

"般若波罗蜜"，字面意思是"通过智慧到达彼岸"，这里的"智慧"指成佛所具备的智慧，具体指《般若经》所讲的全部教义及其对这些教义的认识。"彼岸"指佛的境界。《般若经》是大乘佛教典籍，讲述菩萨修行达到成佛解脱的全部过程，既有具体的修行规定，又有细致的理论阐述。究其理论核心而言，是论述包括人在内的现实世界一切都虚假不真实，只有运用般若智慧认识和对待一切，才能把握真理。根据这种特定的理论去实践，最终可以达到觉悟和解脱。

《般若经》具有强烈的怀疑和否定一切的倾向。它认为，人们的所有世俗认识及其认识对象，甚至包括佛的说法在内，都是虚假的，没有客观真实性。这样，人们面对的现实世界不过是如梦、如幻、如泡、如影，人们的认识没有把握真理的可能性。在虚假的世界背后，也没有一个得到充分肯定的真实世界的存在。这种怀疑和否定一切的观点，有着反对早期佛教理论的现实根源。以"声闻弟子"自居的佛教徒把佛说的一切教法都视为当然真理，并且提出"大乘非佛说"的论点，说一切有部特别把"法相"作为自己理论的基点，对于这一切，《般若经》都予以否定，充分显示了菩萨乘与声闻乘、大乘与小乘的对立。

《般若经》以因缘说来论证现实世界的虚假不真实。一切是物质和精神现象之所以虚假，在于他们都不能离开内外条件而独立存在，任何具体事物都由多种因素组合形成，所谓"因缘合会""因缘所生"。离开因缘，一切都不存在。

《般若经》对现实世界本质的最终判断是"性空假有"。由于一切存在物皆依据各种因素和条件而存在，他们本身并无固有的独立自主的实体，即"无自性"，这就叫"空"。《般若经》讲人我空、法我空、一切皆空，"空"具有无生灭、合散、来去、不可见、不可得等特点。"空"成为一切事物或现象的本质。所以，"空"并不是一无所有，而是没有任何可以肯定的质的规定性，这就是诸法（一切现象）本性空寂，即"性空"。但是，从人们的现实感觉方面而言，世界万有又是存在的，"因缘"组合形成的世界又是变化的。

《般若经》认为：一切现象本来没有"自性"，但是人们的名言概念又把"自性"强加于因缘组合形成的事物或现象上，误认为虚假的世界具有客观实在性，这叫"假有"。性空和假有是般若类经典都承认的两个互相联系的概念，是《般若经》对现实世界的判断。正是依据这种判断，展开对菩萨具体修行的论述。

《般若经》提出了菩萨的方便善巧修行，这是菩萨实施般若智慧的具体实践。在梦幻般虚假的现实世界中，从事修行的菩萨首先要不迷恋和追求世俗社会中的一切，不受任何虚假事物和现象的干扰，使自己的精神世界绝对不受外在世界的支配。具有这样精神境界的菩萨要走向社会，走向众生，采取一切必要的、灵活的、策略的手段，弘扬佛法、广做善事，一方面为自己积累功德，一方面拯救执迷不悟的芸芸众生。《般若经》讲到菩萨修行的具体内容很多，往往归纳为"六度"，即布施、持戒、忍辱、精进、禅定、智慧。重在强调不计个人一切得失，以有利于众生为目的。

从后汉译出《道行般若经》，历代不断有般若类经典的翻译，般若思想构成中国佛学的一大潮流。魏晋南北朝时期，由于受玄学的促动，形成了研究般若义理的高潮，其中有代表性的见解被归纳为"六家七宗"。隋唐时期创立的主要佛教宗派，如天台宗、三论宗、华严宗、禅宗、唯识宗等，深受般若思潮的影响。

玄奘译出《大般若经》六百卷，基本宣告了古印度般若类经典输入中国漫长过程的结束。

（原载《佛经导读》，如闻出版社1996年版。介绍《心经》部分内容改动）

西方净土与唯心净土的对立、协调与融合发展

在中国佛教历史上，既有经典依据，又经过古代学僧概括、整理或发挥的净土学说有十几种。其中，在佛教界和社会上流传久远、影响广泛的，是崇奉阿弥陀佛的西方净土和主要由禅宗倡导的唯心净土。这两种净土体系的对立、协调和融合发展，构成了中国净土信仰演变画面的主体部分。

一

崇奉阿弥陀佛的西方净土信仰，是随着相关经典的传译开始在中土流行的。从东晋到隋唐，尽管研究和弘扬净土经论的学僧很多，但是，最终确定"三经一论"在整体佛教中的独特地位和不可取代的价值，形成系统的教理和修行规则，基本实现从净土经典到中国净土宗转变过程的，主要归功于北魏昙鸾（476—542）、隋代道绰（562—645）和唐代善导（613—681）。

在漫长的历史过程中，净土宗的理论和实践一方面逐渐成为最有社会影响力的佛教信仰，另一方面，它的核心理论又不断遭到批判、修正。为了分析问题的方便，可以把净土宗的学说分为两个部分来考察。第一部分，具有广泛适应性，并且赢得来自社会各阶层民众信奉的学说。第二部分，与般若学、唯识（或唯心）学发生直接矛盾和冲突，并且招致来自佛教内部各派多方否定、责难和修正的学说。就第一部分学说而言，有三个方面的重要内容。

第一，倡导凭借佛力获得拯救，为弱势群体提供了解脱的希望。

善导在《观无量寿佛经义疏·玄义分》中指出："若论众生垢障，实难欣趣，正由托佛恩以作强缘，致使五乘齐入。""五乘"指人、天、声闻、缘觉、菩萨，也就是对所有信仰佛教者的总概括。往生西方净土自然不能完全否定个人的努力，无视根器的差别。但是，往生成功与否，解脱实现与否，起决定作用的因素是佛的本愿力。这种依赖佛力拯救、凭借他力解脱的信仰，对于那些无力改变自己苦难命运的弱势群体，对于无望实现自我拯救的下层民众，自然具有强烈的吸引力。他力解脱的教义，归根结底最适应现实社会中弱势群体的精神需要。

第二，把道德宽容发挥到极限，把获得最高果报的修行条件尽量降低，从而具有广泛的适应性。

净土经典所讲述的修行方法很多，例如，三福善业（日常的信守戒律等）、十六观、九品往生、三辈往生等，这些都是对获得往生的规定和条件。其中，最能体现这类经典教化特点的是所谓的"九品往生"。

所谓"九品往生"，是指九种人可以在死后进入极乐世界。在这九类众生中，既有按照佛教修行者，也包括没有信守佛教者，甚至包括一生作恶多端者。无论是僧是俗，不管或善或恶，也不追究以前的任何作为，只要真心念佛，就可以获得往生的结果。尽管不同的人有品类差别，但是往生净土国度是一致的。值得注意的是对下品下生类的规定：作五逆、十恶不善业的众生，命终时真心念十声南无阿弥陀佛，也能往生。犯五逆罪者是大逆不道的人，他们在生命的终结时只要念十声佛号，也被准入极乐世界。可以说，"九品往生"通过把道德宽容发挥到极限，通过把获得最高果报的修行要求尽量降低，实际上宣布了西方极乐世界向一切人开放。

佛教的典籍浩瀚，义理庞杂。通过钻研众多的典籍来树立信仰，通过完成不可计数的修行规定达到解脱，显然不适合一般下层民众。净土宗所倡导的修行实践，几乎简化到只要称念佛名就万事俱备的程度。这种解脱道路的简单易行，是佛教其他派别所无法比拟的。修行实践的简单，获得解脱的方便，教主的慈悲接引，是促进净土信仰广泛普及的重要动力。

第三，西方净土负载着人们对现实世界的不满和厌恶，寄托着人们对理想世界的憧憬和向往。

根据净土经典的描述，西方极乐世界作为现实世界的对立面存在：现实世界充满各种各样的苦难，极乐世界没有任何痛苦；现实世界充满邪恶，极乐世界是道德之所居，是纯善的国度；现实世界是污浊的，极乐世界是清净庄严的。更重要的是，现实世界里的众生要受自然规律（如生老病死等）的支配，这是不以人的意志为转移的生命过程，在极乐世界的众生却没有这样的限制。西方极乐世界提供了人们在现实中无法获得的一切，提供了物质上和精神上的完全满足，这正是它的魅力所在。所以，人们信仰西方净土，总是寄托着对美好未来的追求，发泄着对现实社会不满和厌恶的情绪。

净土宗的这部分学说，是促使净土信仰在佛教界和社会上广泛流行的重要因素。同时，这三项内容与占主导地位的佛学并没有发生直接的矛盾和冲突，所以，即便是反对和否定西方净土者，也很少把批判的矛头指向这些方面。

二

净土学说的第二部分内容，与般若学和唯心（识）学存在严重分歧，从而不断遭受到佛教内部各派的反对、批驳和修正。这些学说不仅直接决定着西方净土与唯心净土的交涉方式，而且直接决定了中国净土信仰的特点。这部分内容主要集中在三个方面。

首先，通过论证佛的"圆满无障碍智"这种功能，强调佛与佛土是外在的、实体性的、不以人们的认识为转移的客观存在。

善导的《观无量寿佛经义疏·正宗分定善义》指出：

> 今此观门等，唯指方立相，住心而取境，总不明无相离念也。如来悬知，末代罪浊凡夫，立相住心尚不能得，何况离相而求事者！如似无术通人居空立舍也。
>
> 诸佛得圆满无障碍智，作意不作意，常能遍知法界之心。但能作想，即从汝心想而现，似如生也。

善导的这两段论述，强调了两个重要内容。其一，论证了以"有相"为特征的西方世界的真实性。"指方立相，住心而取境"中的"方"、"相"和"境"，是在解释"是心作佛，是心是佛"时讲到的，它不仅指导如何观想西方净土世界，而且说明了净土世界及其教主的三个特点，即西方净土有具体的存在"方"位（西方），崇拜对象有可视的形象（弥陀佛的"相"好庄严等），极乐世界的庄严美好情景（"境"）。这三者共同说明了西方世界的客观"有相"特征。在净土宗那里，"有相"并不是与虚幻、不真实、不究竟相联系，而是与无形无相的真如法界、佛性等具有同样的终极解脱意义。因此，"方"、"相"和"境"，说明了西方净土的实体性和客观真实性。其二，通过"诸佛"的"圆满无障碍智"，说明所观想到的"佛"是客观的、真实的存在，并不是主观"心"的产物。由于佛有"圆满无障碍智"，能够知道一切众生的心理活动（遍知法界之心），所以，当修行者观想"佛"时，佛可以在修行者的"心"中显现，使修行者"见"到佛。这个作为西方世界教主的阿弥陀佛，虽然表面上好像是"心"中所生（似如生也），实际上是外在的佛进入众生"心"的结果。

其次，主张阿弥陀佛是报佛，极乐世界是报土。

昙鸾、道绰、善导都主张阿弥陀佛是报身佛。阿弥陀佛的净土是超越迷妄世界的报土。善导在《观无量寿佛经·玄义分》中说："如《大乘同性经》说，西方安乐阿弥陀佛是报佛报土。"报身常住，永远没有生灭。报土是佛的境界。报土说是说明了西方极乐世界的神圣性。这种观点的现实意义在于：不把现实世界的社会等级和佛教内部的尊卑高下复制到天国之中，在解脱的彼岸世界保持一切往生众生的绝对平等。

最后，把西方净土世界作为众生超脱生死轮回的终极解脱归宿。

在佛教的各派教义中，最终的解脱都意味着不受生死轮回的支配。往生西方净土的众生，就达到了这种最终的解脱。道绰在《安乐集》中说："若向弥陀净国，一得生者，悉是阿毗跋致（意为不退转），更无退人与其杂居，又复位是无漏，出过三界，不复轮回，论其寿命，即与佛齐，非算数能知。"众生一旦进入西方极乐世界，就意味着永远不再受生死轮回的支配，寿命与佛相同，获得了最终的解脱，到达了终极归宿地。因此，往生净土就与般若学倡导的"契合法身",与唯识学倡导的"转识成智",与佛教一贯讲的进入"涅槃",有了本质上的一致性。这样一来,西方净土这种修行法门不需要任何其他法门的补充和支撑,就能够独立使人完成从凡入圣的转变过程。

以上三点的立论基础,都是与般若学直接对立的,也是与唯心学根本对立的。需要指出的是,这里所说的"唯心学"也可以说是"唯识学"。佛教讲的"心"和"识",本来是有很大区别的。但是,在宋代倡导的禅净融合中,"心"与"识"不仅是同类概念,而且在论述"三界唯心""万法唯识"时,往往把其中的"心"与"识"看成同义词,不作区分,或者直接称为"识心"。所以,我们这里所说的"心"和"识",也是泛指主观精神活动。

三

在中国佛教诸宗派中,禅宗、天台、华严等都是倡导"唯心净土",它们除了在细枝末节方面有差别之外,中心思想大致相同。比较而言,禅宗所讲的唯心净土影响较大。其最具代表性的表述是在《六祖坛经》中。

> 使君礼拜又问:弟子见僧道俗,常念阿弥陀佛,愿往生西方。请和尚说,得生彼否?望为破疑。大师言:……迷人念佛生彼,悟者自净其心。所以佛言:随其心净,则佛土净。使君,东方但净心无罪,西方不净有愆。迷人愿生东方西方者,所在处并皆一种。心但无不净,西方去此不远。心起不净之心,念佛往生难到。

将阿弥陀佛、西方净土、一切都看成是唯心所造。这种"净土"只不过是"净心"的一种手段或表现,并不是承认离开"心"之外另有"净土"存在。禅宗的理论特点在于,把传统佛教讲的一切真善美都认为是每个人心中本来固有的,反对"心"之外还存在任何崇拜对象。对于西方净土世界,禅宗自然也是这样看待。《坛经》在论证这种思想时所凭借的主要经典依据，同样是《维摩诘经》所说的"随其心净，则佛土净"。这也是禅宗之前的历代般若学者常引用的。

反对有相净土者，基本与他们坚持般若思想有密切联系。僧肇认为："夫如来所修净土，以无方为体，故令杂行众生同视异见。异见故，净秽所以生；无方故，真土所以形。若夫取其净秽，众生之报也；本其无方，佛土之真也。岂曰殊域异处，凡圣二土，然后辨其净秽哉？"在他看来，佛所修的净土，本来没有确定的方位处所（以无方为体），修习佛教不同法门的人（杂行众生）因为有分别之心（异见），才误以为存在着净和秽两处国土。如果要讲净和秽，那是因为众生修习的结果不同所致，并不是真正有净土和秽土两个相互分隔的世界。他认为，"净土盖是心之影响耳。"（上引均见《注维摩诘经·佛国品第一》）这实际上是完全否定西方净土的存在。

包括禅宗在内的所有反对西方净土者，都与他们坚持般若思想、坚持佛教心学密切联系。从理论基础上说，西方净土与唯心净土有多方面的对立，是不可调和的。因为，仅从净土宗把"有相"作为解脱的境界，就是般若学者所无法接受的。在般若学那里，只有"无相"才与真实、绝对、究竟相联系，而"有相"是与虚假、相对和不究竟相联系的。所以，只要是坚持用般若的方法论看问题，就必然会对净土宗的基本理论提出各种各样的疑问。

四

从唐末五代开始，中国佛教无论在宗派结构还是在思想理论方面，都呈现出不平衡发展的局面，其结果，就是形成了从诸宗并立到禅宗独盛的新格局。摆在禅宗领袖人物面前的理论任务，就是以禅学为基础，容摄其他佛教典籍和派别的学说，使禅宗在保持自身特点的同时，集佛教发展之大成。对于有着广泛社会民众基础的净土宗信仰，当然是禅宗关注的焦点问题之一。

在禅净融合方面，发表议论和观点的人很多，绝大多数有影响的禅师都有这方面的言论。总的说来，从宋代开始，禅净的融合逐渐成为潮流,"禅净双修""禅净一致"等,成为很少有人反对的口号。然而,一个重要的现象是:在历代众多的有关禅净关系的议论中,能称得上是新见解的,非常少。也就是说,在处理西方净土和唯心净土的关系方面,众多学僧的思路是非常相近或完全相同的。他们采取的基本方法,是在坚持唯心净土的前提下,把西方净土的修持实践全部吸收到禅的体系中,把净土宗中有违于般若学或唯识学的教义予以改造或抛弃,给西方净土一个从属于唯心净土的附庸地位。下面以宋代永明延寿和元代天如惟则的禅净关系说为例,简单考察两种净土在禅净融合中的具体演变过程。

延寿是本着"举一心为宗,照万法如镜"的原则,用禅宗的理论来融合其他宗派的思想和理论,对于净土,当然也不例外。他在《万善同归集》中说,"唯心净土"是"识心方生"时的提法,是从"唯识无境"得知"诸佛及一切法,皆唯心量"中产生的结论,一旦"净土"这个境界由心产生,以此为所缘就要堕入所缘境中,这就是"西方净土"。佛说二谛,无俗不真,西方净土属于俗谛,处在因果之中。如果完全不相信它的真实存在,就是"断见"。因此,延寿调和唯心净土的特点,在于把西方净土纳入唯心净土的体系内,给它一个合理的位置。在他看来,西方净土虽然是实在的,但是仍然处于生死轮回(因果)之中,并不是终极解脱境界。

延寿在理论上没有接受净土宗有违于般若学和唯识学的内容,但是,对于净土宗依据西方净土经典发展而来的修持实践,则不加筛选地完全接收下来。就他个人而言,对传统佛教的诵经、念佛、行香、礼佛等,全部予以肯定,并且身体力行地实践。无论延寿给了西方净土一个什么样的名分,最终的结果是在禅宗中恢复了净土信仰。这是一个重要的转折,是两者的协调。所以,就两种净土的关系而言,是唯心净土把西方净土的实践予以接受;就禅净关系而言,是有相净土以附庸者的身份进入禅的体系。

在元代中后期,社会上的西方净土信仰盛行,对禅宗的影响也越来越深。惟则在坚持唯心净土的同时,进一步扩大吸收净土宗修行实践的内容。他一方面批评排斥净土的禅者,认为他们"不究如来之了义,不知达磨之玄机,空腹高心,习为狂妄,见修净土,则笑之曰:彼学愚夫愚妇之所为"(《净土或问》)。另一方面,他又批评修净土者"自疑念佛与参禅不同"。他认为:"参禅者直指人心,见性成佛;念佛者达唯心净土,见本性弥陀。既曰本性弥陀,唯心净土,岂有不同哉!"(《天如惟则禅师语录》卷二)这些论述,实际上没有超出禅宗此前的观点。他的思想转变在于,进一步沟通"西方净土"和"唯心净土",让极乐世界的内容充实唯心净土:

> 尝闻有唯心净土,本性弥陀之说,愚窃喜之。及观净土经论,所谓净土者,十万亿土之外之极乐也;所谓弥陀者,极乐国之教主也。是则彼我倏然,远在唯心、本性之外矣。果何异哉?

他从唯识无境的思想观念出发,肯定"在吾心"之外,不会别有佛土,在这个前提下,他认为,"极乐世界、弥陀世尊,亦吾净土中之一刹一佛而已"(上引均见《天如惟则禅师语录》卷三)。既然吾心即是吾净土,所以崇拜弥陀的极乐世界也与禅宗以心为宗的本旨不悖。所以,往生西方的一切作为就都可以吸收过来。"念佛之外,或念经、礼佛、忏悔、发愿,种种结缘,种种作福,随力布施,修诸善功以助之,凡一毫之善皆须回向西方,如此用功,非为决定往生,亦且增高品位矣。"(《净土或问》)因此,西方净土就在附属于唯心净土的一个部分的身份下被充分接纳下来。两者经过这样的协调,从而在信仰领域融合发展和流传。

从禅净融合潮流发展的总态势方面考察,在实践方面,禅学几乎毫无保留地吸收净土宗的修持方法,但是,在确定西方净土的地位方面,始终没有与净土宗人的基本立场相协调。例如,在处理西方净土是否"心"或"识"所变,是实还是权,是在心外还是在心内,进入西方世界是否最终解脱等问题时,始终站在唯心净土的立场上,也就是禅学的立场上。

总之,在禅净融合过程中,西方净土开始被唯心净土所承认、改造和有条件接纳。宋代及以后的"禅净"融合中的"净",既不是唐代禅宗倡导的完全否定西方净土的"唯心净土"说,也不是净土宗倡导的与佛境界相同的西方净土说，而是两者结合的产物。两者融合的侧重点主要在修行方法和规定方面。由于倡导唯心净土并不妨碍念佛往生极乐世界的任何作为，并不妨碍获取任何功德，那么对于信仰者来说，虚玄的教理差别实际上是微不足道的。西方净土与唯心净土的所谓协调与融合，就是两者都在禅学的笼罩下程度不同地改变了原来的面貌。

（原载《中国净土宗研究》，宗教文化出版社 2008 年版）

宋元明清佛教史论纲

从北宋建立到清朝灭亡，是佛教在中国封建社会发展演变的第二个千年。这一时期佛教在学说思想、信仰形态、修行方式和传教方式等方面，都与域外佛教拉开了更大的距离。特别是这一时期佛教形成的政治品格、思想纲领和道德标准，使中国佛教在整体精神风貌方面呈现出更鲜明的特点，并且发挥出多样化的社会功能。也正是在这一时期，融合多民族宗教文化因素的佛教，真正成为中国传统文化中不可分割的有机组成部分。

佛教在这一历史时期的演变，可以划分为三个阶段，即两宋、辽、金、元和明清。不同王朝在特定时期形成的政治结构、经济结构和意识形态结构，历代王朝的宗教政策，是促成佛教新格局形成的重要因素。同时，特定历史时期的国际形势、国内科学技术和思想文化的状况，也是我们考察这一时期佛教时所密切关注的内容。

一

宋王朝在总结历代经验和教训的基础上，对佛教采取了既不盲目崇奉，也不过分抑制的基本方针。从北宋开始，因为宗教政策引发的佛教大起大落情况减少，给社会带来的负面影响也减弱了，特别是像"三武一宗灭佛"那种针对整体佛教的政治打击和武力镇压运动，再也没有出现过。与隋唐五代及之前的历代王朝相比，宋王朝对佛教事务管理的措施更少随意性，更具备系统化和制度化的特点。仅就僧尼普查而言，次数之多，程序之严密，统计之精确，超过任何朝代。

宋王朝注重运用经济手段对佛教进行调控，名目之多，前所未有。但是到北宋中期以后，随着财政支绌日趋严重，像鬻牒、出售紫衣和师号、向寺院和僧人征收各种税费等多种措施，逐渐丧失了控制和调节僧尼数量，协调僧团与社会各阶层关系的功效，成为国家弥补财政亏空、肆意搜刮的手段。这既助长了官僚机构的违法乱纪之风，也加剧了佛教僧团的腐败。这些情况都是后代王朝，特别是明、清两朝所尽力避免的。

考察两宋时期佛教新格局的形成过程，考察宋代佛教的新特点及其深远影响，有五方面的内容值得特别关注。

第一，禅宗经过唐末五代的发展，逐渐成为佛教中影响最大的一派；经历了巨变的禅思潮，开始笼罩整个佛学界，基本奠定了佛学发展趋向的基础。

就禅宗内部的派系变化而言，北宋前中期是临济、云门两宗共同推动禅学的发展，到北宋末年，则是临济、曹洞成为禅宗最主要的两支。至南宋末年形成的"临天下，曹一角"的禅宗分派格局，直到清末也没有改变。

北宋时期，从汾阳善昭到圆悟克勤，以"代别"、"颂古"和"评唱"为主要内容的文字禅成为显学。文字禅的思想和实践可以追溯到唐代，但是它形成与公案之学相联系的稳定形式，成为颇具影响力的禅学潮流，则是从北宋开始。文字禅之所以能够产生，是因为禅宗上层人物在新的历史时期具备了放下锄杆，拿起笔杆的条件。文字禅的形成过程，也是禅宗新经典的创造过程，是禅学整合佛学各部分的过程。它能够风靡禅林，与宋代科举体制造就的士大夫群体、与宋代的官僚体制和士风特点等，有着密切关系。文字禅的兴盛，把有文化的禅师与士大夫联系得更紧密了，也把禅与文学联系得更紧密了。

两宋之际，宏智正觉发挥唯识性空思想，吸收庄子入禅，力倡静坐默究为证道的唯一手段，弘扬默照禅法，形成了曹洞新宗风，影响很广。稍后，大慧宗杲融合儒释教义，主张通过直观参究公案中的"话头"，达到对诸法无别、以我为主的体验，进而能够在现实生活中"随缘任运，任性逍遥"，完善了临济宗的看话禅法。这种禅法也和默照禅一样，不仅吸引了众多禅僧，而且得到士大夫的响应。南宋初期以后，看话禅成为禅学的主流，超越了宗派界限。因此，到两宋之交，整体禅学的三大组成部分，即夹杂着棒喝的机语酬对，与公案相联系的文字禅，以及注重心理体验的看话禅和默照禅，就最终定型了。

尽管禅学经历了诸多变化，并且努力把佛教各派思想纳入禅学体系，但是，从初唐以来，特别是从六祖慧能以来所强调的自证自悟、自成佛道的禅学基本思想，并没有被放弃。文字禅的逐步展开，禅宗新经典的不断涌现，正是用大立文字的方法，支撑"不立文字"的宗旨。

在禅学突出个性特征发展的同时，佛教内部各派学说的融合也进入了新阶段。延寿在坚持禅宗基本理论的基础上，用法相宗证成万法唯识，用华严宗明万行的必要，用天台宗检约身心以去恶从善，从而使一切经教全部纳入禅宗领域。延寿的理论，标志着纯禅时代的结束，综合禅时代的来临。宋代以后，诸宗融合，包括禅、教、密、律、净土的融合，不仅是禅宗的演变方向，也成为佛学发展的趋势，其影响远远超过了以突出本派理论优势为宗旨的各派中兴运动。

第二，域外佛教的持续输入，已经不再成为左右中国佛学发展的主要因素。佛教在循着自身内在规律发展的过程中，诸宗派分别出现了所谓"中兴"运动，其声势之浩大，涉及面之广泛，影响之深远，都是此后所没有的。

从两汉之际到隋唐，佛教的发展既受到传统思想文化和社会现实的制约，又与域外输入的佛教新因素息息相关。从宋代开始，以注解新译典籍进行理论创造的阶段基本结束。尽管宋代在译场组织、人员配备、译经种类和数量等方面都有值得重视的内容，但是所译经典对当时及其后佛学发展演变的影响，几乎微小到可以忽略不计的程度。

隋唐时期形成的佛教诸宗派，其不均衡发展的态势在唐中叶就明显呈现出来。经过唐末五代社会剧烈动荡的洗礼，多数宗派典籍散失，传承断绝。中兴运动正是在佛教义学普遍衰落的情况下兴起的。而不是在民间佛教信仰消失的情况下兴起的。激发教、净、律诸派"中兴"的原因是多方面的，或有历史传统的作用，或受佛教总体格局变动的牵制推促，或与中外佛教交流息息相通。北宋的佛教综合复兴运动，在社会各阶层产生了程度不同的反响和回应。

以振兴本宗为己任的佛教各派，主要进行了四个方面的工作：其一，建立永久弘扬本宗的寺院；其二，致力于本宗散失典籍的收集、整理、研究和宣讲，争取多继承前代遗产，力求较全面普及本派基础知识；其三，重新设计或接续已有的本宗传法系谱；其四，以本宗的基本思想诠释别派比较流行的典籍，促动本派学说在整体佛学中的运行。

然而，义学诸派在理论创新方面，几乎没有可圈可点的闪光之处，全然不能与同时期的禅学相提并论。即便在中兴气象最可观的华严和天台那里，情况也是一样。在华严学僧内部，围绕"同教"与"别教"的辩论，竟然延续了几十年。复兴天台的旗手知礼，提出所要"观"（想）的对象（"境"），是与真如、佛果直接对立的"三魔四障"，就是"众生心""己心"中纯恶无善的部分。这种重点让人们认识和体认"妄""恶"等纯负面精神活动的止观实践，原本是要发挥自我忏悔罪恶，加强自我道德修养的作用。但是，它同时会让人不能全面看待世界、人生和自我，把人带到与"存天理，灭人欲"相同的道路上去。他的焚身愿望，正是这种极端思想指导下的追求。所以，他提出的最具创新意义的学说，也最没有活力。

第三，净土法门经过多途发展，出现了不同种类的多元复合性质的净土信仰，具有惊人的号召力和感染力。此类净土信仰以僧俗结社为桥梁，广泛流行于社会各阶层，发挥着超出宗教范围的多种社会功能。从佛学内部而言，净土开始成为影响力仅次于禅学的佛教信仰和实践。

从纯宗教的目的方面考察，人们对于净土的执着追求，实际上是对救世主的呼唤，是对消除现实苦难的期盼，是对百年之后获得圆满归宿的憧憬。这是倡导自证自悟，号召凭借自力解脱的禅学所不能满足的。可以说，禅宗理论中蕴含的顽强理性精神，恰恰不能阻止净土信仰在特定人群中的流行。

自北宋初年开始，倡导和实践净土信仰成为各宗派僧众的共识，净土学说由此多渠道、多层面展开。当时出现的多种自成体系的净土学说，分别属于禅宗、华严、天台和律宗诸系统。它们一般都具有吸纳多种因素的融合特点，不但远远超出了佛教译籍的学说范围，也超出了唐代注疏的论证范围。这些"多元复合净土信仰"所依据的基本理论、所崇拜的信仰对象、所确定的修行内容、所树立的修行目的，都与传统的净土经典存在差别，具有适应社会需要的创新性质。然而，无论任何一种净土学说，又都与本于弥陀经典的西方净土有着千丝万缕的联系。尤其值得注意的是，净土结社运动从以杭州为中心的江浙一带兴起,扩展到北方的京畿地区,其种类之多,规模之大,延续时间之长,传播速度之快,是历史上所罕见的。创建和参与各类结社的人员,在僧团之外有朝廷的达官显贵,有各级地方官吏,有一般士人,更有广大下层民众;在佛教内部则有各宗派的领袖人物、地方名寺的住持以及一般僧众。

第四,在三教融合的大背景下,三教关系开始进入新阶段,佛教由此逐步形成了新的政治品格和道德观念。

宋王朝实行三教并举的方针,使思想界具有了宽松的环境,有利于新思想、新学说的产生。从宋代开始,三教的平等融合,开始成为统治阶级、佛教僧侣和社会各阶层的共识。无论在儒家人士中还是在文化僧侣中,都出现了三教融合的新理论和新实践,理学也正是在这种时代潮流中产生的。让三教从不同方面发挥治世利人、协调人际关系、维护王权统治的作用,已经不仅仅是学说发展的状况,而是社会不同阶层的需要,更是统治阶级的要求。宋代以后,三教在思想方面的冲突和斗争退居次要地位,相互融合成为主流,特别到明清时期,开始出现了荣辱与共的局面。

就佛教而言,吸收儒家思想也进入了新阶段。儒教的政治伦理观念,开始被公认为是佛教伦理体系的重要支柱,宋代一些倡导儒释融合的代表人物,也成为后世的典范。从契嵩开始,佛教逐渐成为推广和神化孝道的重要力量,成为"慎终追远"的儒家孝制中不可缺少的组成部分。正是在这种情况下,佛教才真正不能从社会生活中被排斥出去。

宋代佛教界所讲的道德,明确以儒家的道德规范为核心,并不仅仅局限于佛教传统戒律的范围。《禅林宝训》比较完整地反映了宋代佛教界把儒家的纲常名教和佛教戒律结合起来,共同作为道德建设基本准则和内容的实况,对后代佛教产生了持久的影响。

宋王朝强化君主专制主义的中央集权,给予意识形态以巨大影响。国家至上,君主至上,化作"忠君报国"的理想和呼唤,成为那个时代的最强音。毫无疑问,这是诱导佛教思想剧烈变化的一个持久和重要的因素。把"忠君爱国""爱君忧时"等作为僧侣的美德,把振兴佛教视为"报国恩",把树立佛教信仰(发菩提心)等同于树立"忠义之心",已经不是个别僧侣的特殊见解,而是佛教界的思想纲领和道德标准。佛教的爱国主义意识可以追溯到很早，但是，它作为中国佛教的一个传统则是从宋代开始形成。

第五，从佛教的传播途径方面考察，自北宋开始，佛教从写经流传时代过渡到刻印藏经的流传时代，这是具有重要意义的。

刻版印刷佛教经典可以追溯到唐代，但是在宋代以前，还没有大规模刻印佛教经典总集性质的大藏经。北宋开宝藏的问世，标志着印刷大藏经开始取代手写大藏经。两宋历时悠久的五种大藏经的刊刻，对佛教经典的普及和流通，对雕刻、造纸、印刷等手工艺的发展，对加强与周边地区和民族的思想文化沟通交流，都具有重要的推动意义。从宋代开始，雕刻和印刷大藏经成为历代王朝的重要文化建设事业。从宋到清的大藏经刻印，规模之浩大，影响之久远，在古代世界印刷史上是绝无仅有的事情，其意义已经远远超出了宗教的范围。尽管此后手写佛经作为功德善举依然在社会各阶层流行，但是作为提供学习、研究之用的各类佛教典籍，毫无例外是以印刷本为主。

二

辽、金、元统治的四百多年间，少数民族统治者采取的宗教政策，既有别于此前的唐宋，也不同于以后的明朝。特别是辽、元两朝的佛教政策，尽管曾产生了广泛而持久的影响，但在历史上都是受称颂最少、遭诟病最多的。

从辽太宗开始，就把观音作为王族的保护神，把佛教崇拜对象纳入辽王朝的崇拜体系之中。随着帝王对佛教的崇信程度不断加深，尤其是佞佛帝王的出现，进一步刺激了佛教信仰在民间的流传。从宫廷到民间，妇女以黄粉涂面，称为"佛装"；无论男女贵贱，直接使用佛、菩萨名起小名，这些做法逐渐成为民间习俗。正是在佛教信仰的流传过程中，加强了契丹族与汉族对统一民族的认同感。

辽王朝并没有设置专门管理宗教的机构和官吏，任命僧官，往往与帝王个人喜好有关。辽朝对僧人的封官赐爵始于景宗，盛于兴宗、道宗。辽代僧人的社会地位和政治地位空前提高，他们所享有的某些特权，只有与以后元代的喇嘛教僧人可以相比。从王室、达官显贵到一般富豪的大量施舍捐献，社会地位十分低下的寺院二税户、社会民众以结社形式参与寺院佛事，共同支撑起辽朝庞大的寺院经济。

辽朝虽然和北宋一样，直接承袭晚唐五代的佛教，但两地佛教的精神和面貌截然不同。辽朝佛教以密教和华严为主，密教广泛流行于社会各阶层。从皇室贵戚到士庶百姓，往往通过雕塑佛菩萨像、建塔造幢以及讽诵行持等活动，表达虔诚的信仰。密教义学的发展，显密之间的对立、冲突和融合，也正是在这种大背景下形成的。华严学是在密教刺激下发达起来的，其兴盛不是表现在对唐代原有教义的创新方面，也不是表现在传播范围的扩大方面，而是表现在与密教的融合方面。辽代最著名的密教学问僧是精通华严的，而倡导显教和密教融合的学僧，也是研究华严的学者。显教和密教的关系，在辽代表现为华严和密教的关系。

在辽代佛教界，觉苑和道硕是倡导显密融合的两个代表。他们的区别在于，觉苑是站在密教的立场上，通过吸收华严学的内容，沟通两者的关系；道硕则是从华严学的角度论证显密的平等无差别。他们所要吸收或弘扬的华严学内容，有着惊人的相同之处：不是来自《华严经》，而是来自华严宗的教理。其核心思想，就是智俨在《华严一乘十玄门》开头所揭示的"法界缘起"理论："一即一切，无过不离，无法不同。"尽管他们引用的《华严经》语句不同，并且以引用澄观的著作内容为多，但是其核心思想，不出这个范围。他们虽然祖述善无畏、一行所传的胎藏系统，但是，由于吸收了华严宗的核心理论，已经成为带有时代特点的中国化密教思想。这是在显密融合大背景下的必然产物。

金王朝的统辖地区包括了此前的辽地。尽管金朝佛教接受了辽和北宋佛教的双重因素，但汉化进程更快、程度更深的金王朝，把辽代的一些佛教管理措施都逐渐作为消极残余来消除。特别是二税户制度，金王朝三令五申予以取缔。从发展总趋势上看，金代的政策使佛教逐渐消除辽代的残余影响，并逐步向宋地佛教靠拢。与辽代相比，佛教的派系结构和学说思想都发生了重要变化。密教与华严学不再成为显学，继承北宋传统的禅学成为佛学的主体。

元王朝建立的民族等级制度，直接波及民族心理和文化的分布。流行于不同地区的宗教也首次被官方放置在有民族等级优劣划分的前提下来考察。与此相应，儒释道三教在蒙元统治集团的直接干预下，经历了重新定位和排列，形成元代独特的意识形态结构。元代的佛教管理机构繁多杂乱，设立和罢撤随意、管辖范围交叉重叠，僧官位高权重。佛教管理体系之所以发生这种显著变化，是因为与喇嘛教至高无上的宗教地位有直接联系。

无论是古代藏文典籍还是汉文史书，凡记载元代萨迦派者，无不痛斥其上层僧人在内地和藏区横行不法，跋扈恣睢，乱政害民，可谓劣迹斑斑，罪状多端。然而，萨迦派活跃于元代政治舞台上，也发挥了多方面的积极历史作用。它帮助元廷在西藏地区建立了有效的行政体制，结束了大约四百年的分裂割据局面，实现了政治的统一。藏族地区作为一个整体进一步密切了与中央的关系，从而使藏区加强了与内地的经济、技术和文化相互交流和融合。另外，以喇嘛教为载体的藏族文化，在这个历史阶段才真正成为中华民族文化的有机组成部分。

南宋时期，各地在执行朝廷颁赐寺额过程中，出现过把寺院进行分类的现象，但那时还没有形成寺院分类制度。从元代开始，官方把政府管理的寺院分为禅、教、律三类，并且要求保持各自的专业。这种措施为明代寺院分类管理的系统化和完善化奠定了基础。元代寺院经济不是与社会生产发展同步成长起来的，而是通过掠夺民田、接受赏赐、规避差税等方式在短时间内膨胀起来的，所以对社会经济造成了更大的危害。同时，经济实力的极度膨胀，也成为佛教内部滋生腐败堕落的温床。

在藏传佛教居统治地位的情况下，汉地佛教、特别是作为主流的禅宗，受到巨大冲击。那些不堪忍受蒙古贵族压迫的汉族僧人，从修行思想到实践，都发生了变化。他们往往主张退隐山林，不与统治者来往。

元代政权巩固后，佛教中以喇嘛教的地位最高，是密宗的代表；在北方重点扶植天台、华严和唯识三宗，被称为教门。元代临济宗分为北南两支，差别是很大的。北方的海云印简一系，在蒙元统治初期，与统治者保持密切关系，积极参与政治，管理宗教事务。尤其是在规劝蒙古贵族接受汉文化，鼓励他们以儒术治国等方面，成效显著。此系始终被元代统治者树立为临济正宗，但是，他们在禅学上并没有任何建树。另外，北方的曹洞宗接续金代的发展，其状况与海云印简一系相似，主要弘法基地是河南嵩山少林寺。

南方禅宗均属临济宗，分别出自宗杲和绍隆两系。宗杲弟子育王德光之后，出现了灵隐之善和北磵居简两支；绍隆的再传弟子密庵咸杰之后，出现了松源崇岳和破庵祖先两支。这四支构成了南方临济宗的主流，也是整个元代禅宗的主体。它们总体可归为功利禅和山林禅两种类型。前者指以功利为目的，积极靠拢朝廷，凭借政治权势带动禅宗发展的派别，其代表主要有之善系和居简系，以及崇岳系的清茂、守忠等人。五山十刹，主要由这类禅师住持。后者则与此相反，大多数人山居隐修，不为世人所知；部分人活动于民间，影响很大，但拒绝应征，与朝廷官府的关系疏远，其最重要的代表是祖先系统。无论哪个系统，在禅学上主要继承宗杲的看话禅，并进行了若干调整。尤其是到元中叶以后，主张密、教、禅、律四宗统一以及禅净融合的浪潮在禅宗中逐渐高涨起来。

三

明王朝建立之初，就废除了蒙元贵族不平等的民族政策和宗教政策，特别是取消了喇嘛教的特权，不仅受到社会各阶层的拥护，也为佛教的发展提供了新的社会环境。

明太祖时期，建立了与行政建制相配套的僧司机构，在中央设僧录司，在府、州、县分设僧纲司、僧正司和僧会司，同时规定了各级僧官的名额、品阶、职权范围，以及任选标准等，由此构成了自上而下的严密佛教管理体系；这是中国历史上最成熟的僧尼管理机构，并且为清代直接仿效。明太祖直接插手佛教的内部事务，多次颁布诏令，把寺院分为禅、讲、教三等，僧人也相应分为三宗，要求"各承宗派，集众为寺"。这对明代及其后的佛教发展走向起到决定性的作用。

明朝前期，佛教从王朝更替的动荡中逐渐趋于稳定，并且在新王朝规范治理的过程中实现逐步转变。佛教界的义学诸派陷入沉寂，有影响的义学名僧很少。相对说来，禅宗比较活跃，以元叟行端和笑隐大䜣两系最有影响，特别是前者，与明廷关系尤为密切。就禅学而言，也发生了不同于宋元的新变化，禅向义学的倾斜，是其中一个突出的特点。

明代中期，佛教队伍在规模上超过明初，但是，无论义学还是禅学，都处于有史以来最缺乏生机的阶段：既没有形成能影响全国的传教基地，也没有出现众望所归的禅师，更没有什么新的禅思潮兴起。有活动能力的禅师，多数在为建寺院、治田庄、蓄财使奴、构筑豪富生活而奔忙。禅宗之所以不景气，从学风上讲是出于禅僧对于义学的攀附。当时，讲经注经受到国家重视，禅僧们竞上京城，听习经典，作为修行过程的必要环节。因此，佛教经论的功底如何，不仅是衡量义学法师水平的标准，也是考察禅师水平的尺度。法师登门向禅师挑战，似乎也成为常见现象。

从神宗到明朝灭亡的七十余年间，明王朝对佛教逐渐失去有效控制，各种佛教管理措施已经不能执行。随着各种社会矛盾的激化，以江浙地区为中心，佛教出现了复兴浪潮，声势浩大，发展迅猛，席卷全国，并且一直延续到清雍正时期。明末佛教复兴运动分为两股潮流，一股潮流主要在都市城镇里奔涌，是以袾宏、德清、真可和智旭为代表的"佛教综合复兴运动"。另一股潮流主要在山林村野中流淌，是以临济、曹洞为主体的"禅宗复兴运动"。两股潮流相互激荡，相互呼应，相互影响，打破了佛教的长期沉寂，共同促成了佛教在中国封建社会最后一个兴盛期。

以"明末四大高僧"为代表的学问僧，在佛教思想方面有共性。他们所推崇的佛教人物，是宋代以来倡导禅教净律融合的延寿等人。他们继承教禅并重、三教合一的主张，既重禅学，也重义学，更重净土。特别是明末清初的智旭，不仅倡导不分优劣地弘扬天台、禅、律、唯识、净土等教理，而且主张信仰一切佛、菩萨和祖师，并且包括佛教一切经典。他积极推广各类赎罪法事，重视和支持礼忏、持咒、血书、燃香等活动，并且把念佛、戒杀和放生有机地统一到求生净土的信念和实践中。学僧以俗家弟子为主要宣教对象，不以复兴佛教的某个宗派为目的，号召全面继承佛教遗产。他们不仅在当时社会上和佛教界享有盛誉，也成为后世佛教信仰者顶礼膜拜的偶像。但是，他们淡化法系传承，消除门户壁垒的主张，始终没有成为此后清代佛教界的主流认识。

禅宗崛起的直接原因，是社会动乱造成的穷苦民众源源不断地涌入佛教队伍，范围很广，规模很大。当时具有弘教传禅资格的禅师达上千人，这在整个禅宗史上也是少见的。在数以百计的"开堂说法"者周围，往往聚集着数百名僧人，有的多至一二千众。他们中的不少人不循戒律，贬低佛典价值，否定西方净土，反对从事瑜伽教僧的职业。这种禅风与宋以来的禅宗传统直接抵触，而与晚唐五代的山林禅有更多相似之处。当时禅宗内部的争论很激烈，辩论的症结在于：是突破传统佛教，还是维护传统佛教；是有选择地继承禅学遗产，还是全面继承佛教遗产。这些争论有时十分烦琐，引发出的创见则极少，往往与参加争论者的宗派隶属、政治态度等交织在一起。就此而言，这与当时党社的派系斗争又有些近似。

就明末禅宗复兴的派系结构说，是曹洞宗和临济宗并兴。曹洞宗有两支不断扩张，一是湛然圆澄开创的云门系，二是无明慧经开创的寿昌系。临济宗的主要派系出自笑岩德宝的弟子幻有正传门下，正传的著名弟子有密云圆悟、天隐圆修和雪峤圆信，都在江南一带传禅。到清代初年，禅宗复兴运动的影响已经遍及全国，受到清朝廷的特殊关注和强力干预。

支撑佛教综合复兴的是官僚士大夫阶层；托起禅宗复兴的是失去土地和生活资料的流民。他们有不同的境遇、不同的需要和不同的追求，从而使两股复兴潮流呈现出迥然不同的风貌。到清雍正时期，禅宗的复兴运动彻底沉寂，佛教综合复兴运动中的主导思想逐渐成为社会各阶层信众的共识。

四

清王朝宗教政策的指导思想，是把维护专制皇权放在第一位，彻底清除任何宗教派别中有违于皇权至上的因素。这个政策的突出特点，是把儒释道"三教"与其他一切有秘密结社性质的民间教派严格区分开来，自觉把前者作为加强统治的思想工具，扶植多于限制，采取相对宽松的政策；明确把后者作为颠覆政权的力量，武力镇压多于思想诱导，采取严厉打击的措施。

清王朝对建寺和度僧都颁布了法律条文，而且规定也比较细致。寺院分为国家建造和民间建造两种，都被纳入政府的统一规划和管理之下，限制比较严格。清代的僧道管理机构基本仿照明代建立，变动不大。在度牒管理、废除试经度僧制度等方面，清王朝做出较大变动，对佛教发展也产生了深刻影响。清王朝对佛教内部不同宗派或不同法门的变动情况格外重视，其中，干预较多的是清代前四帝。他们的态度相当明确，也完全一致：着重鼓励和支持的是律宗和净土，重点整顿和清理的是禅宗，任其自生自灭的是教门诸派义学。

即便与元代相比，清朝对藏传佛教的管理措施也更为细致。总的说来，清廷授予上层喇嘛以政教权力，鼓励喇嘛教在内地传播，但并没有引发元代那样从中央到地方的乱政扰民局面。宗教上层人士的教权，在协助中央管理地方上起了重要作用。同时，清廷通过编译四种文字对照的《大藏全咒》，通过在京城建立喇嘛教寺院等措施，强化了满、汉、藏、蒙诸民族的文化认同意识。有清一代，藏传佛教对汉传佛教的影响已经不能与元代相比了。

从顺治到乾隆，佛教沿着明末开辟的方向继续发展演变。由于受到清王朝政治、经济和思想文化的制约，也不断修正前进方向，调整内部结构。总的说来，佛教还保持着相当规模，在社会上还产生相当大的影响。尤其是禅宗，还一度保持兴旺局面。嘉庆以后，随着清王朝的内忧外患进一步加剧，官方已经无暇顾及传统宗教，佛教自身也进一步衰落，许多寺院逐渐成了流民的藏身之地。太平天国运动时期，以天主教为号召，反对偶像崇拜，对佛教和道教都予以排斥和打击。僧尼星散，寺院遭受破坏。佛教的存在，更集中地表现在瑜伽焰口、水陆道场、慈悲水忏、梁皇忏、大悲忏、金刚忏、打佛七等各类法事的广泛盛行中。

总体观察，清代佛教有三个重要情况值得关注。

其一，教门各派义学进入全面衰落期，律宗形成一支严格意义上的宗派。佛教界在普遍淡化原有宗派隶属的同时，更重视师徒传承关系，从而使新形成的支派持续保持着旺盛的活力。

清代佛教界始终没有形成学习、研究佛教经典，探讨佛教理论的风气。谈得上对佛学有研究者，更是寥若晨星。就佛教义学的总体情况而言，尚不能与明代末年相比。除了个别华严学者还保持某些特点之外，其余的义学门类就没有什么特点可言。佛教各宗派中，唯有兴起于明末的如馨一系，在组织规模的宏大、法系传承的严整、社会影响的扩大等方面全面超越前代律宗。

随着佛教内部各派思想融合的不断加深，在绝大多数情况下，宗派之别已经很难反映思想的不同。对于一般僧人而言，由于原有的宗派划分并没有高低优劣之别，所以出身于或临济或曹洞，或禅宗或教门，并没有什么重要意义。能够决定他们身份、地位以及是否赢得社会承认的一个关键因素，是他"嗣法阿谁"，也就是说，他是谁的弟子很重要，关键时刻会决定他在佛门的进退荣辱。同样因为重视师徒传承关系，有的宗师谨慎择徒，终生只认可一位嗣法弟子；有的宗师则辄有付嘱，网罗众多门徒。正是由于对师徒传承关系更为重视，许多佛教新支派发展起来，并且法脉延续久长，其影响至今还看得到。

其二，禅宗诸派依然保持着传法系统，在组织规模上始终是佛教的主体。但是，禅学却从保持个性的多头发展，逐步转向融合各种佛教思潮，并与其他教派逐渐趋同。

明末山林禅宗复兴的浪潮在清初得到进一步发展，继续成为佛教的主体。就派系结构而言，临济和曹洞都有一定扩张，以江浙等地为主要基地，分别衍生出若干支派，弘化于南北各地。不同的支派，其禅学思想或宗风也不相同，或者推崇斗机锋、施棒喝，甚至呵佛骂祖，用极端狂放的方式表达自证自悟的教义，完全沿袭唐末五代的山林禅风；或者主张钻研语录公案，作拈古、颂古，继承北宋以来的传统；或者以参究话头为证悟正途，沿着南宋宗杲开创的禅学道路前进。随着清王朝政权的巩固，在社会趋于稳定的过程中，加上雍正的严厉整顿，山林禅和文字禅成为主流舆论批判的对象，逐渐趋于沉寂，唯有看话禅与净土思想融合，继续盛行于禅林。

其三，西方净土信仰、菩萨信仰和各种救赎性质的法事盛行于佛教界和社会各阶层，成为最有影响力的佛教信仰和实践。

进入清代以后，禅宗的唯心净土思潮逐渐失去号召力和感染力，传统弥陀经典宣扬的西方有相净土越来越兴盛。专弘西方净土的宗师比以前任何时期都多，并且在实践上不断有所创造。另外，专门弘扬西方净土的著名道场及其结社组织也随之涌现。纯粹的西方净土法门在普及过程中，逐渐取代禅宗法门，成为佛教界最流行的思潮，同时为越来越多的社会民众所接受。与此相联系，同样是寄希望于佛、菩萨拯救的各种救赎性质的忏仪法会，流行于社会各阶层。西方净土信仰、菩萨信仰和救赎法会在僧俗两界的盛行，表明人们重视他力拯救远远超过重视自力解脱。这也是导致禅学必然衰落的一个重要原因。

（原载《佛教与中国传统文化》，中国社会科学出版社 2009 年版）

宋代禅宗的"文字禅"

禅宗在兴起之初，便显示出不同于其他佛教诸派的鲜明特征。它贬抑传统经典，轻蔑文字语言，摒弃知性思维，强调直观体验。如果说菩提达摩的"藉教悟宗"还把文字经典作为证悟佛理的有效手段，那么道信的"莫读经，莫共人语"，慧能的"本性自有般若之智，自用智慧观照，不假文字"，就完全改变了菩提达摩的初衷，定下了禅宗对待文字语言态度的基本格调。怀让的"说似一物即不中"，唐中叶以后逐渐出现的禅僧呵佛骂祖、非经毁教的言行，则把轻蔑经典教条，反对偶像崇拜，强调自证自悟，主张不执着于文字语言的倾向推到极端。唐五代禅僧那些旨在表达"不立文字"和强调自证自悟教义的言行，经过辗转流传而被记录下来，称之为"语录""机缘"。其中一些著名禅师的言行独具特色，还被专门提出来，作为判定是非和衡量迷悟的准则，由此称之为"公案"。这些"语录"和"公案"成为宋代禅僧教禅和学禅的基本资料。对待这些公案语录的不同态度以及由此而产生的不同研究方法，形成了不同的禅风或禅学形式。当禅师为了适应教禅和学禅的需要而对公案进行修正、解释或逐步作繁琐的文字考证时，禅僧便在"不立文字"的口号下从事大立文字的工作了。宋代的"文字禅"就这样产生和发展起来了。

"代别""颂古""拈古"和"评唱"是文字禅的四大形式。它们是围绕公案而展开的，是为适应以文字语言教禅和从文字语言悟禅的目的而产生的。在这四种形式中，以代别、颂古和评唱影响尤为巨大。它们不仅为禅僧所普遍接受，而且为参禅的士大夫所喜闻乐见。文字禅是在宋代禅宗各派僧人共同努力下得以发展的，其中临济僧人善昭、云门僧人重显和临济杨岐派僧人克勤贡献尤大，具有代表性。

一　善昭与公案代别

北宋统一王朝的建立，结束了从安史之乱以来长达二百余年的分裂割据。政治上的统一不能不反映到宗教界。善昭正是适应着政治上的统一，在融合各地禅风的基础上，通过对公案的修正和解释，开创了宋代禅学发展的新途径。

善昭（947—1024）俗姓俞，太原人。他十四岁出家之后，继承唐末五代以来禅僧行脚参禅的传统，一直过着游方生活，长达三十年之久。长期的遍参求学，为他日后融会各家禅学理论打下了基础。从淳化四年（993）开始，这位在整日奔波、席不暇暖中度过前半生的禅师才结束了游方生活，长住汾州（故治在今山西省吉县）太平寺，"宴坐一榻，足不越阃者三十年"①。

善昭对游方参学非常重视，他不仅亲身实践，而且鼓励弟子们行脚遍参，了解各派的禅风。善昭之所以鼓励行脚参禅，完全出于他对机锋棒喝的认识。他把师徒间的机语酬对，把禅师运用机锋，视为传佛妙心的手段。"大觉世尊于多子塔前分半座，告摩诃迦叶云：吾有清净法眼，涅槃妙心，实相无相，微妙正法，将付嘱汝，汝当流布，勿令断绝。如是展转，西天二十八祖，唐来六祖，诸方老和尚，各展锋机，以为内护。"②

既然把禅师的机锋棒喝看作是传佛心印，那么对禅师这些言行的"解悟"也就成为学禅的重要方式。善昭认为，禅师的言行是"随机利物"，学禅者则要通过禅师的言行而去"各人解悟"③。因此，禅师是以文字语言教禅，学徒是通过文字语言去解悟禅理。这正是禅僧与义学沙门的区别之处。"夫参玄之士，与义学不同，顿开一性之门，直出万机之路。""心明则言垂展示，智达则语必投机。了万法于一言，截众流于四海。"④ 参禅所要达到的"心明"和"智达"，就是在言语投机的问答之中体现的。所

---

① （宋）慧洪：《禅林僧宝传》卷三。
② （宋）楚圆集《汾阳无德禅师语录》卷下。
③ 《汾阳无德禅师语录》卷上。
④ 同上。

以，善昭特别重视师徒问答中的用语。这正是禅宗的一大变化，禅僧从重视"说似一物即不中"开始转向"了万法于一言"，参禅变成了名副其实的参"玄"，追求对禅境的直观体验变成了追求言语文字之"玄"。善昭强调言玄的原因，在于他认为禅宗之旨"妙"。他说："言之玄也，言不可及旨之妙也。"① 尽管言语不能完全表达禅宗的妙旨，但是"言之玄"总是与"旨之妙"相联系的。也正因为善昭把"言之玄"与"旨之妙"联系起来考虑，他才更重视问答用语，强调"了万法于一言"。这比一般只讲"机锋"更要明确了一些，更突出了对机语的重视。问答过程中用语的优劣成为衡量禅师是否心明智达的标准。

正是在这种追求言玄的思想指导下，善昭作《公案代别百则》，力图对公案进行修正性的解释，力图以更玄妙的语言代替不太玄妙的语言，从而统一公案中的答语。关于公案代别他做了说明："室中请益，古人公案未尽善者，请以代之；语不格者，请以别之，故目之为代别。"②

"代别"一词是"代语"和"别语"的复合词，其使用并非始自善昭。所谓"代语"原有两个含义：其一是指在禅宗师徒机语问答过程中，禅师问一句，当听者或答不上来，或答语不合禅师意时，禅师便代替他答话；其二是指公案中只有问话，没有答语，补一答语，称为"代语"。所谓"别语"是指公案中原有答语，重新再换一答语，这个新的答语就是"别语"。代语和别语在作用上区别不大，都是对公案或他人禅语的短评和解释。由于云门语录中多有代语别语，一般认为"代别"以云门为始。③善昭的"公案代别"则是专就公案之语作修正性的解释。他的公案代别共有一百则，选择两则如下：

> 梁武帝请付大士讲经，大士俨然。帝曰：请大士与朕讲经，为什么不讲？志公曰：大士讲经毕。代云：讲得甚好。
>
> 马鸣问迦毗摩罗：汝有何圣？云：我化大海，不足为难。又问：

---

① 《汾阳无德禅师语录》卷上。
② 《汾阳无德禅师语录》卷中。
③ ［日］无著道忠：《禅林象器笺》十一〈垂说门〉。

汝化性海得否？云：若化性海，我当不得。别云：许即不让。①

善昭的公案代别是在追求玄言妙语思想的指导下，力图使公案中的答语更带有玄味，更能反映禅宗的基本思想，从而突出公案主旨。上例中"许即不让"一句别语，就把原来含义确切的正面答语变成了含义不确定的、可作多种理解的句子，这也就是所谓"玄言"了。

善昭的公案代别纯属追求答语本身的"善"和"格"，从而使问答语完全失去了作为"转语"以启悟参禅者的功能。禅僧师徒间的机语问答，讲究"观根逗机"，"应病与药"。每一句问话或答语，都与问答双方和当时的情境相联系，同一问题因人不同而有多种答语，不同的问题也可用同样的答语，语言本身并无优劣之分，只要能启悟参禅者即可。善昭自己也说过："夫说法者，须及时节，观根逗机，应病与药。不及时节，总唤作非时语。"② 但是，善昭追求言之玄，力图给公案以统一的答语，他的代别实际上已都是"非时语"，失去了启悟参禅者的功能，违背了"应病与药"、因人施教的原则。他的代别是以书面语代替口语，把禅僧引向推敲文字，从文字上解悟禅理一途。

代别是宋代禅僧广泛使用的钻研公案的方式，两宋之际的名僧宗杲（1089—1163）明确指出了这一点："近世以来，禅有多途，……或以古人入道因缘聚头商榷云：这里是虚，那里是实，这语玄，那语妙，或代或别为禅者。"③ 由于禅僧们追求答语的玄妙，他们纷纷标新立异，对同一问语给出了许多互不相干的答语。"或师家问：不是心，不是佛，你作么生会？便云：和尚不妨惺惺。或云：和尚什么处来。或云：不可矢上加尖。或云：漫却多少人。或再举一遍云：不是心，不是佛，不是物。"④

禅僧就是利用所谓玄妙的答语来显示自己的心明智达。出于追求玄言妙语的目的，禅僧们往往嘲笑那些针对提问正面作答的含义明确的语句，推崇那些答非所问、含义模糊的所谓玄言。这种现象也引起一些禅僧的指

---

① 《汾阳无德禅师语录》卷中。
② 同上。
③ （宋）蕴闻集《大慧普觉禅师语录》卷三十〈书〉。
④ 《大慧普觉禅师语录》卷十四。

责:"若如此辩验答话,不惟埋没己灵,抑亦辜负前辈。"① 有些士大夫也加入了批判的行列。他们认为,使用隐语,使用不准确的语言,不仅不能使学者领略禅的精神,反而会使他们更加糊涂:"今之言禅者,好为隐语以相迷,大言以相胜,使学者怅怅然益入于迷妄。"②

总之,尽管善昭企图以代别来统一公案答语的目的并未实现,尽管他对任何一个问题的答语都没有成为禅僧普遍接受的唯一答案,但是善昭所提倡的咀嚼公案答语,追求玄言妙语,力求从文字上解悟禅理,却是代表着宋代禅学发展的一股潮流。

二 "绕路说禅"——颂古

"颂古"是以韵文体对古则公案作赞誉性的解释,它是宋代文字禅的一种新形式。颂古不仅是禅僧教禅和学禅的一种新方法,而且为禅僧与士大夫之间的交往架起了一座新桥梁。颂古的出现和发展演变,使禅宗走上了追求以华丽辞藻来表达禅境的道路。这种在文风上崇尚浮华的现象,不仅是禅僧追求玄言造成的必然结果,而且也是禅僧的经济生活发生改变而在禅风上的反映。宋代许多作颂古的禅师已不同于早期禅宗的领袖人物,他们已不再是"普请"(僧众集体劳动)中的带头人,而是国立大寺院或由官僚布施建立的大寺院的住持。

颂古之作创始自善昭,这是他对宋代禅学发展所做出的最大贡献。善昭之后,这种禅学新形式很快为广大禅僧所接受,很快风靡整个禅宗界。随着颂古之作数量的增加,颂古构成了禅宗典籍的一个重要组成部分。池州(故治在今安徽省贵池县)报恩光孝禅寺僧人法应花了三十年时间收集颂古之作,并把它们分门别类,于淳熙二年(1175)编成《禅宗颂古联珠集》。他在序中说,《联珠集》"采撷机缘(即公案)三百二十五则,颂(即颂古)二千一百首,宗师(即颂古作者)一百二十二

---

① (宋)圆悟录《枯崖漫录》卷上。
② (宋)岳珂撰《桯史·解禅偈》。

人"。① 元初钱塘沙门普会接续法应的工作，从元代元贞乙未年（1295）开始，用了二十三四年的时间收集颂古之作，增补为《禅宗颂古联珠通集》。"加机缘又四百九十又三则，宗师四百二十六人，颂三千另五十首。"② 从这个远不能囊括宋代全部颂古之作的集子中，我们也可以看出宋代颂古之风的盛行。

在善昭之后，宋代著名的颂古作者有四位，他们是云门僧人雪窦重显（980—1052），曹洞僧人投子义青（1032—1083），丹霞子淳（？—1119）和宏智正觉（1091—1157），其中以重显的《颂古百则》影响最大。善昭开颂古之先河，重显把颂古推向顶峰。具有开创性的善昭颂古和处于成熟形态的重显颂古，可以作为研究宋代颂古的两个典型。

善昭在《颂古百则》之后的《都颂》中，对其颂古的选材、作用和目的，都作了言简意赅的说明："先贤一百则，天下录来传。难知与易会，汾阳颂皎然。空花结空果，非后亦非先。普告诸开士，同明第一玄。"③

"先贤一百则，天下录来传。"善昭颂古所选用的公案是在禅宗界广为流传的"先贤"古则，是公认的前代禅宗大师的言行。它们是禅理的体现，是判断是非衡量迷悟的准则，是用不着修正和批判的。这也就决定了颂文将是对公案的赞誉性诠释，而不是批判性评述。另外，既然是以"天下"禅僧公认的公案为选材对象，而不是以某派禅僧留下的公案为选材对象，这就明显地反映了善昭融会禅宗各家宗风，主张师法各家著名禅师的思想。这种颂古选材原则对以后的禅僧影响很大。

"难知与易会，汾陌颂皎然。……普告诸开士，同明第一玄。"善昭认为，公案中记录的著名禅师言行，无论在表面上看来多么有悖常理，多么晦涩难懂，都是可以通过颂文表达明白的。同时，作颂古与学颂古有着同样的目的，即"同明第一玄"。"第一玄"即指禅理，它包含在古禅师的言行之中。这表明，禅不仅可以通过文字来教，而且也可以通过文字来学。这种力主从文字上把握禅理思想的流行，标志着宋代禅学的一大

---

① （宋）法应：《禅宗颂古联珠旧集本序》。
② （元）普会：《禅宗颂古联珠通集序》。
③ 《汾阳无德禅师语录》卷中。

变化。

善昭在这里所强调的是以韵文体来表达禅意，并没有联系以散文体解释公案的拈古。同时，他也并未对颂古文字本身提出任何要求。然而，拈古的影响虽然远不及颂古，但是宋代的颂古毕竟是与拈古并行的。善昭以后的禅师在论述颂古时，往往联系拈古来讲，进一步指明了颂古的特点。圆悟克勤（1063—1135）曾指出："大凡颂古，只是绕路说禅；拈古大纲，据款结案而已。"[1] 这是对颂古与拈古的一个经典定义。作颂古和拈古时，切忌把话讲得直截了当，而要"绕路"说，也就是文字要含蓄，这也是禅僧常讲的"不点破"的原则。这正是宋代禅僧对颂古文字的普遍要求。但是，善昭的颂文用语比较平实。他作公案代别时强调"言玄"，这种思想却并未贯彻到他的颂古之作中。与善昭的颂古形成鲜明对比，重显的颂古以文字优美、辞藻华丽著称，更适合追求言外之旨的要求。善昭与重显颂文在用语上的这种差别，也就决定了这两种颂古之作的命运。善昭的颂古除极个别的例子，如颂义玄的"三玄三要"外，他的颂古之作并不流行。相反，重显的《颂古百则》却颇受欢迎。我们从他们对同一公案的颂文中，可以看到这两种颂古之作的差别。

善昭和重显都曾颂《俱胝一指》公案。这则公案很简单，说的是唐代俱胝和尚，每遇有人向他请问禅学，他都不多说话，只竖起一个指头表示回答。善昭关于这则公案的颂文是："天龙一指悟俱胝，当下无私物匪齐。万互千差宁别说，直教今古勿针锥。"善昭首先讲清这则公案的来龙去脉，指出俱胝和尚竖一指回答参禅者的做法是从天龙和尚（生平不详）那里学来的。天龙和尚以一指示他，使他得悟。原来世间一切千差万别的现象都是虚幻的，俱胝和尚不去给参禅者讲说一切皆空的大道理，他那一指示人的做法，就是启悟参禅者自己去亲身体验，不要在千差万别的现象上纠缠。

重显关于这则公案的颂文是："对物深爱老俱胝，宇宙空来更有谁？曾向沧溟下浮木，夜涛相共接盲龟。"重显一开始就不是专门讲解公案，而是联系公案抒发个人感情。他最喜欢俱胝和尚竖一指启悟参禅者这种方

---

[1] （宋）克勤评唱《碧岩集》卷一。"圆悟"也有写为"圜悟"的。

式，因为师徒参禅一般都有言语往来，只用动作表示并不多见。"宇宙"间，也就是丛林界有谁像他那样一辈子用一指示人呢？后两句颂文则是引经据典。《法华经》中有"如一眼之龟值浮木，孔无没溺之患"的句子，重显借用这个典故，说明俱胝和尚以一指示人，如同向夜幕笼罩的大海里投下一根木头，去拯救身陷苦海的芸芸众生，以此暗示俱胝的一指示人是一种启悟参禅者的方法。

与善昭的颂文相比，重显的颂文有两个特点。其一是大量用典，这一点当时人已提到："雪窦《颂古百则》，丛林学道诠要也，其间取譬经论，或儒家文史，以发明此事。"① 重显的颂古反映了禅宗进一步吸收传统佛教的养料和融合儒家思想的特点。第二个特点是文学色彩更浓。善昭的颂文用语平实无华，这正如当时人所指出的："殊不以攒华叠锦为贵也。"② 重显的颂古则追求生动、形象的文字。这代表了有宋一代文字禅的一大特色。它推动着禅僧走上舞文弄墨、钻研文句的道路，五代以前禅宗的朴实禅风逐渐被抛弃了，这对后世禅僧影响很大。元代名僧行秀曾把重显和具有同样特点的正觉并称为诗坛之李杜。"吾宗有雪窦天童，犹孔门之有游夏，二师之颂古，犹诗坛之李杜。"③

如果说善昭开创了一种解释公案的新体裁，那么重显则是利用这一新体裁，把禅宗进一步推向追求文字华丽一途。禅宗本来就注重"玄言"，到这里变成了华丽的辞藻。这样，禅僧不仅追求从文字上去悟禅，而且是从"美意变弄，求新琢巧"④ 的华丽辞藻上去悟禅。

尽管如此，重显的颂文并没有完全脱离公案，仍是在解释公案。随着颂古体的流行，被禅宗界推崇的颂文已完全抛开了公案，虽名曰颂古，但颂文对公案内容一字不提，仅从颂文本身无法理解它是什么意思。下面的例子就十分突出。"临安府净慈肯堂育禅师，余杭人，嗣颜万庵，风规肃整，望尊一时，颂'即心即佛'云：美如西子离金阙，娇似杨妃下玉楼。

---

① 《碧岩集·关有无党序》。
② 《补续高僧传》卷六。
③ （元）行秀：《评唱天童从容庵录·寄湛然居士书》。
④ （宋）净善重集《禅林宝训》。

终日与君花下醉，更嫌何处不风流。"① 作这样颂古的禅师竟然都是"风规肃整、望尊一时"者，可见禅僧追求从生动、形象和华丽的文字中去求悟已经到了何种程度。从北宋初开始，许多禅僧就以"疏带俳优而为得体，以字相比丽而为见工"②。

从使用平实无华的语言到使用艳词丽句，从联系公案到完全抛开公案而任意发挥，正是颂古体发展中的两大变化。这样，对一首颂文的理解，很大程度上在于理解者本人的联想，如果不联系禅宗理论来读颂古，谁也不会懂得颂文是什么意思。因此，所要解悟的颂文的言外之旨，不过是规定好了的禅宗基本理论，只有联系禅宗基本理论，像"美如西子离金阙"之类的话才有意义。

一方面是颂古越来越盛行，越来越受到重视，甚至成为"丛林学道诠要"；另一方面，颂文越来越脱离公案，越来越以艳词丽句取胜，这就给人们理解颂古造成了很大困难。到了北宋末年，许多人因战乱而涌入禅宗队伍，这些人文化素质低下，没有必要的佛学修养，不仅对公案不能理解，对解释公案的颂古也不能理解。对他们来说，重显的颂古已是"银山铁壁，孰敢钻研；蚊咬铁牛，难为下口"③。因此，当时的禅僧迫切需要对公案和颂古进行再解释，迫切需要创造禅宗的新经典。在这种情况下，克勤的《碧岩集》应运而生。这种完备的评唱体的出现，标志着宋代文字禅发展到了顶峰，标志着宋代禅学又发生了一大变化。

三 禅宗的新经典——《碧岩集》

克勤曾在成都昭觉寺、澧州（治所在今湖南澧县）夹山灵泉院和湘西道林寺三处讲解重显的《颂古百则》，其门徒整理他的讲稿编成《碧岩集》。《碧岩集》开创了解释公案和颂古的完备形式，创立了一种语录的新体裁。

---

① （宋）圆悟录《枯崖漫录》卷上。
② （宋）慧泉集《黄龙慧南禅师语录》。
③ 《碧岩集·普照序》。

《碧岩集》由重显《颂古百则》所选的一百个公案为骨架组织起来。它分为十卷，每一卷解释十个公案，构成十个部分，每一部分都有五项内容。第一项是"垂示"，是对公案和颂文主旨的概括、总结或说明，形式上有的相当于引言，有的相当于提要。克勤解释公案和颂文都是围绕"垂示"中的主题而展开。第二项内容是公案"本则"，即重显《颂古百则》所选的公案。第三项内容是列举重显所著的颂文。第四项内容是"著语"，为克勤所著，是分散在公案本则和重显颂文每一句中间的夹注。"著语"也称"下语"，十分简短，多则十余字，少则三五字，有时只有一个字。著语形式多样，有书面语，也有口语、俗语和谚语，有的是正面讲的，也有反面说的，有的具有点评性质，偶尔也有讲解性质的。有的著语是称誉，有的则是冷嘲热讽。著语实质上是很难从字面上解释的机语。第五项内容是"评唱"，这是《碧岩集》最主要的部分，分散在公案本则和颂文之后。它是克勤对公案和颂文的正面解释，语言活泼，间或有韵。

我们试以《碧岩集》第十二则《洞山麻三斤》为例，来分析《碧岩集》的特点。首先看"垂示"：

> 垂示云：杀人刀，活人剑，乃上古之风规，亦今时之枢要，若论杀也，不伤一毫；若论活也，丧身失命。所以道：向上一路，千圣不传，学者劳形，如猿捉影，且道：既是不传，为什么却有许多葛藤公案？具眼者试说看。

在这个"垂示"中，克勤指出了公案的主旨。克勤认为，"洞山麻三斤"这则公案的主旨，就是要参禅者扫除情解，启悟参禅者去亲身体验禅境，不要在文字语言上下功夫。如果在文字上兜圈子，就"如猿捉影"。要明白"向上一路，千圣不传"，即禅是不能用文字语言来描述的，不能以知性思维来把握的，只能靠自己的直观体验，不要指望从别人那里学到现成的东西。因此，克勤以后在解释公案和颂文时，都反复强调不要停留在公案和颂古的表面文字上，而要追求言外之旨。

"垂示"之后，便是公案本则，中间还有夹注。

举。僧问洞山：如何是佛［铁蒺藜，天下衲僧跳不出］？山云：麻三斤［灼然破草鞋，指槐树骂柳树，为秤锤］。

本则公案之后，便是克勤的"评唱"，即对公案的正面解释，总共有四层意思。

第一，克勤指出了这则公案的特点："这个公案多少人错会，直是难咬嚼，无你下口处。何故？淡而无味。古人有多少答佛话，或云：殿里底；或云：三十二相；或云：杖林山下竹筋鞭。乃至洞山却道麻三斤，不妨截断古人舌头。"这则公案很难理解，原因就在于它"淡而无味"。洞山以"麻三斤"去回答"如何是佛"的问题，答语本身并无意义，不过是要"截断古人舌头"，不让人去文字表面上去理解。"如何是佛"这个问题，在禅僧师徒参禅问答中经常提到，对于这一提问，历来有许多种答语。克勤在这里列举了三种答语，这些答语也都同"麻三斤"的答语一样，并不是正面回答佛怎么样或佛是什么，而是让人不要往这方面去想。用"淡而无味"，即用本身毫无意义的话去启悟参禅者正是这则公案的特点。

第二，克勤批判了对于这则公案的四种错误理解，并且指出，从文字表面来理解这则公案，则永不能悟："……人多作话会，道：洞山是时在库下称麻，有僧问，所以如此答；有底道：洞山问东答西；有底道：尔是佛，更去问佛，所以洞山绕路答之；死汉！更有一般道：只这麻三斤，便是佛。且得没交涉。尔若恁么去洞山句下寻讨，参到弥勒佛下生，也未梦见在。"

第三，克勤正面指出这则公案的主旨。"言语只是载道之器，殊不知古人意，只管去句中求，有什么巴鼻。不见古人道：道本无言，因言显道，见道即忘言。若到这里，还我第一机来始得。"这则公案不过是让人追求言外之意。只要扫除情解，见道忘言，也就自然明了这则公案。佛是离言绝相的，是无法用语言描述、无法用感觉器官和思维器官来把握的。这是禅宗的一贯主张，克勤正是坚持这一思想来解释此则公案。他把公案的可解性建立在禅宗基本理论的基础上，所以他的解释能为广大僧人所接受。

第四，克勤通过引用前代著名禅师的颂文进一步论证自己对这则公案的见解。"这个话……不妨难会。五祖（指法演）先师颂云：贼卖担板汉，贴称麻三斤，千百年滞货，无处著浑身。你但打叠得情尘、意想、计较、得失、是非一时净尽，自然会去"。所以，洞山以"麻三斤"来回答"如何是佛"的问话，并不是文不对题的"问东答西"，也不是运用暗喻的"绕路答之"，更不是说"麻三斤"就是佛。他是通过这句答语，让人扫除情解。当人们从思想上排除一切世俗的干扰时，自然也就懂得这则公案了。这个公案的主旨，是让人们追求言外之意，所谓古人的言外之意，也就是规定好了的禅宗基本理论。接下去是列举重显的颂文，中间有著语。

金乌急［左眼半斤，快鹞赶不及，火焰里横身］，玉兔速［右眼八两，姬娥宫里作窠窟］，善应何曾有轻触［如钟在扣，如谷受响］。展事投机见洞山［错认定盘星，自是阇黎怎么见］，跛鳖盲龟入空谷［自领出去，同坑无异土，阿谁打你鹞子死］。花簇簇，锦簇簇［两重公案，一状领过，依旧一般］，南地竹兮北地木［三重也有四重公案，头上安头］。因思长庆陆大夫［癫儿牵伴，山僧也怎么，雪窦也怎么］，解道合笑不合哭［呵呵！苍天！夜半更添冤苦］。咦［咄，是什么便打］！

颂文之后便是克勤的"评唱"。克勤解释颂文不仅与解释公案联系在一起，而且认为颂古主旨与公案主旨完全相同。他对重显颂文的解释，实际上是论证颂文与公案的一致性。他解释颂文所采用的方法，也同解释公案所采用的方法一样。

第一，他指出重显颂文与公案记录的洞山守初的机语表达同样的禅理。"雪窦见得透，所以劈头便道'金乌急，玉兔速'，与洞山答'麻三斤'更无两般。……'南地竹兮北地木'，与麻三斤只是阿爷与阿爹相似。"在克勤看来，颂文与公案表达同样的禅理，它们在这方面毫无区别。

第二，他批判当时禅僧对重显颂文的各种错误理解。他批判了对"金乌急，玉兔速"的错误理解。"人多情解，只管道：金乌是左眼，玉兔是右眼。才问著便瞠眼云：在这里。有什么交涉？"另外，他还批判了对"花簇簇，锦簇簇，南地竹兮北地木"的错误理解。"后人却转生情见道：麻是孝服，竹是孝杖，所以道'南地竹兮北地木'。'花簇簇，锦簇簇'，是棺材头边画底花草。还识羞么？"克勤之所以认为这些解释都是错误的，并不在于这些解释脱离了公案。他所列举的对"南地竹兮北地木"的理解，就是把"麻三斤"公案与颂文作字面上的联系，认为"麻是孝服，竹是孝杖"。克勤之所以认为这些解释都是错误的，就在于这些解释都是出于"情见"，而公案和颂古都是要扫除情见，都是让人不要"只管于佛上作道理"。

第三，克勤对重显颂文中的每句话都做了繁琐考证，以便论证颂文主旨与公案主旨完全相同。克勤认为，颂文和公案都在于说明，不要执着于文字语言，要扫除情见，追求古人的言外之意。例如，他考证"花簇簇，锦簇簇，南地竹兮北地木"一句，原本是与洞山和尚同时代的智门和尚的话，智门和尚的这句话已为洞山和尚解释了，意思是："言不展事，语不投机，承言者丧，滞句者迷。"重显颂文中之所以有这句话，就在于"雪窦破人情见，故意引作一串颂出。"① 总之，经克勤考证之后，重显颂文中的每句话都毫无例外地表达公案的主旨。

在解释每则公案时，在解释每则颂古时，克勤都经过繁琐考证，千方百计把公案和颂古与禅宗的基本理论挂上钩，把每则公案中的禅师言行和每则颂古中的话语，都说成是禅理的体现。很明显，克勤作《碧岩集》的指导思想是：公案中记录的禅师的每一种奇怪言行，颂文中每一句隐晦话语，都毫无例外地蕴含着禅理，都与经教有相通之处。这也正如他自己所讲的："古今言教，机缘公案，问答作用，并全明此。"② 所谓"并全明此"，是指它们都是为了说明禅宗的道理。因此，经过他的繁琐考证，每则公案和颂古中的每句话都与禅宗基本理论挂上了钩。这不仅使公案和颂古有了存在的合理性，也使他的解释具有了权威性。

实际上，与其说克勤是在诠释公案和颂古，不如说他是在借题发挥，

---

① 上引均见《碧岩集》卷二〈洞山麻三斤〉。
② （宋）绍隆等编《圆悟佛果禅师语录》卷十四。

根据自己的理解加以引申、阐发禅宗的主要思想；与其说他是为公案和颂古作注释，不如说他是进行再创造。他是以禅宗的基本理论为线索，把"百则公案从头一串穿来"①。

克勤的《碧岩集》把公案、颂文和经教结合起来，创造了禅宗的新经典。简略的公案或者使人不知所云，或者歧义百端。颂古虽然比公案容易懂一些，但由于"玄言妙语"充斥其间，是"绕路说禅"，也逐渐不被人理解。克勤的评唱则是直截了当地说禅了。他是在认识了颂古的"绕路说禅"性质之后才开创了评唱体的直截了当说禅。但是，《碧岩集》的用语又不同于传统的佛教经典，它的夹注中时时透着机锋，它的解释文字中时时运用机语，它是具有禅宗特色的佛教经典。

克勤始终坚持"不立文字"的主张，反复强调要追求言外之旨，时时告诫禅僧"不随一切语言转"②。但是，他的评唱之作恰是在"不立文字"的口号下的大立文字工作。克勤的《碧岩集》一出，立即产生了广泛影响。"新进后生，珍重其语，朝诵暮习，谓之至学。"③ 但是，《碧岩集》也使一些禅僧不重视修行实践，专门崇尚记诵文字，从而引起某些著名禅师的反对。克勤的弟子大慧宗杲有鉴于此，于南宋绍兴（1113—1162）初年火烧《碧岩集》，限制此书的流传。尽管当时宗杲在禅宗界声望很高，这种顺应潮流而产生的著作也并未因此而绝迹。到了元代，《碧岩集》又盛行于禅宗界。另外，元代某些著名禅师还效法克勤作评唱，著名的有从伦的《空谷集》和行秀的《从容庵录》。后出的著作虽然在形式上和内容上都有自己的某些特点，但从总体上说，《碧岩集》所首创的解释公案和颂古的完备形式，再也没有被突破。

总之，"文字禅"的兴起和发展是宋代禅宗的重要特点，它不仅反映了禅学思想的变化，也反映了一部分禅僧经济地位和生活条件的变化。文字禅的四种形式都是把以文字教禅和从文字悟禅作为目的，禅从不可说变为可说。禅僧不仅重视"说似一物即不中"，而且也重视"玄言"，并且

---

① 《碧岩集·普照序》。
② 《碧岩集》第一则〈圣谛第一义〉。
③ 《禅林宝训》。

逐步走上追求华丽辞藻的道路；禅僧不仅重视直观体验的证悟，而且也重视知性思维的解悟了。正是由于禅学思想上的变化，才出现了教禅和学禅的新形式，出现了禅宗的新经典。这表明文字禅反映了宋代禅教融合的大趋势。

（原载《世界宗教研究》1991年第1期）

关于宋代文字禅的几个问题

禅宗文字禅的起源可以追溯到唐代,但是它形成与公案之学相联系的稳定形式,成为颇具影响力的禅学潮流,则是从北宋开始。宋代文字禅的兴起和发展,与禅僧生活方式、修行方式的改变有直接的关系,与宋代士大夫普遍喜禅紧密相连。宋代文字禅演变的诸种形式,都毫无例外地与禅宗的公案之学结合在一起。禅宗从注重直观体验的证悟转向注重知性思维的解悟,是促成文字禅兴起并走向昌盛的思想动力。到南宋初年,具有不同社会及修行功能、反映不同思潮的机锋棒喝、文字禅、默照禅和看话禅,成为禅学中既相互独立又不可分割的组成部分,共同塑造了中国禅学的整体面貌和精神。

在禅宗历史上,文字禅所引发的论争激烈、持久,超过其他任何一种成体系的禅学思潮。支持者认为它有助于明心见性,有助于修行解脱;反对者则认为它与佛心祖意隔膜,徒增烦恼障碍。总的说来,没有文字禅的兴起和发展,也就没有禅宗在宋代的巨变,也就使禅僧失去了与士大夫沟通的重要渠道。本文主要论述宋代文字禅兴起的社会条件、思想根源、理论依据、发展历程和基本特点。

一 文字禅的产生原因

所谓"文字禅",是指通过学习和研究禅宗经典而把握禅理的禅学形式。它以通过语言文字习禅、教禅,通过语言文字衡量迷悟和得道深浅为特征。作为宋代文字禅的主导方面,它的产生和发展始终与运用公案结合在一起。公案受到禅宗界的重视,并且逐步成为教禅和学禅的基本资料,又是与中唐开始的禅僧生活方式和修行方式的变革相联系的。

当马祖道一（709—788）和石头希迁（700—790）分别在江西、湖南建立禅宗两大中心基地的时候，或因经济困难，或因寻访名师，或因建立联系，禅僧们往往到处流动。因此，禅宗界逐渐兴起"行脚参禅"之风。生活方式的改变随即引起修行方式的改变，修习禅法已经不再仅仅是个人的静坐默究，对禅境的体验也不再仅仅限于修习者个人不可言传的感受，逐渐演变成师徒之间或师友之间的相互讨论、启迪和勘验。行脚参禅的僧人每到一处丛林，往往与拜访的禅师相互问答，若言语不契则离开，到别的地方另找禅师；若彼此言语默契，相互理解、认可，便住下来。师徒之间或师友之间的这种交流禅学见解和体验的相互酬对，实际上也就是教禅和学禅的过程。

禅学问答使用的是一种特殊的语言，被称为"机语"，多是一些含蓄、隐晦或答非所问的语句。有时双方见面并不说话，而是用推、打、踏、喝等方式表示。诸如此类的参禅方式和手段，统称为"机锋棒喝"。机锋棒喝的盛行与禅僧生活方式和修行方式的变化有直接关系，然而，禅僧们之所以采用这种禅学方式，则与禅宗的基本理论密切相关。慧能南宗认为，自心佛性是超言离相的，即不能用逻辑思维完全把握，不能用语言文字确切描述。对禅境的体验，对自心佛性的证悟，只能靠自己的亲身实践。因此，行机锋施棒喝，只不过要表达本质上无法表达的东西，只不过要启发禅者去自证自悟。

到了唐末五代，机锋棒喝在禅林达到了鼎盛时期，这种原本是为修行悟道、解脱成佛而推出的一种方便施设或权宜手段，逐渐成为明心见性的重要途径。禅师们的此类禅学言行，经过辗转流传而被弟子们记录下来，称为"语录""入道机缘"。其中一些著名禅师的言行独具特色，还被专门提出来，作为判定是非、衡量迷悟的准则，被称为"公案"。到了北宋初年，不仅禅僧把语录作为教禅和习禅的重要资料，士大夫也格外予以重视，这一点从杨亿裁定《景德传灯录》所确定的原则上就可以看出来。他认为，《灯录》应该以记载历代禅师启悟学人的机语为主，应该不同于僧传。"自非启投针之玄趣，驰激电之迅机，开示妙明之真心，祖述苦空之深理，即何以契传灯之喻，施刮膜之功？若乃但述感应之征符，专叙参游之辙迹，此已标于僧史，亦奚取于禅诠？"①经过这样修改了的《灯录》，由于删去了禅僧史传的大部，变成了主要是禅师的语录集锦，从而失去了历史感；压缩了禅宗的信仰和神异，着重于机锋禅理，削弱了禅宗的宗教性；对禅语加强文字润色，显得文采飞扬，失去了它们在下层流传中的淳朴。正是这样的禅宗新典籍，既成为禅僧教禅和学禅的教材，又最大程度地适应士大夫的口味，逐渐有取代传统佛教经典的趋势。

最早把"公案"一词引入禅门的是唐末僧人黄檗希运。它原本指官府判决是非的案例，禅宗借用它来专指前代祖师的言行范例。为了适应教禅和学禅的需要，禅师们开创了研究公案的多种形式。总的说来，对待语录公案的不同态度、不同认识以及由此产生的不同研究方法，在宋代形成了不同的禅学形式。所谓"文字禅"，只是其中的一种。宋代文字禅发展的一个突出特点，就是其主流始终与公案研究紧密结合在一起。

与唐末五代相比，两宋社会相对稳定，王朝的宗教政策比较宽松，佛教的寺院经济由此得到平稳发展。这就为禅宗的领袖人物走出农耕山林，进住通都大邑或名山胜地的大寺院创造了条件；为他们放下锄头，拿起笔杆提供了可能。文字禅的发展，正是禅师们在研究旧经典的基础上创造新经典的过程。宋代是产生禅宗典籍的黄金时期，其数量之庞大、种类之齐全，不仅超过唐五代，而且也为后代所不及。在两宋社会的大背景下，山林旷野的质朴禅风在禅宗主流阶层身上逐渐消退，都市书斋的浮华禅风却日益浓重。这不仅在佛教内部为文字禅的发展奠定了群众基础，也是吸引士人的新禅风。

宋代士大夫"喜禅"，是促动文字禅兴盛的强大社会力量。宋王朝出于削弱和分散官僚权力的考虑，机构设置臃肿膨胀，人浮于事，加上任用和罢黜随意，提拔的多，需要安置的更多，从而造成了历史上少见的在职加赋闲的官僚阶层。而官场变换，宦海沉浮，都促使士大夫从禅中寻找精神寄托。士大夫经世多作两手准备，几乎成了两宋文武官僚的共性。宋人罗大经说："士岂能长守山林，长亲蓑笠？但居市朝轩冕时，要使山林蓑笠之念不忘，乃为胜耳。……荆公（王安石）拜相之日，题诗壁间曰：霜

---

① （宋）杨亿：《景德传灯录序》，《大正藏》第51册，第196页下。

松雪竹钟山寺,投老归欤寄此生。……山谷(黄庭坚)云:佩玉而心如枯木,立朝而意在东山。"① 在当时,士大夫精神上退隐的最好去处,莫过于禅了。另外,宋代士人一般从科举入仕,文化修养良好,钻研和创造禅宗典籍对他们有特殊的吸引力。许多重要语录、灯录的编订和修改,都有士大夫的参与。宋代士人乐于为名僧语录作序,犹如唐代文人乐于为禅师高僧撰写碑铭一样。在两宋时期,文人们支持文字禅的力度,要远远大于他们支持其他禅法的力度。

二 文字禅的发展历程

宋代围绕语录公案展开的文字禅有四种形式,也可以说是公案之学发展的四个阶段。其中,"拈古"是以散文体讲解公案大意,"代别"是对公案进行修正性或补充性解释,这两者都起源于宋代之前。"颂古"是以韵文对公案进行赞誉性解释。这里需要指出的是,颂古之作可以称为"禅诗",但禅诗并不仅仅等于颂古,禅诗还包括颂古之外的禅学诗作。"评唱"是结合经教对公案和相关颂文进行考证、注解以发明禅理。颂古与评唱这两者都起源于北宋。一般说来,能够主导禅学发展方向,并能够发挥多方面理论作用和社会功能的文字禅形态,是代别、颂古和评唱。

"代别"是"代语"和"别语"的复合词。所谓"代语",原有两个含义:其一是指问答酬对间,禅师设问,听者或懵然不知,或所答不合意旨,禅师代答的话语;其二是指古人公案中只有问话,没有答语,代古人的答语。所谓"别语",是指古人公案中原有答话,作者另加一句别有含义的话。二者区别不大,都是对古人或他人禅语的发挥。由于云门语录中多有代语和别语,一般认为"代别"以云门为始。进入宋代,首先是汾阳善昭(947—1024)利用这种形式,将禅引导到发掘古人意旨方面,更确切些说,是借用古代公案,表达自己的思想。他曾说明创作公案代别的原因:"室中请益,古人公案未尽善者,请以代之;语不格者,请以别之,

---

① (宋)罗大经:《鹤林玉露》丙编卷五。

故目之为代别。"① "未尽善者"和"语不格者"的意思相同，都是指公案的语意未尽，需要添加"代语"或"别语"，作进一步的揭示，也就是对公案作修正性解释。善昭的代别之作保存于他的《公案代别百则》和《诘问百则》中。

综观善昭的两百首代别之作，其中虽有一些精彩的部分，但大多数平淡无奇，有些甚至不如原来的语言含蓄生动。善昭着意追求语言上的"善"和"格"，就是要用自己的标准去统一公案的答句。这当然是不可能的。因为，代别之作同公案的选择一样，真正的目的不是发明古圣意旨，而是借题发挥，既可以作为言谈往交的口实，也是阐述自己思想观念的途径。每一位禅者都会热衷于发明更新的"代别"，以表明自己掌握了禅理，已经心明而智达。所以，任何一则公案都永远不会有某个固定的标准代别答语。实际上，善昭创作的诸多代别语句始终没有盛行于禅林。

但是，善昭鼓励运用代别这种形式追求玄言妙语，长久影响禅学的发展。宗杲曾指出："近年以来，禅有多途……或以古人入道因缘（指公案），聚头商榷云：这里是虚，那里是实，这语玄，那语妙，或代或别为禅者。"② 由此可见，直到南宋初年，追求玄言妙语的代别依然是禅林普遍存在的现象。即使南宋之后，这种现象依然存在。

由于代别成为一种时髦，禅师们普遍希望通过与众不同的新奇语句，显示自己的心明智达，以至于同一问句，会出现多种不同答语。这样一来，"古圣"那些多具深意的佳言机语，在不断花样翻新的代别中变成了无聊的戏言。圆悟在《枯崖漫录》中叙述了一个颇有代表性的例子，并予以评论：

> 金华元首座，刚峭简严，丛林目为饱参，见等庵于白云，始了大事。僧问：如何是佛？曰：即心即佛。问：如何是道？曰：平常心是道。问：如何是祖师西来意？曰：赵州道底。闻者皆笑。后有僧问：如何是佛？曰：南斗七北斗八。问：如何是道？曰：猛火煎麻油。

---

① （宋）楚圆集《汾阳无德禅师语录》卷中，《大正藏》第47册，第613页下。
② （宋）蕴闻编《大慧普觉禅师语录》卷三十，《大正藏》第47册，第941页中。

问：如何是祖师西来意？曰：龟毛长数丈。传者皆喜。嘻，若如此辨验答话，不惟埋没己灵，抑亦辜负前辈！①

代别之流风所及，使老实简严的禅师也不得不刁钻古怪起来。而禅宗"前辈"们的不无苦心的"断流语"，变成了一片油腔滑调。这自然引起正派禅师的谴责。实际上，高层次的士大夫对此也不满意。岳珂说："今之言禅者，好为隐语以相迷，大言以相胜，使学者佅佅然益入于迷妄。"②这"隐语""大言"可以成为代别者追求妙语玄言的注解，其在宋代禅宗中始终十分盛行。

"颂古"是以韵文对公案进行的赞誉性解释，它不仅是研究公案的方法，而且是教禅学禅、表达明心见性的手段。善昭首创颂古，是对宋代禅学的又一促进。在北宋以后的禅史上，颂古比代别具有更大的影响。由于得到士大夫的特别喜爱，它有着很强的生命力和感召力。

善昭的颂古之作是《颂古百则》，选择百则公案，分别以韵文阐释。他在其后作《都颂》，阐述选材的原则、作用和目的："先贤一百则，天下录来传。难知与易会，汾阳颂皎然。空花结空果，非后亦非先。普告诸开士，同明第一玄。"③ 意谓他选用公案的标准主要是择优，不论宗派，唯以禅林公认的"先贤"言行，作为弘禅证悟的典型范例流通天下。这反映了善昭力图融合禅宗各家宗风的倾向，也为日后多数禅师所接受，成为共识。当然，由于各选家的眼光不同，水平有别，所选公案也就不会完全一致。善昭认为，公案中的古德言行或机缘，有的晦涩难懂，有的易于理解，颂古都应该使其清楚明白，便于学者同明"第一玄"（即禅理）。他的《都颂》明确宣示：禅既可以通过文字"普告"学者，学者也可以通过文字去"明"。这一主张在他的颂古实践中得到更明朗的表现。

北宋末年的圆悟克勤曾给颂古下过一个经典性的定义："大凡颂古，只是绕路说禅。"④ 意思是说，颂古不是照直把古圣的意旨叙述出来，而是

---

① （宋）圆悟录《枯崖漫录》卷上。
② （宋）岳珂：《桯史·解禅偈》。
③ 《汾阳无德禅师语录》卷中，《大正藏》第47册，第613页下。
④ 《碧岩集》卷一，《大正藏》第48册，第141页上。

绕着弯表达禅理，这也是禅宗常讲的"不点破"的原则。但事实上，善昭的颂古特点远非如此，他总是从公案的事实出发，推论出古圣的意旨来。例如，《俱胝一指》这则公案，说的是唐代俱胝和尚，每遇有人向他问禅，他都不多说话，只竖起一个指头，表示回答。善昭的颂文是："天龙一指悟俱胝，当下无私物匪齐。万互千差宁别说，直教今古勿针锥。"① 意思是说，俱胝和尚竖一指悟人的方式，是从天龙和尚那里学来的，因为他就是从一指得悟。"一指"喻一以贯之，在千差万别的世界中，要把握它们的统一性，佛教通常或指"空"，或指"心"，善昭给予的解释是"无私物匪齐"。"无私"即"无我"，"无我"即"性空"，所以从"无私"的角度看世界，无物不是齐一的。至于俱胝和尚的本意是否如此，是另一个问题，但善昭在这里没有故弄玄妙，是很明显的。可见他的颂古，有很大成分是为了普及禅知识。可以说，善昭的颂古代表了颂古的初始形态。

善昭之后，颂古之风弥漫禅宗界，成了明心见性的重要手段，颂古本身也经历着变化。到了雪窦重显（981—1053），受汾阳善昭的影响，作《颂古百则》，把宋初的颂古之风推向高潮，风靡整个禅林，几乎所有能提笔的禅僧都有颂古之作，所有参禅者都要钻研颂古，所有的名禅师都发表对颂古的评说。于是颂古著作剧增，构成了禅宗典籍的重要组成部分。到南宋中期，一些禅僧把它们从众多的单行语录本中抽出来，分门别类，汇集成册，以利参学。池州（安徽贵池）报恩光孝禅寺僧人法应，花了三十年时间收集颂古之作，于淳熙二年（1175）编成《禅宗颂古联珠集》，"采摭机缘（公案）三百二十五则，颂（即颂古）二千一百首，宗师（即作颂古的禅师）一百二十二人"。元代钱塘沙门普会，接续法应的工作，从元代元贞乙未年（1295）开始，用了二十三年，编成《联珠通集》，"机缘先有者，颂则续之，未有者增加之"。因此，"加机缘又四百九十又三则，宗师四百二十六人，颂三千另五十首"②。从这些远不能囊括宋代全部颂古之作的集子中，大体可见它席卷禅林的规模。

大师的颂古，各有自己的特点，所以在善昭之后，颂古也经历了一个

---

① 《汾阳无德禅师语录》卷中，《大正藏》第47册，第609页上。
② 《禅宗颂古联珠通集序》，《续藏经》第一辑二编第20套。

演变过程。影响最大的作者有四位，即云门宗的雪窦重显和曹洞宗的投子义青、丹霞子淳以及宏智正觉。其中以重显的《颂古百则》尤具创新意义。如果说善昭制作了颂古的雏形，重显就是使之成熟，他们代表了宋代颂古的两种基本类型。

《俱胝一指》，前有善昭的颂文，重显也有关于此则公案的颂文："对物深爱老俱胝，宇宙空来更有谁？曾向沧溟下浮木，夜涛相共接盲龟。"重显讲解公案带有情感色彩。前两句的大意是：从真谛看，宇宙本空，无物我之别；然而对世间种种苦难，俱胝和尚在应机接物时以一指度人的苦心，令人赞叹。后两句引用《法华经》关于"如一眼之龟值浮木孔，无没溺之患"的寓言，说明俱胝和尚以一指示人，如同在夜幕笼罩下波涛汹涌的大海投放一浮木，拯救沦于生死苦海中的芸芸众生。由此，引经据典构成了颂古的又一特点。"雪窦《颂古百则》，丛林学道诠要也，其间取譬经论或儒家文史，以发明此事。"①

重显好用儒释经典，又善于融入情感，使他的颂古之作显得富赡华丽，文词可读，这与善昭颂文之"殊不以攒华累锦为贵"，是很不相同的。重显有很好的文学素养，其上堂小参、举古勘辨，都很注意辞藻修饰。元代行秀曾把禅宗中有重显、正觉，比作诗坛之有李白、杜甫。这样的评价不一定恰当，但确实反映了一种追求。后来的禅僧纷纷仿效，推动禅宗走上舞文弄墨、着意于文字华丽一途，以至于本来注重的"玄言"，演变成辞藻之学。对此，一些崇尚朴实的禅僧颇为不满，心闻昙贲说："天禧间，雪窦以辩博之才，美意变弄，求新逐巧，继汾阳为《颂古》，笼络当世学者，宗风由此一变矣。"②

尽管如此，重显的颂文并没有完全脱离公案。由于他着力在艺术的表现，语义愈加模糊，有利于人们的联想，所以特别能为文学之士喜爱。但他的后学们却因此而抛开公案，使人无法理解颂文是什么意思了。圆悟在《枯崖漫录》中记：

---

① 《碧岩集·关友无党后序》，《大正藏》第48册，第224页中。
② 《禅林宝训》卷四，《大正藏》第84册，第1036页中。

> 临安府净慈肯堂育禅师，余航人，嗣颜万庵，风规肃整，望尊一时，颂"即心即佛"云：美如西子离金阙，娇似杨妃下玉楼，终日与君花下醉，更嫌何处不风流。①

作这样颂古的禅师，竟然是"风规肃整，望尊一时"者，可见当时禅林风气之一斑。诸如此类的颂古，多是助人优游消闲，很难说有多少禅韵，很难说有什么弘扬禅理、驱迷启悟的功能。

与诠释公案相联系的文字禅的最高形式或最后阶段，是所谓"评唱"。在宋代出现的唯一评唱体语录，是圆悟克勤的《碧岩集》。它是迎合对颂古进行再解释的需要而产生的。因为颂古有"绕路说禅"的特点，在解释公案方面有局限性。大多数禅僧因历史知识和佛学修养的限制，理解颂古有困难。例如，到北宋末年，许多禅僧对重显的颂古之作已经是"银山铁壁，孰敢钻研；蚊咬铁牛，难为下口。不逢大匠，焉悉玄微"②。正是在这种情况下，克勤作《碧岩集》，用评唱直截了当地解说公案和颂古。

《碧岩集》以重显《颂古百则》所选的一百个公案为骨架组织起来，共分十卷，每卷解释十个公案和相应的颂古，形成十个部分；每一部分都有五项内容，第一是"垂示"，是对公案和颂文总的说明，克勤对公案、颂文的解释，都围绕"垂示"展开。第二是公案"本则"，即列举重显《颂古百则》所选的公案。第三是雪窦的"颂文"，即复述重显原著的颂文。第四是"著语"，是克勤给公案本则和重显颂文作的夹注，也称"下语"，文字简短，多则十余字，少则三五字，有时只有一个字；形式多样，有书面语，也有口语、俗语、谚语，大多具有点评性质，或称誉，或嘲讽。著语实际上就是机语。最后一项"评唱"，是克勤对公案和颂文的正面解释。这是《碧岩集》的主体部分，分散在公案本则和颂文之后。

综观克勤的评唱之作，有一个特别引人注目的现象，就是通过大量引用传统佛教典籍和禅宗经典，对公案和颂文的每一句话进行细致考证。而考证的结果，就是说明颂文和公案无论从表面上看来有多么大的差别，都

---

① （宋）圆悟：《枯崖漫录》卷上。
② 《碧岩集·普照序》，《大正藏》第48册，第139页上。

毫无例外地表达相同的禅宗主旨。禅法思想的单一和文字考证的烦琐，由此成为《碧岩集》的最显著特点。由这一特点引发出了两种倾向。其一，克勤把丰富多彩、表现着诸多禅僧生活和社会内容的禅思想，统归到一个框架之中，使得禅也贫困化起来。例如，无论在《碧岩集》中，还是在他的《语录》或其他著作中，克勤凡讲解公案、颂古时，经常总结："古今言教，机缘公案，问答作用，并全明此"，"古人举一机一境，皆明此事"。这里的"此"，也就是"不立文字，直指人心，见性成佛"[①] 的禅宗宗旨。这正是克勤诠释所有公案和颂文的基本原则。其二，克勤把公案、颂文和经教三者结合起来，通过细密的考证和详细的讲解，用大立文字的方法支持"不立文字"的宗旨，结果将人引进了烦琐的考证，把用文字说禅的思潮推到顶峰。北宋末到南宋初的一段时间，《碧岩集》被禅僧们视为最主要的经典，人手一册，朝诵暮习。

三 文字禅的理论依据

禅宗从产生之日起，就带有鲜明的个性特征，它贬抑传统经典，轻蔑文字语言，摒弃知性思维，强调直观体验。如果说菩提达摩的"藉教悟宗"[②] 把文字经典作为证悟的手段，那么，慧能的"本性自有般若之智，自用智慧观照，不假文字"[③]，就有着改变菩提达摩初衷的倾向，确定了禅宗对待文字语言态度的基调。根据《祖堂集》记载，怀让（677—744）去见慧能，慧能劈头就问："什么物与摩来？"怀让回答："说似一物即不中在。"[④] 此句答语很有影响，说明禅僧普遍认可了语言对于描述禅境体验的局限性。但是，这种语言的局限性在唐末五代曾一度被绝对化，出现了呵佛骂祖、非经毁教的极端言行。很显然，文字禅的发展绝对不能建立在这样的理论基础上。

在宋代禅宗史上，从不同角度论证文字禅合理性的人很多，包括为推

---

① 《碧岩集》第一则〈圣谛第一义〉，《大正藏》第48册，第140页上。
② 《续高僧传·菩提达摩传》，《大正藏》第50册，第551页下。
③ 敦煌本《坛经》第28节。
④ 《祖堂集》卷三。

动文字禅发展做出巨大贡献的善昭、重显和克勤，都有这方面的言论。其中最有代表性的是善昭和慧洪。

按照善昭的说法，古代禅师的言行是"随机利物"，学者因之而"各人解悟"。所以，禅师以文字语言示禅，学徒通过文字语言解悟，文字语言成了禅可"示"可"悟"的中介。参究古人语录公案，等于悟解禅的真谛，故亦名"参玄"。这种从古人语录上把握禅理的主张，同沙门义学从三藏经论中把握佛理的做法，没有什么原则区别，都是把言教看成是第一位的。然而，善昭特别把禅学与义学进行了区别：

> 夫参玄大士，与义学不同，顿开一性之门，直出万机之路；心明则言垂展示，智达则语必投机；了万法于一言，截众流于四海。①

禅之所以优于义学，仅在于"顿开""直出"，而不是拖泥带水；在于"一言"而"了万法"，没有那么多的烦琐注疏。至于语言，仍然是垂示、了法和参玄投机的钥匙。

善昭的这些主张，代表了中国禅宗演变的一个方向，从"说似一物即不中"，经过五代十国对语录公案的自发讨论，转成了"了万法于一言"的理论自觉。有了这样的认识转变，参禅就可以变成名副其实的"参玄"，追求对禅境的直观体验，就可以变成追求含"玄"的语录公案。

禅宗史上一个十分有趣的现象，就是从北宋末直到明清的一些反对以文字为禅的僧人，往往把批判的矛头指向倡代别创颂古的善昭，指向把颂古之风推向高潮的重显，指向开评唱之作先河的克勤，对于慧洪与文字禅的关系，则很少有人提及。实际上，继善昭之后，进一步从理论上为文字禅合理性寻找根据的禅师，应该首推慧洪，这是一般人所没有意识到的。

慧洪（1071—1128）字觉范，号寂音，江西筠州（高安）人。作为北宋时期一位最具眼光的禅史学家之一，他的《禅林僧宝传》《林间录》等都有重要的史料价值，特别是其中的史学评论，在当时和后代都具权威性；作为一名临济宗禅师，他先后住持过临川北禅寺、金陵清凉寺等多处

---

① 《汾阳无德禅师语录》卷下，《大正藏》第47册，第619页中。

寺院，精通禅学，与当时有影响的著名禅师关系密切，享誉于江南丛林；作为一名饱学僧侣，他博闻强记、精通佛典、才华出众并有政治头脑，知名于京城及江南士大夫阶层；作为一名文字禅的倡导者，他把辑录自己诗、偈、书、序等的书定名为《石门文字禅》，并在许多著作中论述文字禅的历史及其合理性。慧洪个性突出，任性不羁，屡触当道，因此一生坎坷，三度入狱。这些性格特点反映在学术上，表现为其著作驰骋纵横有余，严谨周密不足，某些偏激的观点或失实的记述，常为史学家所讥。

慧洪反对把禅与语言文字割裂开来，他指出："禅宗学者，自元丰（1078—1085）以来，师法大坏，诸方以拨去文字为禅，以口耳受授为妙。"① 对此他很不以为然。他特别推崇汾阳善昭，认为"淳化（990—994）以后宗师，无出汾阳禅师之右者"。因为善昭重视临济义玄提出的"三玄三要"，并通过对它的新解释，追求玄言，提高文字语言在明心见性过程中的功能。慧洪就是联系讲解善昭关于三玄三要的颂文，实现以文解禅的。他说："言通大道，不坐平常之见，此第一句也，古（指荐福承古禅师）谓之句中玄。"② 以"言"来沟通"大道"，成为慧洪所倡文字禅的基本特色，并且在许多著作中有反复论证。

慧洪指出："心之妙不可以语言传，而可以语言见。盖语言者，心之缘，道之标帜也。标帜审则心契，故学者每以语言为得道浅深之候。"③ 这里的"心"就是"大道"。心的神妙不可用语言传递，即语言不可能完全代替以心传心的修证，但是心可以用语言表现。心表现为语言，语言就成了大道的外在标帜，标帜明晰了，心即契会了。所以，"得道"与否，就可以从其所使用的语言上来衡量。据此，禅宗的修持自然也要归结到运用语言的技巧上来。

慧洪很注意禅师在应机接物过程中的语言运用，他曾借曹洞宗僧人之口，批评某些公案记录的语言，谓："古人纯素任真，有所问诘，木头、碌砖，随意答之，实无巧妙。"所谓"实无巧妙"，本质上是指那种不事

---

① 《石门文字禅》卷二十六。
② （宋）慧洪：《临济宗旨》。
③ 《石门文字禅》卷二十五。

雕琢、缺乏文采的断流语。他认为："借言以显无言，然言中无言之趣，妙至幽玄。"① 用语必须蕴含"无言之趣"，使人能体会到"幽玄"之旨，那才是值得肯定的。显然，要使用这样巧妙的语言，参禅者必须具有足够的文化修养。北宋以文字为禅的禅师，大都具备这样的条件。

文字禅特别能为士大夫所接受，苏东坡是其中突出的一位。慧洪评论说："东坡居士，游戏翰墨，作大佛事，如春形容，藻饰万象。"② 肯定、运用文字禅的禅师和士大夫，既使文学走进佛事达到了自觉，也使文学步入禅境达到了自觉。北宋文字禅的兴盛，把有文化的禅师与士大夫联系得更紧密了，也把禅与文学联系得更紧密了。

四　重解悟与重证悟

克勤之后，禅宗界兴起两个表面看来与文字禅势同水火，实际上又相互联系的禅法，即宏智正觉的"默照禅"和大慧宗杲的"看话禅"。简略分析这两种禅法，以及他们对文字禅的态度，有助于深入认识文字禅。

正觉（1091—1157）是曹洞宗僧人，他在禅宗史上最主要的贡献，是倡导和完善了默照禅，为注重坐禅提供了可资依据的理论。默照禅的主要特点，是把静坐守寂作为证悟的唯一方式。通过静坐默究，既要达到休歇向外攀缘之思的目的，也要达到不为外在因缘流转的目的，这就是"净治揩磨"的功夫。默照禅既有别于动静语默皆是禅的南宗潮流，也不同于向北宗坐禅的回归，在很大程度上是吸取《庄子》入禅的结果。正觉所说明的默照禅的特性，集中表现在"静应诸缘"和"默容万象"上，所谓"形仪淡如，胸腹空虚。懒不学佛，钝不知书。静应诸缘而无外，默容万象而有余。齐物而梦蝶，乐性而观鱼，渠正是我兮我不是渠。"③ 不论世界天翻地覆，不管时事是非曲直，我皆以"静"应，以"默"容，令渠我相忘于静默中，感受到梦幻般的逍遥和解脱。

---

① 《石门文字禅》卷二十五。
② 《石门文字禅》卷十九。
③ 《宏智正觉禅师广录》卷九，《大正藏》第48册，第105页上。

大慧宗杲在激烈批判默照禅的基础上，倡导和完善了"看话禅"。这种禅法与公案既有联系，又不同于对公案的解释。所谓"看话"，指的是参究"话头"；而"话头"，指的是公案中的答语，并非公案全部。他对如何看话头有一个总纲性的说明："但于话头上看，看来看去，觉得没巴鼻，没滋味，心头闷时，正好著力。切忌随他去。只这闷处，便是成佛作祖、坐断天下人舌头处也。"① 看话禅反对理解和解释公案，也反对思考所参话头的意义，而是要人们经过长期的参究实践，达到一种特殊的心理感受，从这种感受中获得证悟体验。而所谓"悟"，是在不受主观意志支配情况下瞬间出现的。宗杲对证悟之后的情况是这样描述的："儒即释，释即儒；僧即俗，俗即僧；凡即圣，圣即凡；我即尔，尔即我；天即地，地即天；波即水，水即波。酥酪醍醐搅成一味，瓶盘钗钏熔成一金，在我不在人。得到这个田地，由我指挥，所谓我为法王，于法自在，得失是非，焉有罣碍？"② 通过参究话头的长久训练，促成认识上的突变，确立一种视天地、彼我为一的思维模式，才能获得自我，达到自主，在现实生活中任性逍遥。这是看话禅全面追求的终极目标。

然而，无论是正觉还是宗杲，都不反对作为文字禅主要内容之一的颂古。这是一个值得重视的现象。正觉在倡导静坐守寂的默照禅的同时，不仅不排斥颂古，相反还积极参与和支持。他本人的颂古之作就十分著名，被视为继善昭之后的北宋四位颂古名家之一。

至于宗杲，其事例就更为特殊了。宗杲曾火烧其师克勤的《碧岩集》，禁止该书流行。实际上，他这样做是为了纠正禅僧以记忆《碧岩集》中的语句作为悟道的弊病，而不是从整体上反对文字禅。宗杲对颂古非常推崇，认为颂文与传统佛教的经典可以相提并论。他在写给一位士大夫的信中说：既然你喜读《圆觉经》，不妨把我的一首颂文拿来，"但将此颂放在上面，却将经文移来下面，颂却是经，经却是颂。试如此做工夫看。"③ 根据《大慧普觉禅师年谱》记载，绍兴三年（1133），宗杲与东林珪禅师

---

① （宋）蕴闻编《大慧普觉禅师语录》卷二十八，《大正藏》第47册，第934页中。
② 同上书，第932页中。
③ 同上书，第936页中。

选取公案一百一十则,"各为之颂,更互酬酢,发明蕴奥。斟酌古人(指公案中记录的前代禅师)之深浅,讥诃近世之谬妄"。显然,宗杲要通过创作颂古,发掘公案蕴藏的奥义,并且纠正当时的禅学流弊。这与他倡导看话禅的目的并不冲突。宗杲禁止《碧岩集》的流行,也是旨在纠正文字禅之弊,而不是要完全剿灭文字禅。这一点从他的实践中明确反映出来了。

毫无疑问,默照禅与看话禅在修行方法、指导思想等方面存在许多差别,但是它们在强调修禅的心理体验方面,则是完全一致的,尽管它们要求体验的具体禅境有不同。与文字禅相比较,这两种禅法注重直观体验的"证悟",即注重宗教的心理体验;文字禅则注重知性思维的"解悟",即注重通过学习经典而达到的认识转变。实际上,作为整体的禅学,这两个方面是相互补充的,抛弃任何一个方面,或者用一方取代另一方,都失之偏颇,既不利于禅僧的个人修行,也有碍于佛教的健康发展。当时许多有影响的禅师都认识到了这一点,力倡默照禅和看话禅的正觉与宗杲也不例外。

(原载《中国禅学》第1卷,中华书局2002年版)

祖师崇拜中的菩提达磨[*]

——以宋代禅学为中心

隋唐时期产生的佛教宗派，对以后佛教的发展产生了多方面持久、深刻的影响。其中，那些因为在创宗建派过程中有突出贡献而被奉为各派祖师的人物，对唐中期以后的佛教演变影响尤其巨大。特别是从唐末五代开始，随着佛教各宗派不均衡发展态势的加剧，禅宗逐步成为最有影响的一个派别，作为其东土初祖的菩提达磨，在促进祖师崇拜盛行方面发挥了十分重要的作用，成为中国佛教中祖师崇拜的集中体现者。

到7世纪，菩提达磨从一位重要的西来传教弘法僧人，开始被多个禅派塑造为禅宗的祖师。在宋代之前，特别重要的事件有二。其一，法如（638—689）在少林寺首次确定禅宗的传法系谱，把菩提达磨奉为禅宗东土初祖。由于这是第一次确定东土祖师，并且与少林寺作为祖师圣地相联系，所以很有影响。其次，慧能南宗把达磨奉为东土初祖，并且写在禅宗最重要的经典《坛经》中。由于慧能一系成为后世禅宗众多支派繁衍的总源头，所以，这里的说法以后也就不能更改了。

进入宋代以后，禅宗僧人对作为东土初祖的达磨进一步塑造：他是正宗佛法的唯一传播者，在佛教中的地位仅次于释迦牟尼，可以与儒教中的孟子相提并论；他的禅法思想以教外别传、不立文字、直指人心、见性成佛为究竟，并且成为衡量禅法或正或邪、或对或错的唯一标准；他是所有创新禅法理论和实践的提倡者，每一种禅法的变革，都会追溯到对其禅学的重新诠释和理解上，甚至把佛教之外的理论和实践引入禅门也要打着他

---

[*] 菩提达磨在唐代文献中多作"菩提达摩"，宋代及以后的文献中多作"菩提达磨"，同时"磨"与"摩"混用的情况也时常出现。

的旗号。这些就是作为祖师的达磨在宋代所具有的主要形象要素，这种精神领袖形象只有在祖师崇拜盛行的大背景下才能出现，而祖师崇拜正是世俗宗法制度在佛教中的反映，是维系中国佛教发展不可或缺的条件。本文拟联系宋代禅学的实况，简略叙述祖师崇拜中的菩提达磨。

一

北宋初年，在塑造达磨祖师形象的过程中，有两个事件至为重要。首先，《景德传灯录》全面收集了有关菩提达磨的各种历史资料和传说，撰成《菩提达磨传》，成为记录达磨作为祖师的最全面、最权威的资料库。后代有关达磨的公案、故事，几乎都从这里获取。其次，契嵩对达磨作为祖师进行了超出前代任何人的论证，最终奠定了达磨在中国禅宗史和中国佛教史上不可替代的地位。

契嵩曾作《传法正宗记》、《传法正宗论》和《传法正宗定祖图》，以厘定禅宗传法世系为主要目的。同时，他也在这些著作中煞费苦心地论证达磨的地位。通过颂扬达磨的传法功德，确定禅宗在佛教中的正宗地位，并且最终适应中国佛教发展的需要，为后代禅宗的传法宗师们确定在佛教中的正宗地位。

到契嵩时代，禅宗已流行了两三个世纪，关于菩提达磨到慧能的禅宗东土六祖说已成公论。但是，关于禅宗在西土传承的神话仍有异议。天台宗僧人"颇执《付法藏传》以相发难，谓所传列二十四祖，至师子祖而已矣，以达摩所承者，非出于师子尊者"[1]。针对"虽一圆颅方服之属，而纷然相是非"的局面，契嵩决心"推一其宗祖，为天下学佛辈息诤释疑，使百世而知其学有所统"。于是他"力探大藏，或经或论，校验其所谓禅宗者，推正其所谓佛祖者"[2]。依据《宝林传》等，确定了禅宗"西天二十八祖"的传法系谱，而后成为禅门定论。实际上，确定禅宗传法系谱的一个关键内容，就是要重新塑造达磨的形象和确定他在佛教史上的

---

[1] （宋）契嵩：《传法正宗论》卷上。
[2] 《再书上仁宗皇帝》，见《镡津文集》卷九。

地位。

在契嵩看来,达磨西来传法,其影响和价值,要超过传说最初把佛教传入中土的摄摩腾、竺法兰。他在《传法正宗记》卷五指出:

> 佛法被震旦四百八十四年至乎达磨,而圣人之教益验,其道益尊,故曰:菩提达磨之功德,抑又至于摩腾、法兰。曰:何以然?曰:教虽开说者万端,要其所归,一涅槃妙心而已矣。夫妙心者,虽众经必使离乎名字分别而为之至,然而后世未尝有能如此而为之者。及达磨始不用文字,不张门户,直以是而传之,学者乃得以而顿至,是不亦教之益验乎!其心既传,而天下知务正悟、言性命者,皆推能仁氏之所说为之至当,不亦其道益尊乎![①]

达磨的功德之所以超过摄摩腾和竺法兰,在于他不立文字,传佛心印。这是契嵩的一贯认识。契嵩重视《坛经》,于元和三年(1056)完成《坛经》校订。他在所著《坛经赞》一文中,坚持禅宗"教外别传"之旨,认为"以佛后摩诃迦叶独得大法眼藏为初祖,推而下之,至于达磨为二十八祖,皆密相付嘱,不立文字,谓之教外别传者"。而别传的核心,是"传佛心印"。他之所以重视《法经》,就在于"《坛经》者,至人之所以宣其心也。何心耶?佛所传之妙心也"[②]。此"妙心",正是他融合三教的哲学基础。这也就是说,在数百年的佛教传播中土历史中,只有菩提达磨所传是正宗的佛法,是佛法的究竟。所以,他的功德不仅是其他来华传教的高僧所无法相比的,而且也不亚于有首创之功的第一批传法僧人。

契嵩认为,达磨传佛心印对佛教的贡献,就如同孟子对儒教的贡献:"余尝以是比夫孟子之有德于儒者。夫孟子之前,儒之教岂无道哉!盖其道蕴而未著,及轲务专传道,而儒益尊显。"把达磨比作儒家的孟子,实际上是说,达磨在整个佛教中的地位仅次于释迦牟尼。我们可以看到,从北宋开始,在众多的禅师语录中,往往把"释迦老子"(或称"释迦文"

---

① 《传法正宗记》卷五。
② 《辅教编·坛经赞》。

等）与"达磨大师"（或称"金色老子"等）并列。这种突出的现象表明，契嵩的此类说法已经成为宋代禅师们心照不宣的共识。

在《续高僧传》的《菩提达摩传》中，道宣还没有把达磨作为祖师来看待，道宣当时所重视的，是达磨的传法事迹，禅法的主要内容和特点。但是，契嵩所关注的，则是达磨的正宗祖师地位和其传佛心印的至上禅法。对《续高僧传》中有违于达磨地位的记载，契嵩逐一进行修正：

> 或曰：《续僧传》以壁观、四行为达磨之道，是乎？非耶？曰：壁观婆罗门者，盖出于流俗之语也。四行之说，岂达磨道之极耶？夫达磨之徒，其最亲者慧可也，其次道副、道育。古今禅者所传可辈之言，皆成书繁然盈天下，而四行之云，亦未始概见，独昙琳序之耳。然琳于禅者，亦素无称，纵昙琳诚得于达磨，亦恐祖师当时且随其机而方便云耳。若真其道，则何只以慧可拜已归位而立，云汝得吾髓。此验四行之言非其道之极者也。

"二入四行"禅法，是道宣记载的达磨禅法最主要、最核心的内容，以后也基本没有大的变化。但是，契嵩却认为，这并不是达磨"其道之极者"，即不是达磨禅的真谛、究竟，原因在于，"二入四行"是祖师禅，他要证明达磨禅法是更高一等的"如来禅"：

> 夫达磨之道者，乃四禅中诸佛如来之禅者也。经曰：观如来禅者，谓如实入如来地故，入内身圣智相三空三种乐行故，成办众生所作不可思议。若壁观者，岂传佛心印之谓耶？然达磨之道，至乎隋唐已大着矣，为其传者自可较其实而笔之，安得辄从流俗，而不求圣人之宗？斯岂谓善为传乎！①

契嵩的论证方式有自己的特点，但是，在这一方面的结论，与宗密在《禅源诸诠集都序》中的说法一样，以如来禅解释达磨之禅、达磨之道。

---

① 上引均见《传法正宗记》卷五。

契嵩反对把达磨禅与曹溪禅割裂开来，只把他们看作是禅宗一家的祖师。在他看来，达磨作为东土初祖，不仅是慧能南宗的祖师，整个禅宗的祖师，同时也是整个佛教的祖师：

> 古者命吾禅门谓之宗门，而尊于教迹之外殊是也。然此禅要，既是吾一佛教之宗，则其传法要者，三十三祖，自大迦叶至乎曹溪，乃皆一释教之祖也。而浅识者妄分达磨、曹溪，独为禅门之祖，不亦甚谬乎。①

很显然，把达磨以及西天、东土的历代祖师奉为整个佛教的祖师，所谓"皆一释教之祖"，就是树立了禅宗在整个佛教中的正宗地位。

祖师崇拜实际上是中国社会宗法制度在佛教中的反映，是中国佛教发展的需要。树立达磨这样的初祖，实际上是为后代禅宗的传法宗师们争取正宗地位。契嵩当时已经清楚地看到了这一点。

> 曰：子谓必世世传受心印，永以为标正印验，何古之相承者，至乎曹溪而其祖遂绝耶？曰：祖岂果绝乎？但正宗入震旦，至曹溪历年已久，其人习知此法，其机缘纯熟者众，正宗得以而普传。虽其枝派益分，而累累相承，亦各为其祖，以法而递相标正印验，何尝阙然？亦犹世俗，百氏得姓，各为其家，而子孙相承，继为祖祢，则未始无也。但此承法虽有支祖，而不如其正祖之盛也。②

从达磨到慧能，都是祖师单传。在慧能之后，不是没有祖师了，而是因为正宗禅法广泛普及，能够做祖师的人更多了，所以，此前单丝孤线式的祖师递传，变成了"普传"。"普传"时代这些"承法"的众多"支祖"，自然没有以前"正祖"那样盛大，所以更需要证明传法的正宗性质。很明显，强调前代"正祖"的正宗地位，正是为了证明后代的众多

---

① 《传法正宗论》卷下，《大正藏》第51册，第781页。
② 同上书，第782页。

"支祖"们弘扬的是正宗佛法。祖师崇拜的盛行，正是适应了禅师弘禅传法的需要。

在契嵩时代，提倡祖师崇拜还有为禅宗争正统的目的。宋代以后，随着佛教内部各派思想融合的不断加深，在绝大多数情况下，宗派之别已经很难反映思想的不同。对于一般僧人而言，出身于或临济或曹洞，或宗门或教门，并没有什么重要意义。能够决定他们身份、地位以及是否赢得社会承认的一个关键因素，是他"嗣法阿谁"。也就是说，他是谁的弟子很重要，关键时刻会决定他在佛门中的进退荣辱。所以，传法系谱以后越来越受到重视。这些情况，同样与祖师崇拜有着密切联系。

二

对于宋代禅学发展的主流态势，我们可以作一个简单的概括。从北宋开始，以"代别"、"颂古"和"评唱"为主要内容的文字禅逐步成为显学。文字禅的思想和实践可以追溯到唐代，但是它形成与公案之学相联系的稳定形式，成为颇具影响力的禅学潮流，则是从北宋开始的。文字禅之所以能够产生，是因为禅宗上层人物在新的历史时期具备了放下锄杆，拿起笔杆的条件。文字禅的形成过程，也是禅宗新经典的创造过程，是禅学整合佛学各部分的过程。它能够风靡禅林，与宋代科举体制造就的士大夫群体，与宋代的官僚体制和士风特点等，有着密切关系。文字禅的兴盛，把有文化的禅师与士大夫联系得更紧密了，也把禅与文学联系得更紧密了。两宋之际，宏智正觉发挥唯识性空思想，吸收庄子入禅，力倡静坐默究为证道的唯一手段，弘扬默照禅法，形成了曹洞新宗风，影响很广。稍后，大慧宗杲融合儒释教义，主张通过直观参究公案中的"话头"，达到对诸法无别、以我为主的体验，进而能够在现实生活中"随缘任运，任性逍遥"，完善了临济宗的看话禅法。这种禅法也和默照禅一样，不仅吸引了众多禅僧，而且得到士大夫的响应。南宋初期以后，看话禅成为禅学的主流，超越了宗派界限。因此，到两宋之交，整体禅学的三大组成部分，即夹杂着棒喝的机语酬对，与公案相联系的文字禅，以及注重心理体验的看话禅和默照禅，就最终定型了。

在两宋历史上，尽管禅宗的修行实践和理论经历了上述的若干重要变化，但是几乎禅学的每一个发展，都和菩提达磨的名字联系在一起，无论哪种新禅法的兴起，都与对达磨及其思想的重新认识和诠释分不开。

因为各种形式的文字禅，都把禅宗最主要的思想归结为菩提达磨的创造，以便使新的思想具有权威性。在汾阳善昭的代别和颂古中，都有对达磨公案的诠释：

> 梁帝问祖师：如何是圣谛第一义？祖曰：廓然无圣。帝云：对朕者谁？祖云：不识。代云：弟子智浅。①

汾阳善昭《颂古百则》中的第一则公案，就是有关菩提达磨的：

> 二祖问达磨：请师安心。磨云：将心来，与汝安。祖云：觅心了不可得。磨云：与汝安心竟。九年面壁待当机，立雪齐腰未展眉。恭敬愿安心地法，觅心无得始无疑。②

因此，通过解释公案来理解禅学，绝对离不开对达磨公案的解释。这在宋代其他著名的代别、颂古中都可以发现。同时，这些公案都是取材于达磨成为祖师之后的材料，而不是以此前的《续高僧传》为准。

在克勤解释重显《颂古百则》的《碧岩集》中，第一则就是有关达磨的公案《圣谛第一义》。对于什么是"圣谛第一义"，克勤首先列举了教门和禅门的多种解释：

> 据教中说，真谛以明非有，俗谛以明非无，真俗不二，即是圣谛第一义。此是教家极妙穷玄处。帝便拈此极则处，问达磨：如何是圣谛第一义？磨云：廓然无圣。天下衲僧跳不出，达磨与他一刀截断。如今人多少错会，却去弄精魂，瞪眼睛云：廓然无圣。且喜没交涉。

---

① 《汾阳无德禅师语录》卷下，《大正藏》第47册，第616页下。
② 同上书，第607页下。

> 五祖先师尝说：只这廓然无圣，若人透得，归家稳坐。一等是打葛藤，不妨与他打破漆桶，达磨就中奇特。所以道：参得一句透，千句万句一时透，自然坐得断，把得定。

在他看来，教门人士的解释，以及禅门人士的应对，都是在文字上兜圈子，没有领会达磨这句答语的真谛。他认为：

> 达磨遥观此土，有大乘根器，遂泛海得得而来，单传心印，开示迷途，不立文字，直指人心，见性成佛。若怎么见得，便有自由分，不随一切语言转，脱体现成。①

这本是唐中期以来诸大禅师咀嚼过多少遍的老生常谈，他当作新的发现，贯彻到解释达磨公案和颂古之中。很显然，他是用这则公案来宣传禅宗"单传心印""不立文字，直指人心，见性成佛"的主旨。他把这种方法完全贯彻到解释其他所有的公案之中，所谓"古今言教，机缘公案，问答作用，并全明此"②。"古人举一机一境，皆明此事"③。这样，他把丰富多彩、表现着诸多禅僧生活和社会内容的禅思想，统归一个框架之中，使得禅也贫困化起来。但是，创作达磨这则公案的禅师是否是要表达这种思想，这种思想是否就是当年达磨所具有的，自然就用不着去考证深究了。因为，当时禅师们的主要目的，就是要借祖师的口来宣传禅宗的理论。无论善昭、克勤，还是其他倡代别、作颂古、习评唱的禅师们，都是如此。文字禅就是用大立文字的方法，支持"不立文字"的宗旨。

正觉倡导和弘扬的默照禅，实际上与达磨的二入四行禅法有很大区别，但是，他也要反复告诉参禅者，这两者是完全一致的：

> 寥寥冷坐少林，默默全提正令。④

---

① 上引均见《碧岩集》卷一。
② 《圆悟佛果禅师语录》卷十四。
③ 《击节录·德山示众》。
④ 《宏智禅师广录》卷二，《大正藏》第48册，第18页下。

坐照少林墙面意，湛明心地莹如冰。①

尘刹分身看化机，青烟几处午家炊。面墙坐照丛林事，持钵丐缘云水饥。②

豁净虚通入觉场，体前一段本来光。孤禅恰恰如担板，默照明明似面墙。③

正觉在正面论证默照禅法时，也注重向宗密所理解的达磨禅法靠拢。

真实做处，唯静坐默究，深有所诣。外不被因缘流转，其心虚则容，其照妙则准；内无攀缘之思，廓然独存而不昏，灵然绝待而自得。得处不属情，须豁荡了无依倚，卓卓自神，始得不随垢相。个处歇得，净净而明，明而通，便能顺应还来对事，事事无碍。④

倡导看话禅，反对默照禅的大慧宗杲也看到了这一点，他曾致书刘彦修说：

昔达磨谓二祖曰：汝但外息诸缘，内心无喘，心如墙壁，可以入道。……彦冲云：夜梦昼思十年之间，未能全克，或端坐静默，一空其心，使虑无所缘，事无所托，颇觉轻安。读至此不觉失笑。何故？既虑无所缘，岂非达磨所谓内心无喘乎？事无所托，岂非达磨所谓外息诸缘乎？⑤

所谓"内心无喘""外息诸缘"，是宗杲对于达摩禅的概括，在宋代，禅师们一般都直接把这些看作是达磨的原话。宗杲把默照禅与达摩禅挂钩，符合正觉的本意。宗杲借此，对于达摩的壁观，也给划定了一个有限

---

① 《宏智禅师广录》卷八，《大正藏》第48册，第88页下。
② 《宏智禅师广录》卷八〈机禅人出丐求颂〉，《大正藏》第48册，第90页下。
③ 《宏智禅师广录》卷八〈与观禅者〉，《大正藏》第48册，第92页中。
④ 《宏智禅师广录》卷六，《大正藏》第48册，第73页下。
⑤ 《大慧普觉禅师语录》卷二十七，《大正藏》第47册，第828页。

的范围，就是说："外息诸缘，内心无喘，可以入道，是方便门；借方便门入道则可，守方便而不舍则为病。"① 达磨禅只能是入道的手段，不能成为究竟的目的；而默照禅恰恰把手段当成了目的，所以称之为"病"。

宗杲虽然反对默照禅，但不一般地反对坐禅。他说：

> 今时学道之士，只求速效，不知错了也。却谓无事省缘，静坐体究，为空过时光。不如看几卷经，念几声佛，佛前多礼拜，忏悔平生所作底罪过，要免阎老子手中铁棒。此是愚人所为。②

他还告诉他的门徒：

> 虽然不许默照，却须人人面壁。既不许默照，为什么却须面壁？不见白云师翁（白云守端）云："多处添些子，少处减些子。"③

"面壁"（也就是坐禅）是达磨倡导的入道方便，是不能完全否定的，而且也是禅者修行中不可缺少的。但是，如果把它作为唯一目的，则不能容许。在他看来，尽管历史资料中并没有达磨倡导禅僧看话头的记载，但他所倡导的看话禅，却是与"明心见性"的达磨宗旨一致的。

三

在宋代，不仅正宗禅师要借达磨之口宣传新的禅法，那些让佛教屈从于道教，把道教养生术、神仙术引入禅门的禅师们，也是打着达磨大师的旗号。这种情况在两宋之交很盛行，用克勤的话说，就是"海内学此道者，如稻麻竹"，"其流浸广，莫之能遏"④。这是与当时的宗教政策直接

---

① 《大慧普觉禅师语录》卷二十五。
② 同上。
③ 《大慧普觉禅师语录》卷四。
④ 上引《圆悟佛果禅师语录》卷二十〈破妄传达磨胎息论〉，《大正藏》第47册，第809—810页。

相关的。

在北宋末年，对佛教产生直接影响的，是朝廷的宗教政策。宋徽宗排佛崇道，力图用道教神化自己的政权，于晚年推行佛教道化的措施。他自号"教主道君皇帝"，于宣和元年（1119）下诏说，佛教属于"胡教"，虽然"不可废"，但仍为中国"礼仪之害"，所以"不可不革"。于是改"佛号为大觉金仙，余为仙人、大士之号；僧称道士，寺为宫，院为观，即主持之人为知宫观事"①，还下令僧尼蓄发、顶冠、执简，完全按道教改造佛教，希望以此泯灭佛道的差别。这些措施虽然实行的时间不长，但对佛教还是产生了相当程度的影响。它促使一些禅僧引道教入禅宗，形成了禅学发展中的另一支流。其中最显著的，是把修禅与道教的胎息、长生等联系起来，将修禅的目的归结为长寿永年、羽化升天；同时用道教的观点解释禅宗史上的神话，使佛教屈从于道教。有意思的是，当时把神仙术引入禅门者，也是打着达磨大师的旗号。

克勤在《破妄传达磨胎息论》中说：

> 嗟见一流拍盲野狐种族，自不曾梦见祖师，却妄传达磨以胎息传人，谓之传法救迷情，以至引从上最年高宗师，如安国师、赵州之类，皆行此气。及夸初祖只履，普化空棺，皆谓此术有验，遂至浑身脱去，谓之形神俱妙。……复有一等，假托《初祖胎息论》，赵州《十二时别歌》，庞居士《转河车颂》，递互指授，密传行持，以图长年。及全身脱去，或希三五百岁。殊不知，此真是妄想爱见！②

宋代相当一部分士大夫也不满意将禅与养生术混为一谈，他们重视禅与老庄的思想结合，而不是吸收长生不老之类的方术。罗大经说：

> 老庄之意，以身为赘，以生为苦，以死为乐也。今神仙方士，乃欲长生不死，正与老庄之说背而驰矣。佛家所谓"生灭灭已，寂灭为

---

① 《宋大诏令集》卷二百二十四〈佛号大觉金仙，余为仙人、大士之号等事御笔手诏〉。
② 《圆悟佛果禅师语录》卷二十〈破妄传达磨胎息论〉。

乐"，乃老庄之本意。故老庄与佛，元不为二。①

尽管正统禅师和侧重寻求心理平衡的士人，都反对把禅归结为长生术的一种，但以长寿健身为目的的修禅人，在佛教中还是很普遍的。这种倾向自禅传入中土就已经存在，在天台宗创始者那里有突出发展。但是，使禅脱离佛教的基本教义而与道教一致起来，应该从北宋末年算起，可以说与徽宗崇道抑佛的政策导向有关系。

克勤在反对打着达磨的旗号把道教引入禅门的时候，依然是坚持着禅宗的主旨，他指出：

> 西方大圣人出迦维罗，作无边量妙用，显发刹尘莫数难思议殊特胜因，以启迪群灵。其方佛顺逆开遮，余言余典盈溢宝藏，及至下梢始露一实消息，谓之教外别传，单传心印。金色老子（指达磨祖师）以来，的的绵绵，只论直指人心，见性成佛，不立阶梯，不生知见。②

除了"教外别传，单传心印"，"直指人心，见性成佛"是菩提达磨所传的佛的真谛、究竟之外，其他的所有说法，都是不正确的。这是反对把道教引进禅门的依据，也是判定是否邪禅的标准。这种依据或标准之所以是不容置疑的，具有权威性的，原因只在于是祖师所传的。可以说，宋代佛教界普遍流行的这种现象，只有在祖师崇拜盛行的大背景下才能出现。

（原载《宗风》2009年春之卷，宗教文化出版社2009年版）

---

① 《鹤林玉露》乙编卷三。
② 《圆悟佛果禅师语录》卷二十〈破妄传达磨胎息论〉，《大正藏》第47册，第809—810页。

从伦理观到心性论

——契嵩的儒释融合学说

在融合儒释关系的佛教学说史上有两个集中探讨的方面,其一是伦理观,其二是心性论。北宋禅僧契嵩(1007—1070)兼顾两者,开辟了儒释融合学说的全新阶段,并确立了后世正统佛徒认识两教关系的基本原则。

从伦理方面寻找儒释两教契合点的方法,早在《牟子理惑论》等书中已被运用,其结论得到历代维护佛教人士的普遍认同。契嵩融合儒释两教,也是从承袭这种旧说起步,在其第一篇知名文章《原教》中,即以佛教的五戒十善会通儒家的五常。在《寂子解》中,他进一步提出:"今儒之仁义礼智信者,岂非吾佛所施之万行乎!"表明他自觉把佛教的一切言行规范(万行),纳入儒家的伦理范围。但从论证方式上讲,契嵩依然走着"格义"式比附的老路。

契嵩在伦理观方面的创新,不是体现在寻找儒释两教的共同点上,而是体现在公开承认儒家伦理对佛家伦理的支配地位上,契嵩在论述"孝"与"戒"的关系时,明确提出这一思想。他主张"以孝而为戒之端",认为"夫孝也者,大戒之所先也""为戒微孝,戒何自耶"?故经曰:"使我疾成无上正真之道者,由孝德也。"(《孝论》)被奉为万善之首的儒家核心伦理范畴"孝",成为佛家的戒之端,正觉之端。这样,尽孝成了觉悟成佛的必备前提。在国家社会生活中占主导地位的儒家伦理规范,最终在佛教中公开获得同等程度的尊奉。从此之后,与孝相联系的"忠",也更为佛教僧众所重视。

自佛教传入汉地,即兴起"福业"一途,经过数百年的发展演变,构成民间习俗的有机组成部分,至宋代基本定型。各种佛教法事,除了具有佛教特殊意义外，更多地具有维护、推广和神化儒家孝道的内容和作用。契嵩对孝的重新解释，本质上基于对这种佛教实践的真实反映，所以他的学说很快被普遍接受。

契嵩并不满足只从伦理方面确定儒释关系，他更为注重的是从心性方面倡导三教一致，这也是他继《原教》之后再作《广原教》的主要原因。《广原教》对"心"概念有多处集中论述，简言之，"心"具有哲学本体论和佛教伦理学的双重意义，它既是最高的精神存在、世界的本原，又与佛性同义。这样的"心"是绝对的、遍于一切的整体，没有任何对立和差别，所谓"一物犹万物也，万物犹一物也"。正因为如此，"心"具有离言绝相的性质，既不是有，也不是无，不可以言传，不可以相示，所谓"是可与至者知，不可与学者语"。

实际上，契嵩对"心"的描述和界定并无新意，只是把唐代已形成的禅宗心学理论予以系统整理，使之条理分明，井然有序。但是，他融合儒释的一系列主张，都牢固地安置在禅宗这一心学基础上。契嵩认为，三教圣人的行履、教诲和示范，都只是"心"，所谓"惟心之谓道，阐道之谓教"。释迦牟尼所传的"心"，既是佛教圣人之心，也是三教乃至百家圣人之心；既是天地之心，也是众生之心。所以，无论信奉何种教，都是信奉自己的本心。此前禅宗仅是把对佛的信仰转化为对自心的信仰，契嵩则把对三教百家的信仰统归于对自心的信仰，从而把禅宗传统的"自信其心"之说贯彻到最彻底的程度。这种用"心"统一三教百家的现实目的，自然是为佛教争得在三教中的平等地位。

契嵩从禅宗心学出发，着重讨论新儒学所热衷的"性情"问题。《广原教》对"性"和"情"分别有两个相互关联的规定，首先讲"性"：

> 夫性也，为真，为如，为至，为无邪，为清，为静。近之，则为贤，为正人；远之，则为圣神，为大圣人。圣人以性为教教人。
>
> 性也者，无之至也，至无，则未始无。出乎生，入乎死，而非死非生。圣人之道，所以寂焉，明然，唯感所适。

"性"是唯一的真实（"真"），诸法的实相（"如"），它非有非无，非死非生，非善非恶，清静无邪。从近言之，循性可以造就世间的正人君子；从远言之，见性可以成为大圣人，圣人以"性"成道，也以"性"教人。与此相联系，接着谈"情"：

> 情也者，有之初也，有有，则有爱；有爱，则有嗜欲；有嗜欲，则有男女万物生死焉。
>
> 夫情也，为伪，为识。得之，则为爱，为惠，为亲亲，为疏疏，为或善，为或恶；失之，则为欺，为狡，为凶，为不逊，为贪，为溺嗜欲，为丧心，为灭性。

契嵩把"情"当作"有"之始，与传统佛教把"无明"当作人之本、世之初的观点颇有差异。"情"具有不真实（"伪"）、受世俗认识左右（"识"）、受生灭无常规律支配（"变"）和兼具善恶等属性。这样一来，"情"被当作佛教对世俗世界诸特征的概括，相当于"有情世界"的"情"，而不仅仅是情欲性爱意义上的概念。因此，人的任何活动，都必然具有这些特征：爱惠、亲疏、善恶等，它的本质应是"无记"（非善非恶）。这里值得注意的是，得"情"者，性属"无记"，是善是恶全在得者的个人作为，而失"情"者，则肯定为全恶无善，欺狡凶戾，沉溺贪欲，以至于"丧心""灭性"。另外，就性与情的关系而言，是"情出乎性，性隐于情"，两者在对立中又有统一的方面。

实际上，契嵩所讲的性与情来自"心"的两个方面，他指出：

> 心必至，至必变；变者，识也；至者，如也；如者，妙万物者也；识者，纷万物、异万物者也；变也者，动之几也；至也者，妙之本也……万物之变见乎情；天下之至存乎性。以情可以辨万物之变化，以性可以观天下之大妙。善夫情性，可以语圣人之教也。①

契嵩用的"至"，相当于玄学喜用的"极""宗极"，指最高本体。

---

① 上引均见《广原教》。

"心"必然是最高本体，这一本体称之为"如"，此"如"必然变动而成为人的通常情"识"。这种宇宙发生论与《大乘起信论》构造的"一心二门"图式一致。契嵩的创新在于用"性"表示"如"，用"情"表示"变"，从而使他的议论同他的整个时代密切起来，有强烈的社会意义。情与性一样都是不可偏离的圣人"教道"。在解决热点问题上，契嵩坚持性情统一说，主张存情，没有完全走禁欲主义的道路。认为人之不能无情，在佛教内部独树一帜，它的社会意义，也比某些道学家积极。

在对"性"的规定方面，契嵩坚持佛教的正宗观点，批判儒家的人性论，特别把矛头指向孟子、韩愈（见《中庸解第四》）。他认为，所谓上智下愚，上善下恶，人与畜，如此等等差异，都属于情而不是性。孟子、韩愈等人所讲的"性"其实是"情"。因此，仅作为没有高下之分、善恶之别的人的先验本质——"性"，也是儒门人士所不能理解和把握的，因为他们仅是从自己的道德标准方面去分析和规定人的本质。不超越善恶等分别，不能谈性。此后达观昙颖禅师在《性辨》一文中沿着这条思路行进，谓"今古圣贤言性者，只得情也，脱能穷理，不能尽性"①，以此批评儒学，显示禅宗的理论优势。

契嵩也批评儒家的天赋性论，反对把"性"推源于"天命"。他在《中庸解第三》中说："夫所谓天命之谓性者，天命则天地之数也，性则性灵也。盖谓人以天地之数而生，合之性灵者也。"人需假天命而生，表明契嵩在细微处向儒家倾斜，但佛教的根本立场未变，只有与"性灵"相合的"天命"才能成人。"天命"属"数"的有限变化领域，"性"才是绝对的不变之理。

然而在对待"天命"问题上，契嵩最终还是做出了原则性让步。他在《论原·性德》中说："性，生人者之自得也；命，生人者之得于天者也。""性内也，命外也，圣人正其性而任其命，故其穷之不忧，而通之不疑也。"中国佛教历来认为，"天"属世间轮回范围，"业"是世界人生的决定因素，天地万有无非一心。因此，无论从宗教观念还是哲学

---

① 《云卧纪谭》卷下。

体系上看，佛教都不承认"天"有决定生人之"命"的作用，更不会承认"天"是存在于"性"之外，与"性"并行的独立力量。契嵩的说法，实际上完成了佛教最后臣服于君主专制的理论步骤。因为，"天"之在中国乃是君主的象征，君言代表了天命之所归。实际上，契嵩对正宗儒学的批判，不过是为佛教在儒学中找到一个恰当位置，并不是要凌驾于儒学之上。

契嵩根据自己的性情论，提出了"制性"说，进一步协调儒释两教在社会功能方面的关系。尽管凡圣之本"性"相同，但人"情"有善恶差别，所以圣人"垂迹"设"教"以"制情"。就佛教言，用以制情的是"五乘"之教。因为众生"其所成情习，有薄者焉，有笃者焉；机器有大者焉，有小者焉，圣人宜之，故陈其法为五乘"。其中，设前两乘教是因为"世情胶甚，而其欲不可辄去，就其情而制之"；设后三乘教是要引导其信徒"超然之出世"（上引均见《原教》）。

至于儒家，则是以"礼"制情，所谓"礼者，因人情而制中"。"厚生""弃死""男女""亲疏""善恶""货利"等人之常"情"，分别要以"礼"来"乐之养"、"正之丧"、"宜之正"、"适之义"、"理之当"和"以之节"①。因此，尽管儒释两家"制情"手段不同，却都是让人们遵守各自的伦理体系。这样，契嵩心性论的逻辑终点恰好是其儒释融合学说的始点，他精心组织的心性学说完全是为其伦理观服务的。

在契嵩看来，正因为儒释两家在"制情"方面有差别，才形成了它们的分工互补，使两教各尽其用而不相扰。由于契嵩认为五乘教中的后三乘全是要引导信徒"超然之出世"，所以他在总结儒释分工时特别强调佛的"治出世"功能，这是他一贯主张的。他在《原教》中指出："儒者，圣人之治世者也；佛者，圣人之治出世者也。"治世与治出世虽有不同，但其"治"的目的则一。他在《再上仁宗皇帝》中说，他之所以作《辅教编》，主旨就在于"推会二教圣人之道，同乎善世利人矣"。此即为契嵩沟通、协调和融合儒释两教的目的。

总之，契嵩融合儒释两教，在实践上谋求佛教的生存条件，在理论上

---

① 上引均见《论原·礼乐》。

纳儒于佛，并有着为君主专制服务的目的。因此，在解决当时某些热点问题上，他既有坚持禅宗正统观点的议论，又有变革传统佛教旧说的创新；既有对正宗儒学的批判，又有对儒学的原则性让步。

（原载《世界宗教研究》1996年第2期）

禅宗看话禅的兴起与发展

在禅宗的各种禅学思潮或禅法体系中，看话禅影响最大，流传最广。看话禅的兴起与禅宗重视公案有关。唐末僧人希运论述了看话禅的基本内容。宋代僧人宗杲继承了早期禅宗的基本思想，主张通过直观参究公案中禅师的活句答语，解决修禅者的思想认识、禅境体验和生活实践诸问题，为看话禅成为宋以后禅学发展的主流奠定了基础。元代僧人原妙主张以参究公案中的问话取代参究答语，强调在修禅过程排除一切杂念，保持一种如痴如呆的精神状态，反映了元代僧人们注重个人隐修的特点。明代僧人法藏比较明确地指出了看话禅与其他各种禅法的区别，强调向传统佛教靠近。本文拟联系禅宗理论发展的总趋势，通过分析希运、宗杲、原妙和法藏的禅学思想，论述看话禅的兴起以及在宋元明各代的发展。

一

看话禅是一种通过直观参究公案中的语句而获得证悟的禅法，起源于晚唐时期。它的兴起与禅宗重视公案有关。

慧能一系禅宗认为，人的本心或本性与佛性并无区别，成佛解脱不过是自我本心或本性的显现。所谓本心或本性不能为人们的感官所认识，不能以逻辑思维来把握，也无法用语言文字确切描述。然而，无论在任何时候或任何情况下，只要保持一种对世俗间的一切都既无追求又无舍弃的心理状态，即所谓"无念"状态，人们就能体验自我的本心或本性，这便是成佛解脱的时节。也就是说，只要人们在主观上对任何事物或现象都没有好恶之念，他们的一言一行、一举一动便体现着佛的教化，便是本心佛性的表现。在这种禅法思想的指导下，禅宗强调自证自悟，反对偶像崇拜，轻蔑经典教条，贬抑做功德善事在解脱过程中的作用。禅宗由此把解决一切个人问题和社会矛盾的手段完全归结为自我的心理调节，把一切修行实践统统归结为"饥来吃饭，困来即眠"式的随缘任运的生活。初期禅宗的这些基本思想一直影响着后世各种禅学思潮的演变和发展。

从中唐开始，禅僧们或者为了解决生活问题，或者为了寻访名师以求得进身之阶，往往四处流动，逐渐兴起了禅宗界的"行脚参禅"之风。这样一来，"识心见性"的禅境体验就不限于一个人，而是包括了师友之间或师徒之间的交流、讨论和勘验。由于禅僧们认识到语言对描述禅境体验是有局限性的，即所谓"说似一物即不中"①，他们在彼此之间的酬对问答中就使用含蓄的、答非所问的"机语"，或者采取踢、打、喝的"棒喝"方式，以此暗示对方领悟自己所要表达的不可言传的意旨。这种被称为"游戏三昧"的机锋棒喝，逐渐成为禅僧们表达自己证悟或启迪他人证悟的主要方式，成为"传佛心印"的具体体现，成为"识心见性"最有效的手段。

晚唐五代是禅宗机锋棒喝盛行的时期，禅师们纷纷追求在参禅过程中使用玄言妙语，使用离奇古怪的动作。在他们的相互酬对中，也出现了呵佛骂祖、非经毁教的言行，从而把初期禅宗那些反对偶像崇拜，强调自证自悟、轻蔑传统经典的思想推向了极端。在这个时期形成的禅宗五家都分别有一套施机锋、行棒喝的原则和理论，它们在禅学基本理论方面并没有大的区别。由于盛行机锋棒喝，"善入游戏三昧"，也就是才思敏捷和巧言善辩，成为禅宗宗师们必须具有的本领。这种斗智弄巧的参禅方式也越来越激发起失意文人墨客的兴趣。

由于著名禅师施机锋、行棒喝被视为传佛心印的手段。由于他们的言行被视为本人证悟或启发他人证悟的表现，他们那些旨在表达"不立文字""直指人心""见性成佛"等禅宗教义的言行就受到重视，经过辗转流传而被记录下来，形成所谓《语录》。

其中有些特别著名的禅师言行还被单独提出来，作为禅僧们习禅或教禅的教材，作为衡量学人迷悟和鉴别是非的准则，由此形成所谓"公案"。

---

① 《祖堂集》卷三。

《语录》和"公案"实际上是禅宗的新经典。

北宋时期，在禅僧和士大夫的共同努力下，不仅出现了大量的语录和灯录，而且出现了注解公案的语录体裁，其中以"公案代别""颂古"和"评唱"三种影响最大，由此兴起了追求通过钻研公案而获得"解悟"的禅学新思潮。

临济僧人善昭（947—1024）所倡导的公案代别，是把记录在公案中的明白平实的句子改为更能反映禅宗教理、更有利于启悟参禅者的玄妙句子。在他看来，禅僧们参禅，不过是依据禅师们的言行而去"各人解悟"[①]：参禅所要达到的明心见性，不过是在使用玄言妙语中体现出来的。因此，禅宗从重视"说似一物即不中"，转向推崇"了万法于一言"[②]了：从追求对禅境的体验而获得证悟，经过推崇机锋棒喝这一中间环节，转变成追求通过钻研玄言妙语并领略其言外之旨而获得"解悟"了。

这个解悟与证悟大不相同，它不是指对禅境的亲身体悟，而是指通过学习禅宗新经典以后对禅宗教义的理解。

善昭所首创的颂古，是用韵文对公案作赞誉性的诠释。他明确指出了写作颂古与学习颂古的共同目的："普告诸开士，同明第一玄。"[③]"第一玄"即指禅理，它蕴含在著名禅师的言行之中。这表明，禅已经不仅仅是体验问题和生活实践问题，禅理还要通过学习禅宗的新经典而获得，还要借助逻辑思维来把握，即有待于"解悟"。在善昭之后，颂古之风盛行于禅宗界，禅宗各派都出现了不少颂古名家。学习颂古成为明心见性过程中必修的科目之一，成为获得顿悟的主要途径之一。

北宋末年，战事频仍，社会动荡，大量民众由于战乱而涌入禅宗队伍。这些人文化素质普遍低下，也没有必要的佛学修养，不仅看不懂公案，更读不懂玄言妙语充斥其间的颂古。对于学习这些禅宗著作，他们已如同"蚊咬铁牛，难为下口"[④]。在这种情况下，临济僧人克勤（1063—

[①] （宋）楚圆集《汾阳无德禅师语录》。
[②] 同上。
[③] 同上。
[④] 《碧岩录·普照序》。

1135）纠正了颂古的"绕路说禅"① 之弊。联系公案评唱颂古，正面说禅，创作了后来被奉为"禅门第一书"的《碧岩集》。此书一出，禅僧们"珍重其语，朝诵暮习，谓之至学"②。就北宋时期禅学思潮的主流而言，禅僧们不注重禅修践行，热衷于钻研禅宗的新经典；贬抑通过体验禅境而达到明心见性的"证悟"，崇尚通过逻辑思维把握禅理的"解悟"。自圆悟克勤的《碧岩集》（又名《碧岩录》）一出，这股与初期禅宗主导思想背道而驰的禅学思潮发展到了顶峰。

这种情况引起许多禅僧的反对，他们迫切需要纠正只注重钻研语录公案，不注重习禅实践的弊端。鉴于"自《评唱》出，禅宗遂涉文字"③ 的局面，克勤最著名的弟子宗杲（1089—1163）首先站出来抵制这股禅学潮流。他于南宋初年毁掉《碧岩集》的刻版，并禁止此书流传。作为南宋初年禅宗界最有影响的禅师，宗杲接过晚唐禅僧希运的话题，倡导既联系公案又注重习禅实践的看话禅，禅学的发展趋向至此发生了重大转折。

据说首倡看话禅的是晚唐禅僧希运（？—855）。在《宛陵录》中有一段关于看话禅的最早记载：

> 僧问赵州："狗子还有佛性也无？"州云："无。"但去二六时中看个"无"字，昼参夜参，行住坐卧，着衣吃饭处，屙屎放尿处，心心相顾，猛著精彩，守个"无"字。日久月深，打成一片，忽然心花顿发，悟佛祖之机，不被天下老和尚舌头瞒，便会开大口。

这里的"看"不是指用眼睛观察，而是和"参"的意思相同，是探索、参究的意思。希运的这段论述包含了三个重要思想。其一，看话禅首先是对公案中记录的禅师答语的参究。参话头者可以割断公案的上下文联系，不去理解整个公案是什么意思，只把赵州从谂禅师的答语作为独立的参究对象。其二，参究话头是一种长期的修行工夫，要贯彻在禅僧生活中

---

① （宋）圆悟：《碧岩录》卷一。
② （宋）净善重集《禅林宝训》。
③ （明）弘储编《三峰藏和尚语录》。

的每时每刻。这与初期禅宗主张要时时处处体验禅境的思想是一致的。其三，参究话头的目的便是悟，即"忽然心花顿发"。对话头的参透，或者说在参究话头过程中出现的瞬间顿悟，不仅是对这则公案的证悟，而且是对"佛祖之机"的顿悟，也就是对全部禅理的顿悟。顿悟之后，便不会不理解禅宗那些不胜枚举的公案或机语，即"不被天下老和尚舌头瞒"；便可以任意宣讲禅宗的教理，即"便会开大口"。参透一个话头，就意味着体验了全部禅的精神。希运对参究话头的这种理解，实际上认为一个禅师的答语（话头）中蕴含着全部禅理。希运上述三种主张对以后看话禅体系的形成和发展有着很大影响。

由于晚唐五代机锋棒喝盛行，禅僧们追求的是棒下领旨和喝下明宗；由于北宋时期注释公案之风盛行，禅师们追求的是通过钻研公案而获得解悟，希运倡导的看话禅并没有引起广泛反响，没有人再对参究话头禅法做更深入的论述。希运本人对看话禅的论述还很不完备，看话禅在希运那里还没有形成体系。

除了希运倡导的看话禅之外，唐宋时期在禅宗南宗内部还有几种注重习禅实践的禅法，如枯木禅、默照禅等。特别是曹洞僧人正觉（1091—1157）所倡导的默照禅，曾于南宋初年在今天的福建一带盛行。但是，这些禅法抛开了为禅僧们推崇已久的公案，并把对禅境的体验局限于静坐默究之时，违背了时时处处体验禅境的原则，都在宗杲的看话禅体系形成之后而被斥为"邪禅"，其影响远不能和看话禅相提并论。

二

大慧宗杲成功地使看话禅具有了比较完备的体系。在宗杲之后，看话禅在禅宗界的流行之势，堪与机锋棒喝在唐末五代的流行，注释公案之风在北宋的流行相比。

宗杲17岁出家，游方参学达21年之久。在这段时期内，他始而自学禅宗语录（尤其喜读云门宗语录），继而跟随曹洞宗的僧人习禅，最后又投到临济宗著名僧人门下，成为最有势力的临济派传法宗师。宋代禅宗以云门、曹洞和临济三派为主，宗杲有这样的求学经历，使他能够站在宋代禅学发展的最前沿，在批判继承传统禅学的基础上而有所创新。

在宗杲所处的时代，阶级矛盾和民族矛盾异常尖锐。宗杲虽然是一名出家僧人，也有着炽烈的忠君爱国热情。他与张九成、张商英、张浚等人关系密切，非常赞赏他们抵御外敌、革除弊政、振兴国家的主张。宗杲自己也说："予虽学佛者，然爱君忧国之心与忠义士大夫等。"① 然而，宗杲也因此不幸卷入政治斗争的旋涡。当时权倾朝野的秦桧指责他妄议朝政，剥夺了他的僧人身份，并把他充军流放达16年之久。宗杲的忧国忧民意识和努力为宋王朝服务的热情，均在他的禅法思想中有所反映。

宗杲联系批判当时流行的各种禅学形式倡导看话禅。他指出：

> 僧问赵州："狗子还有佛性也无？"州云："无。"此一字子（无），乃是摧许多恶知恶觉底器杖也。不得作有无会，不得作道理会，不得向意根下思量卜度，不得向扬眉瞬目处垛根，不得向语路上作活计，不得扬在无事甲里，不得向举起处承当，不得向文字中引证。②

宗杲在这里讲的八个"不得"，是对以机锋棒喝为禅，以概念分析为禅和默照禅的批判。所谓"不得作有无会，不得作道理会，不得向意根下思量卜度""不得向语路上作活计"和"不得向文字中引证"等五种，是对崇尚机锋和注解公案思潮的批判。"不得作有无会"是针对"赵州狗子"这则公案具体讲的，加上其余四个"不得"，则普遍适用于对待其他公案中的一切话头。看话头首先要求不能对话头作解释，不能分析它的含义，不能用语言文字酬对。这与力图从机语问答中体验禅境，从批注公案中获得解悟的主张是完全对立的。

所谓"不得向扬眉瞬目处垛根""不得向举起处承当"，是对那些完全抛弃师徒间的机语问答，完全抛开公案的倾向的批判。有些禅师以"不立文字"为口实，对任何问话都以怪异的动作来作答，或努眼，或扬眉，

---

① （宋）蕴闻编《大慧普觉禅师语录》卷二十四。
② （宋）蕴闻编《大慧普觉禅师语录》卷二十六。

以此表现自己已经证悟。宗杲完全否定了这些做法。由此可见,宗杲一方面反对只在文字语言上下工夫的倾向,另一方面,他又反对完全抛开公案。他所倡导的看话禅既与公案相联系,又不同于以往那些对公案作注解的禅学形式。

所谓"不得扬在无事甲里",是对默照禅的批判。与宗杲同时代的曹洞宗僧人正觉倡导默照禅,主张通过静坐排除一切杂念而达到明心见性的目的。宗杲斥默照禅为"邪禅",特别指出默照禅的要害是让人"是事莫管"[1],即要求修习者在静坐时有意识地排除一切外在的干扰。这是不符合禅宗基本思想的。

宗杲强调话头不能用语言文字来解释,不能以逻辑思维来把握,这说明他把话头作为"活句"看待。在禅僧们对机语的分类中,有所谓"死句"和"活句"之分。死句是指对问话的正面回答,是可以从字面来理解其含义的句子。活句也称"玄言",指本身没有任何意义的句子。它们经常是反语或隐语,而且并不是对问话的正面回答。宋代禅僧认为,只有活句才具有启悟的功能。重视活句或玄言是宋代禅学的一个主流。宗杲正是顺应了这股潮流来选择要参究的话头。他提出要参究的话头大约有七个,都属于活句。在论述看话禅时,宗杲使用频率最高的是"赵州狗子"这则公案中的话头。赵州从谂禅师回答"无",正是一个反语。按照禅宗的理论,一切有情众生皆有佛性,狗当然也不能例外。因此,"无"字答语属于活句。宗杲明确指出:"夫参学者,须参活句,莫参死句。活句下荐得,永劫不忘;死句下荐得,自救不了。"[2]宗杲正是依据这个原则选择话头的。由于话头是活句,所以不能作正面解释,不能以逻辑思维来把握。也正因为话头是活句,只有活句才具有启悟的功能,所以在参禅过程中又不能完全抛开公案。就取自公案中的话头本身而言,因为它们是活句,便具有不可解释性,只能去参究("看");但就活句话头作为其中一个组成部分的整个公案而言,又不妨碍整个公案具有可解释性。宗杲很重视以韵文解释公案的颂古,他本人有百余首颂古之作。在宗杲看来,公案

---

[1]（宋）蕴闻编《大慧普觉禅师语录》卷二十七。
[2]（宋）蕴闻编《大慧普觉禅师语录》卷十四。

作为一个整体是有意义的，是可以解释的，但作为公案一个组成部分的活句话头又是无意义的，是不可解释的。这样，对公案可以用逻辑思维来把握，对活句话头就只能直观参究。如果反过来，对整个公案进行直观参究，即所谓在"古人公案上起疑"，那就是"邪魔眷属"，① 是完全行不通的。宗杲由此解决了公案的可解释性与活句话头不可解释性之间的矛盾，为颂古与看话禅的并存提供了理论根据。

宗杲主张以参究话头来代替对佛教经典和公案的研究，以便获得对禅理的彻底证悟。他指出："佛语祖语，诸方老宿语，千差万别，若透得个无字，一时透得，不著问人。若一向问人，佛语又如何，祖语又如何，永劫无有悟时。"② 在宗杲看来，传统佛教的经典（佛语）和唐宋时期出现的禅宗语录（祖语、诸方老宿语），不但数量惊人，而且内容庞杂（千差万别）。如果一部经一部经地去研究，一则公案一则公案地去理解，根本无法完全掌握，永远不能彻悟。但是，如果参透一个活句话头，就掌握了所有的佛教经典和禅宗语录。因此，对公案的逐一理解，应该让位于对一个无意义的话头的参究。这种思想的哲学意义在于：不需要通过逻辑思维认识作为个别的、部分的和具体的事物，就能通过直观参究把握作为一般的、全体的和抽象的禅理。

宗杲对看话头时的心理状态和心理体验也作了详细描述："但于话头上看，看来看去，觉得没巴鼻，没滋味，心头闷时，正好著力。切忌随他去。只这闷处，便是成佛作祖、坐断天下人舌头处也。""觉得昏怛没巴鼻可把捉时，便是好消息也。莫怕落空，亦莫思前算后，几时得悟。若存此心，便落邪道。"③

看话头的过程是一种几近于无意识的心理状态。这时不需要思考任何东西，甚至连预设的主观目的——悟的追求也要排除。心头烦闷，觉得没有可资依托的东西，觉得不得要领，也可以说是几乎没有任何思维活动，正是修看话禅时的心理感受。这种心理体验还具有无法描述、不可言传的

---

① （宋）蕴闻编《大慧普觉禅师语录》卷二十八。
② 同上。
③ 同上。

特征，所谓"如人饮水，冷暖自知，说与人不得，举似人不知"①。

宗杲还结合唯识宗的理论来论证看话头时的这种心理体验。他指出："只觉得肚里闷、心头烦恼时，正是好底时节。第八识相次不行矣。觉得如此时，莫要放却，只就这无字上提撕。"②"第八识即除，则生死魔无处栖泊。生死魔无栖泊处，则思量分别底，浑是般若妙智，更无毫发许为我作障。"③

唯识宗认为，人们的身、口、意三方面的活动会产生精神性的种子，保存在第八识中。所谓"种子"是能够生起宇宙万有的一种潜在能力。据认为，整个人类和宇宙都是由这些精神性种子变现出来的。变现出来的个人又要进行活动，产生新的种子，即新的生起宇宙万有的潜在能力，也被保存在第八识中。由于人们不懂佛教的道理，其世俗活动是错误的，这些活动产生的种子是染污的。依据这些染污种子，人们只能沉沦在无始无终的生死轮回之中。

如果用佛教道理指导自己的活动，其产生出来的种子便是清净的，而且还可以舍弃旧有的染污种子。依据这些清净种子，人们就可以获得超越生死的解脱。宗杲根据唯识宗的这些思想，把看话头时"心头闷"的体验解释成为"第八识相次不行"和"第八识即除"，解释成为一种消除引起轮回的第八识，从而成就"般若妙智"的过程。唯识宗宣扬的是"转识成智"或"舍染还净"，宗杲则把"第八识即除"和"浑是般若妙智"结合起来，表达了同样的思想。但是，宗杲把转识成智的解脱过程完全归结为看话头，这又是他的创造，是唯识宗所没有的说法。这样一来，参究话头的过程就是获得佛教智慧、消除世俗谬见、体验般若实相、达到超越生死轮回的解脱过程。

宗杲还要求士大夫时时参究话头。"赵州狗子无佛性话……时时向行住坐卧处看，读书经史处，修仁义礼智信处，侍奉尊长处，提诲学者处，吃粥吃饭处。与之厮崖。"④因此，宗杲不仅强调把禅的体验贯彻到士人的

---

① 《大慧普觉禅师语录》卷二十七。
② 《大慧普觉禅师语录》卷三十。
③ 《大慧普觉禅师语录》卷二十。
④ 《大慧普觉禅师语录》卷二十八。

日常生活中去，而且强调把禅的体验贯彻到士大夫的日常生活中去，用到他们忠君孝亲、维护封建纲常名教的一切活动中去。

看话头的最终结果便是证悟。宗杲反复强调，这种在看话头的过程中不能从主观上追求的悟，又会自然而然地在瞬间发生。他经常用"蓦然""囮地一下"等来形容。"行住坐卧，但时时提撕，蓦然喷地一发，方知父母所生鼻孔只在面上。"① 所谓"方知父母所生鼻孔只在面上"，是对"识心见性"的一种通俗和形象的表述。证悟就是认识自己的本来面目，就是体验自我的本心或本性。

宗杲对参透话头之后的境界也作了描述："若囮地一下，儒即释，释即儒；僧即俗，俗即僧；凡即圣，圣即凡；我即尔，尔即我；天即地，地即天；波即水，水即波。酥酪醍醐搅成一味，瓶盘钗钏熔成一金，在我不在人。得到这个田地，由我指挥。所谓我为法王，于法自在，得失是非，焉有罣碍？"②

在看话头过程中瞬间获得的智慧或证悟，是要认识和体验一种在主观上消除了一切差别对立的境界，是要求参禅者在思想上对一切都不加区别。凡圣无别，天地无别，儒释无别。一切主客差别均已消除，只有一个"我"。世间一切事物和现象都是因为"我"而存在，只有这个"我"才是唯一的真实。但是，这个"我"已经失去了任何个性特征，是与世界万有融为一体之"我"。这个"我"就是人的"本来面目"。这就是看话禅要求体验的禅境，也就是禅僧所要认识的终极真理。

看话禅所要解决的并不仅仅是思想认识问题和宗教神秘体验问题，它还要解决人们在现实生活中的具体实践问题。宗杲说："忽然一句下透得，方始谓之法界无量回向，如实而见，如实而行，如实而用。便能于一毛端见宝王刹，微尘里转法轮。成就种种法，破种种法，一切由我。……日用四威仪中。随缘放旷，任性逍遥。"③

宗杲在这里吸收了华严宗"法界观"的内容。世界上各种各样的现

---

① 《大慧普觉禅师语录》卷二十四。
② 《大慧普觉禅师语录》卷二十八。
③ 《大慧普觉禅师语录》卷二十七。

象，千差万别的事物，即"种种法"，都不过是理法界的显现，也就是人本心的显现。因此，"成就种种法，破种种法，一切由我"。正因为世间的千差万别中本来只有一个"我"，所以"我"可以在现实生活中"随缘放旷，任性逍遥"。这八个字正是禅宗所宣扬的人生哲学。讨论宗教彼岸的问题，其立脚点并没有离开现实社会；解决宗教解脱问题的手段，最终也只能在现实生活中获得。宗杲在诠解"释迦拈华，迦叶微笑"这则公案的颂古中说："若言付心法，天下事如麻。"① 禅宗的传佛心印，表现在对"如麻"般纷乱的天下事的解决之中。是否证悟，要从僧侣在现实生活中的言行上来判断。

所谓"随缘放旷，任性逍遥"，并不是随心所欲，任意妄为。恰恰相反，宗杲还极力反对不顾客观条件的"放旷任其自在"。② 这里所讲的"缘"，指客观条件；这里所讲的"性"，指儒家和佛教的伦理规范。宗杲反复强调"世间法即佛法，佛法即世间法"，不允许"逆天理天性"③ 行事。因此，"放旷"要以顺应客观环境为前提，"逍遥"要以遵守佛教和儒家的伦理规范为前提。宗杲对这种处世哲学还作了形象说明："既然悟了，以为实亦在我，以为非亦在我，如水上葫芦，无人动着，常荡荡地，触着便动，捺着便转辘辘地。"④ 像水上漂浮的葫芦一样随波逐流，并且遇触则动，遇捺便转，这正是对"随缘放旷，任性逍遥"最形象的说明。

就"随缘放旷，任性逍遥"的社会意义而言，不过是要肯定现实社会中的一切都是合理的，不过是让处于不同境遇中的人都各守本分，从而使上下相安，有利于维护处在风雨飘摇中的南宋王朝。这便是忠君爱国的表现了。

总之，宗杲所倡导的看话禅，要求时时参究公案中具有不可解释性的禅师的答语，让人们时时体验一种几近于无意识的禅的心理状态，在这种状态中自然而然地引发出对世间一切皆无差别、世间一切皆由心生的理论认识，通过长期的"做工夫"的心理体验，通过这种证悟，使参禅者接受

---

① 《大慧普觉禅师语录》卷十。
② 《大慧普觉禅师语录》卷二十七。
③ 同上。
④ 《大慧普觉禅师语录》卷二十八。

禅宗的人生观，并且在这种人生观的指导下去实践。

三

由于宗杲重新倡导和完善化了看话禅，看话禅几乎代表了南宋以后禅学发展的方向。从南宋到明末，论述过看话禅的僧人不胜枚举。明代僧人袾宏（1535—1615）曾作《禅关策进》一书，在其《诸祖法语节要》一章中，他节选了唐宋元明各代38位著名禅师的39段语录，其中专论看话禅的有32位禅师的33段语录。绝大多数禅师关于看话禅的论述比较琐碎，是片断式的，没有什么体系可言。在元代，高峰原妙（1238—1295）的看话禅思想比较有特点。

凭借武力征服汉地的蒙古贵族文化落后。他们虽然"崇尚释氏"，所关心的不过是布施钱物、建造寺塔、写经斋僧、礼佛拜忏之类的佛教功德善事。他们推崇藏传佛教，除了出于统治藏地的政治考虑之外，还在于喜好那种为达到解脱成佛而进行的性的修炼，以便吸收过来充实其糜烂的生活。尽管当时在汉地佛教中禅宗僧人数量最多，但禅宗那种幽玄精密的宗教哲学体系，以及在这种哲学基础上逐步形成的修行方式、传教方式和生活态度等，都无法很快为来自落后文化环境中的蒙古贵族所理解和接受。因此，在对佛教问题上，元代统治者采取了"尊教抑禅"[①]的政策。在这种政策的影响下，元代南方的一些著名禅师在政治上与异族统治者拉开了距离。他们耻于为主持国立大寺院而奔走于权贵之门，或栖身林间岩穴从事个人隐修，或辗转各地在民间传禅授徒。原妙就是这些"庵居知识"中最著名的一位。

原妙15岁出家，先学习天台教义两年，然后投到禅宗僧人门下，他主要活动在今天的江浙一带，曾先后在杭州的径山、龙须山等地修习禅定十余年。他一生过着苦行僧的生活，长期从事苦修。在冬天大雪封山时，他独自一人在山上修习禅定，旬月之间，既不下山乞食，也不生火做饭，人们都以为他死了。1279年，原妙来到杭州天目山师子岩，营造小室，称

---

① （元）宗本：《有元普应国师道行碑》。

为"死关"。他在这里习禅教禅,一直到逝世。原妙重视坐禅入定,这对他的禅学思想形成有不容忽视的影响。

原妙在尊教抑禅的社会风气下"遗世孑立,身巢岩肩"。① 这种不顺世随俗、耻于交结权贵、乐于遁世苦修的行为曾得到许多人的赞扬,但原妙对这些赞扬颇不以为然。他的著名弟子中峰明本说:"先师(指原妙)枯槁身心于岩穴之下,毕世不改其操。人或高之,必蹙頞以告之曰:此吾定分,使拘此行。欲矫世逆俗,则罪何可逃。"② 禅宗一贯反对脱离现实社会寻求解脱,原妙也绝对不愿意违背禅宗的基本思想而"矫世逆俗"。他是在认识了自己的"定分",也就是认识了当时的社会状况之后,迫不得已采取了长期隐修的方式。他虽然远离闹市而栖身岩穴,但对于前来向他请教的僧侣都予以接待,据说他在师子岩时,各地先后来向他请教禅学者达数万人。原妙虽然迫不得已采取了遁世的修行方式,却始终保持着禅宗固有的积极入世的精神。这一点也明显地反映在他的禅法思想中。

在看话禅的流行过程中,宗杲所倡导的参究活句话头的主张为各派禅师普遍接受。特别是他使用频率最高的"无"字话头,更为修习看话禅的僧人们广泛使用。在原妙之前,还没有人公开反对宗杲这种选择话头的原则,原妙在选择话头方面与宗杲截然不同。他依据自己的参禅实践,否定参究"无"字话头可以令人证悟。他指出:在早年参禅时,其师祖钦曾让他参究"无"字话头,但他参究了三年,"于者无字上竟不曾有一饷间省力",③ 徒然花费了许多时间和精力。他根据自己的体验,提出了以参究公案中僧人的问话取代参究禅师的答语。具体说来,就是要以参究"万法归一,一归何处"的问话来取代参究"无"字话头。

"一归何处"这则公案很简单,说的是有一位僧人问赵州从谂禅师:"万法归一,一归何处?"从谂禅师回答:"我在青州作了一领布衫,重七斤。"如果按照宗杲选择话头的原则,对这则公案就应该参究"我在青州作了一领布衫,重七斤"一句。因为从谂的这个答语也和"无"字答语

---

① (元)宗本:《有元普应国师道行碑》。
② (元)明本:《天目中峰和尚广录》卷二十四〈一花五叶序〉。
③ (元)原妙撰、持正录、洪乔祖编《高峰原妙禅师禅要·开堂普说》。

一样，并不是对问话的正面回答，也属于活句的范畴。然而，原妙则认为应该参究"万法归一，一归何处"这个问话。他的这一主张表明：公案中记录的参禅僧人的问话也和禅师的答语一样蕴含着禅理，也同样具有启悟的功能。因此，公案的神圣性不仅在于它记录了禅师们启悟参禅者的言行，还在于它记录了参禅僧人的问话。这样一来，原妙在未脱离公案的前提下，扩大了可以用于参究的对象。

原妙对用参究"一归何处"取代参究"无"字话头的原因做了说明：

> "一归何处"却与"无"字不同，且是疑情易发，一举便有，不待返覆思维，计较作意。①

在原妙看来，其所以要用参究"一归何处"取代"无"字，关键在于参究"一归何处"容易使人发"疑情"。要想证悟，必须先有疑情，这是禅僧们的共同认识。原妙对此则作了进一步论述。他把信、疑、悟三者结合起来讲：

> 须知，疑以信为体，悟以疑为用。信有十分，疑有十分；疑得十分，悟得十分。②

所谓"信"，就是对禅宗教义的信仰。原妙对信很重视，认为"信是道元功德母，信是无上佛菩提，信能永断烦恼本，信能速证解脱门"③。因此，只要对禅宗教义有坚定的信仰，也就具备了解脱的内在根据。这种具有"无上佛菩提"特征的"信"，同时又赋予"疑"以本质规定。那么，"疑"就是怀着坚定的信仰对所信仰的东西进行探索和参究的过程，也就是获取"悟"的过程。原妙对发疑情曾作了比喻："要有大疑情，如暗地做了一件事。正在欲露未露之时。"④ 所谓"暗地里做了一件事"，是指对

---

① （元）原妙撰、持正录、洪乔祖编《高峰原妙禅师禅要·开堂普说》。
② 《高峰原妙禅师禅要·示信翁居士》。
③ 同上。
④ 《高峰原妙禅师禅要·示众》。

禅宗所讲的本心佛性的道理已经有了认识，有了信仰；所谓"正在欲露未露之时"，是指虽然认识和信仰了本心佛性的道理，但还没有亲自体验它，还不算得到了它。人的本心佛性正在欲露未露之时，还不算成佛解脱，只有体验了它才能获得证悟。原妙认为参究"一归何处"比参究"无"字更易于使人发疑情，也就是认为更易于令人证悟。

原妙不仅论述了发疑情的重要性，而且论述了如何发疑情以及发疑情的过程：

> 先将六情六识、四大五蕴、山河大地、万象森罗，总镕作一个疑团，顿在目前。……如是行也只是个疑团，坐也只是个疑团，著衣吃饭也只是个疑团，屙屎放尿也只是个疑团，以至见闻觉知总是个疑团。疑来疑去，疑到省力处，便是得力处。①

"六情六识、四大五蕴"，是佛教对组成包括人在内的整个世界的主客观要素的几种不同分类，在这里，它和"山河大地、万象森罗"的意思相同，概指世间的一切事物和现象。把这一切"总镕作一个疑团"，就是要求参话头者把整个世界的存在，包括参究者本人的存在，都在思想上转化为一个话头的存在。对外部世界及自身的存在视若无睹，充耳不闻，毫无知觉，即"见闻觉知总是个疑团"。这种发疑情的过程，实际上就是对客观世界和自我的存在都毫无感受的禅境体验。经过长期的参究实践，最终把这种体验自觉地、毫不费力地贯彻到生活中的每时每刻。由于参究话头者要把一切存在都幻想成为一个话头的存在，而话头本身又不能以人的思维来把握，这实际上就是要求人们排除一切思维活动。所谓："'万法归一，一归何处？'只贵惺惺著意疑，疑到情忘心绝处。"② 因此，为了获得证悟的发疑情，就是要通过参究话头来排除一切对外部世界的感受，排除一切思维活动。

既然参究话头要达到"情忘心绝"，达到对外部世界及自身都毫无感

---

① 《高峰原妙禅师禅要·示众》。

② 同上。

觉，那么，修看话禅者必然时时刻刻都如同一具行尸走肉。原妙的看话禅，正是强调这种状态："吃茶不知吃茶，吃饭不知吃饭，行不知行，坐不知坐，情识顿净，计较都忘，恰如个有气底死人相似，又如泥塑木雕底相似。"①

原妙还用"夫子三月忘味，颜回终日如愚"来附会这种禅境体验，认为这都是"工夫做到极则处"的表现，都是进入了"无心三昧"。② 实际上，这是两种完全不同的情况，如果说参究话头者的如痴如呆是在排除一切思维活动之后表现出来的。那么孔子、颜回的如痴如呆则是在聚精会神思考问题时表现出来的。原妙把这两者混为一谈，不过是把参究话头者那种如"有气底死人"一般的形象与儒家圣贤的形象相等同。

在原妙看来，参究话头所要获得的"悟"，正是在这种对现实世界毫无感觉的如痴如呆的精神状态下瞬间出现的。他所讲的悟是对"识心见性"的新发挥。"咽，元来尽大地是个选佛场，尽大地是个自己。"③ 这两句话是禅僧们经常讲的。原妙把悟境归结为这两句话，在于强调不能离开现实社会寻求解脱。尽管原妙一生注重离世苦修，但他最终教导人们：正是这苦海般的世间才是成佛之地，正是在这世间的千差万别的现象中处处体现着"自己"，体现着本心佛性。原妙最终没有违背禅宗的基本精神。

总之，原妙主张参究公案中参禅僧人的问话，从而扩大了可以参究的对象。他虽然没有抛开公案，但已否定了唯有禅师的活句答语才具有启悟功能的主张。在崇尚机锋棒喝和追求玄言妙语风气下形成的推崇活句话头的思潮，受到了注重修禅习定实践的元代僧人的排斥。原妙强调在参究话头时保持一种如痴如呆的精神状态，这与他长期注重坐禅的修行实践是分不开的。他认为，只有在对现实世界和个人的存在都毫无感觉的心理状态下，才能真正体验自我的本来面目和世界的本来面目，才能真正获得对社会和人生的新认识，这与初期禅宗的禅法思想有较大的距离。但是，他最终让人们体验和认识的内容，依然是禅宗一贯强调的内容。

---

① 《高峰原妙禅师禅要·示众》。
② 《高峰原妙禅师禅要·答直翁居士书》。
③ （元）原妙撰、持正录、洪乔祖编《高峰原妙禅师禅要·开堂普说》。

四

明代某些有影响的禅僧曾为振兴本宗而不懈努力。但是，他们已经不能为禅学的发展开辟新道路，只能在进一步向传统佛教靠拢的同时，或者对旧的禅学体系作一些补充修正，或者为各种禅学形式的合理并存进行论证。他们已经不能进一步突出禅宗的个性特征，只能努力把禅宗的个性转化为中国佛教的共性。明末僧人汉月法藏所倡导的看话禅，正反映了明代禅宗的这个特点。

法藏（1573—1635）字汉月，号于密，俗姓苏，无锡人。他"自谓得心于高峰，印决于寂音"①。这就是说，他是通过阅读元代僧人高峰原妙的《语录》而获得证悟，通过学习北宋禅僧慧洪的著作而印证了自己的悟境。法藏通过自学成名之后，为了获得传法宗师的合法身份，于1624年屈就于当时颇有名气的临济僧人密云圆悟（1566—1642）门下，成为圆悟名义上的弟子。法藏的禅学思想与圆悟大异其趣，两人之间的矛盾很尖锐。法藏曾作《五宗原》，重新厘定禅宗五派的传承宗谱，并进一步论证五派的宗旨，在禅宗界引起了激烈争论。这场论战到他死后尚未结束，以致后来清帝雍正利用政治权力干预了这场禅宗内部的论战，对法藏大加指斥。作为禅宗史上最有争议的人物之一，法藏的看话禅思想很能反映明代禅学发展的基本特征。

法藏非常崇拜宗杲，大力倡导看话禅。他把是否参究话头作为衡量所有禅法体系或正或邪的重要标准之一，并且比较明确地指出了看话禅与其他各种禅法的主要区别：

> 单坐禅不看话头，谓之枯木禅，又谓之忘怀禅；若坐中照得昭昭灵灵为自己者，谓之默照禅，以上皆邪禅也。坐中作止作观。惺寂相倾，观理观事，虽天台正脉及如来正禅，然犹假借识神用事，所照即境，所以命根难断，不能透脱，多落四禅八定。……大慧（指宗杲）

---

① 《三峰藏和尚语录》卷十四〈上金粟老和尚书〉。

一出，扫空千古禅病，直以祖师禅一句话头。当下截断意根。①

在法藏看来，南宗内部流行过的枯木禅和默照禅，无论其禅法的基本理论如何，都因为不参究话头而成为"邪禅"。天台宗的止观法门与完全移植于印度佛教的"四禅八定"等禅法，有着共同的弊端，即在坐禅过程中要求观想特定的对象，或观想抽象的"理"，或观想具体的"事"。都有思维活动存在，即都是"假借识神用事"。"识"乃是引起人们陷入生死轮回的总根源，所以修习这些禅法都不能达到超脱生死轮回的解脱，即"命根难断，不能透脱"。只有宗杲提出的参究话头的禅法"当下截断意根"，排除了任何可以观想的对象，排除了"识神用事"，这才是解脱成佛的正道。宗杲曾经吸收唯识宗的思想，把参究话头的过程解释成为"转识成智"的过程，法藏在此又作了进一步的发挥。

应该指出，法藏这样分析看话禅与其他禅法的区别，有一定的道理。尽管小乘佛教的四禅与天台宗的止观法门有多方面的差别，但它们的本质特征都是在静坐中按照一定的程序思考各自特定的教义、观想特定的对象，都有一个运用逻辑思维的过程，都有一个对各种事物或现象进行主观区别的过程。这也就是法藏所讲的"假借识神用事"。禅宗一贯强调外无所求、内亦无著的心理状态，强调对一切事物和现象都无取舍分别之心的禅境体验，看话禅坚持了禅宗的这个基本思想，反对有任何可以思考的对象，甚至连话头也不能去思考，去分析，这是看话禅的基本特点。可以说，法藏比较明确地指出了看话禅与佛教传统禅法的一个重要区别。

然而，法藏指出看话禅与其他禅法体系的区别并不是要割断禅宗与传统佛教的联系，相反，他教导那些不适合参究话头的士大夫可以采取类似传统禅法的方式，在静默中思考那些已被僧人们讲烂了的佛教道理，从而为修习看话禅打下基础。他对一位病中的士大夫说：

> 病中工夫且歇却，看话头郁遏费力，难与病情支遣，不若明明白白一看透底，便自肯心休去。第一先看此身凝湿动暖，四大从来，无

---

① 《三峰藏和尚语录》卷七。

有实体。……其二看色身既不交涉,其身外骨肉恩怨,功名利养,一切我所,皆是虚妄。……其三看破内外色空,何处更有妄心领受。……到此则身心世界一法无可当情,当下脱然放舍,便与法界平等,无一尘一法不是我自己真心。真心者,无心也。无心便当下成佛。①

按照印度佛教的说法,作为修习更高一级的禅法从而获得更高一级修行果位的基础,可以观想那些令人作呕的污物,以便对自身及其尘世间的一切产生厌恶心理,坚定进一步修行的信念。像小乘佛教讲的"五停心观"就属于此类。法藏让不适宜修习看话禅者思考身体由四大组成,本无实体;思考世间一切功名都是虚幻的;思考色即是空,都是不必贪恋的,从而为达到无心解脱作准备。虽然法藏没有吸收那种观想污物的主张,而是主张思考比较抽象的教义,但法藏所采取的方式与小乘禅法相似。这表明,认识和领会传统佛教的厌世教义,也就为修习看话禅准备了条件。

法藏指出看话禅与其他各种禅法的区别,还在于要论证看话禅优于传统佛教的一切理论和实践。他指出:"所谓话头者,果何物耶?即千经万论中间谈空说有,以至中道极则去不得底顶尖是也。"② 一个不可解释的话头胜过了佛教千经万论中讲的所有道理,那么,参究话头也就优于钻研一切佛教经典。

到明代末期,对如何选择话头已有各种不同的意见,或主张参究公案中禅师们具有活句性质的答语,或主张参究公案中僧人的问话,或主张把"阿弥陀佛"四字作话头参究。法藏对选择话头提出了新的见解,他认为:"所谓话头者,即目前一事一法也。"③ 法藏已经完全抛开了公案,从而把展现在人们面前的任何事物和现象都作为可以参究的对象。法藏对话头重新作出的定义在于要强调于事上明理,也就是说,证悟不仅体现在对抽象理论的把握上,而且体现在人们如何处理日常生活中遇到的每一件事上。他曾用不同的人看见一片瓦而有各种表现的例子说明了这个问题。在法藏

---

① 《三峰藏和尚语录》卷十四。
② 《三峰藏和尚语录》卷七。
③ 《三峰藏和尚语录》卷六。

看来，人们遇到的每一件事物或现象都有启悟的功能，参究话头所要达到的目的，就是要在现实生活中按照禅宗的教义处理好每一件事。对每一件事如何处理，就体现着人们是否证悟。所以，人们要把"目前一事一法"作为可以令人证悟的话头看待，从见到的"一事一法"上证悟。

当一种新的禅学思潮兴起时，总是伴随着对旧的禅学思潮的批判和贬抑。然而。处在明代末年的法藏在论述看话头禅法时，总是主张其他的禅学形式也有存在的合理性。他指出："复有看话头而不肯参请者，又有执参请而不看话头者，皆偏枯也。何不向话头疑处著个参请，参请疑处反复自看。如此参，如此看，两路夹攻，不愁不得。"① "参请"指参禅僧人向禅师请教，它包括了禅师为启悟参禅者而施机锋、行棒喝，包括了禅师为参禅者讲解公案和话头。在法藏看来，参究话头离不开参请，当参究话头遇到困难时，就应该向禅师请教；当对禅师的教诲不理解时，又要自己参究话头。把这两者结合起来，就必然会达到明心见性的目的。这样一来，法藏不仅重视参究话头，也为机锋棒喝、注释公案等多种禅学形式的并存提供了依据。向传统佛教靠拢，主张各种禅学形式的并存，这正是法藏所倡导的看话禅的特点，这与明代禅学发展的总趋势是一致的。

（原载《中国文化》1992 年第 1 期，总第 6 期）

---

① 《三峰藏和尚语录》卷七。

论禅宗与默照禅

两宋之际是中国禅宗经历的又一个大发展阶段，几种成熟的禅法体系最终形成。特别是曹洞宗僧人正觉倡导和完善化了默照禅，为注重坐禅的传统提供了完备理论，为宋代禅学的发展做出了杰出贡献，默照禅不仅风靡禅林，而且在士大夫中引起强烈反响。

一 默照禅与注重坐禅的传统

正觉（1091—1157）是隰州（治所在今山西省隰县）人，少年出家，后师事曹洞宗僧人丹霞子淳（？—1157），成为后者的传法弟子。从建炎三年（1129）开始，他住持明州天童寺（在今浙江宁波），直到逝世。正觉在天童寺大力倡导默照禅，随他学禅的人往往数以千计，使天童寺成为宋代禅宗的一个主要活动场所。正觉逝世后不久，宋高宗诏谥"宏智禅师"号。

默照禅的主要特点之一就是静坐，把静坐守寂作为证悟的唯一方式，作为明心见性的唯一途径。正觉倡导默照禅是身体力行的，他"昼夜不眠，与众危坐，三轮俱寂，六用不痕"[1]。进入正觉住持的天童寺，便会见到"禅毳万指，默坐禅床，无謦咳者"[2]。这种重视坐禅的主张与慧能以来的南宗思想是相违背的。

禅宗在形成之初就对坐禅有不同的认识。唐代神秀和慧能对坐禅有截然不同的看法。以神秀为首的北宗主张坐禅，以慧能为首的南宗则反对执

---

[1] 《正觉宏智禅师塔铭》。
[2] 《宏智正觉禅师广录》卷九。

着于坐禅，主张在行住坐卧之间随时随地体验禅境。随着北宗的衰亡和南宗的兴盛，南宗的一些著名禅师进一步发挥了慧能的思想，贬抑坐禅在修行中的重要性，南岳怀让和马祖道一师徒的"磨砖作镜"一则公案，更是提出了"坐禅岂能成佛"的诘问，对执着于坐禅形式给予彻底否定。主张不拘形式，在日常生活中时时体会禅境，已成为一种占主导地位的思想。正觉祖述慧能的禅学，但是他又强调坐禅形式，这的确与慧能的主张不同。但是这并不意味着像有些学者提出的，默照禅是向北宗的回归，恰恰相反，正觉在禅学理论上依据着慧能的思想，即便在注重坐禅形式这一点上，也是继承了南宗内部的一些禅学支派，并没有在理论上向神秀北宗靠拢。

由于慧能以后的一些著名禅师极力反对执着于坐禅形式，致使许多学者忽视了南宗内部还有一些禅师注重坐禅的现象。其实，贬抑坐禅与注重坐禅是南宗内部始终存在的两种并行的思潮，只是后一种思潮在正觉之前不占主导地位而已。当道一接受"坐禅岂能成佛"的诘问时，与他并列为南宗一大派的石头希迁门下就不乏重视坐禅者。其中石霜庆诸（807—888）尤为著名。"师止石霜山二十年，学众友长坐不卧，屹如株杌，天下谓之枯木众也。"[①] 庆诸以注重坐禅闻名，引起了唐僖宗的重视。僖宗曾"遣使赍赐紫衣"[②]。庆诸重视坐禅虽然在形式上有悖于慧能的禅法而与神秀的禅法有相似之处，但在思想实质上却是坚持着慧能的禅法理论。神秀主张坐禅，是要观"心"、观"净"相，他没有把般若空观完全贯彻到自己的禅法中去。慧能则坚持般若空观理论，认为并没有一个可供在坐禅过程中观想的"心"或"净"相。所谓"若言看心，心元是妄，妄如幻故，无所看也。""起心看净，却生净妄，妄无处所，故知看者即是妄也。净无形相，却立净相，言是功夫，作此见者，障自本性，却被净缚。"[③] 神秀和慧能在坚持佛性本有、人心本觉这方面是相同的，但在坚持般若空观思想方面却存在着差异。庆诸虽然重视坐禅，但他对坐禅的理解是承袭慧能的

[①]《景德传灯录》卷十五〈潭州石霜山庆诸禅师〉。
[②] 同上。
[③] 敦煌本《坛经》第十八节。

思想而不是承袭神秀的思想。庆诸并不是通过坐禅来观心、观净。他有一种通过静坐来体悟般若空义的模糊主张。"问：佛性如虚空如何？师曰：卧时即有，坐时即无。"① 我们从"佛性如虚空"的问话中可以看到，庆诸完全不主张有所观的对象，他是要通过坐禅体验般若实相。庆诸对此还没有展开论述，还没有给注重坐禅形式提供完备的理论依据。而正觉的默照禅，则完成了这个任务。当不仅坚持众生皆有佛性的观点，而且在坚持般若空观理论时，注重坐禅在南宗禅法体系内才具有存在的理论上的合理性，正觉的默照禅正是沿着这种思维路线前进的。

正觉倡导静坐守寂的默照禅，也与他前期的参禅经历有关。他从受戒之初就重视坐禅，他"自幼得戒，坐必跏趺，食不过午"②。他的所谓"入道"就是从坐禅开始的，"师初以宴坐入道"③。他接触的第一位著名曹洞僧人法成就以喜好"枯木禅"闻名，因而被称为"枯木法成"。对正觉禅学思想形成影响最大的是子淳，他也是一位重视坐禅的僧人。子淳于政和五年（1115）在唐州大乘山对众僧人说："诸人时中快须休歇去，准备他去，把今时事放尽去，向枯木堂中冷坐去。"④ 所谓枯木堂指禅堂，禅僧在禅堂静坐时身如枯木，求静求寂，所以叫枯木堂。因此，默照禅强调守静守寂，重视坐禅形式，乃是继承了南宗内部一些禅师的传统，它代表了南宗内部不同于贬抑坐禅形式支派的一个支派。

二　默照禅的空幻体验

到两宋之际，禅宗已有数百年的发展历史，正觉在此时倡导的默照禅具有集禅学发展之大成的性质。他不仅吸收了慧能以来禅宗心性理论和般若理论，而且突出了"返观内照"的思想，从而形成完备的禅法体系。

禅宗所谓的"心"，既是宇宙之心，又是个人的本心，还是真如、佛性、如来藏等的同义词。它兼具本体论、认识论和解脱论的三重意义。同

---

① 《景德传灯录》卷十五〈潭州石霜山庆诸禅师〉。
② 《正觉宏智禅师塔铭》。
③ 同上。
④ 《丹霞子淳禅师语录》。

时"心"本身又是非有非无，离言绝相，不能以语言来描述、不能用思维来把握。正觉的默照禅继承了禅宗关于心性的传统说法，并且突出强调心的"虚空"特性，把成佛的关键归结为"空心"。

世界上的万事万物，一切现象，都是心的派生物，都是心的显现，所谓"一切诸法，皆是心地上妄想缘影"①。所以，世界上的一切事物和现象，一切可以用语言来描述、用思维来把握的现象都是虚幻不实的。它们的形成和毁灭都取决于心，"十方法界，起自一心；一心寂时，诸相皆尽"。因此，只要心空，那么就一切皆空。

参禅的目的在于超脱生死轮回而达到解脱，这是禅宗各派的共同认识："参禅一般事，其实要脱生死，若脱生死不得，唤什么作禅?"②这种脱生死的关键就在于"心空"。因为其所以有地狱天堂这种种现象（诸法），关键在于人们的心有活动，心念皆无，也就没有地狱天堂，也就无所谓生死轮回。"若是一切念尽也，无天堂到你，也无地狱到你。"③

认识自己的"本来面目"是禅宗经常提到的话题，所谓自己的本来面目，与本心佛性是同义语。正觉把自己的本来面目视为"空心"，"直须歇得空空无相，湛湛绝缘，普与法界虚空合，个是你本身"④。达到空心，也就是达到了成佛："此是选佛场，心空及第归。若心地下空寂，便是及第底时节。"⑤

"空"是心的特性，也是法界、真如、佛性的内在本质，也是自我修行的最高境界。但是"空"是空而不空，是灵妙的体现。"一切法到底其性加虚空，正怎么时却空它不得。虽空而妙，虽虚而灵，虽静而神，虽默而照。"⑥心本身是空而不空的，心本身并不是不存在，它只不过是离言绝相而已。由于人们为世俗妄念所缠绕，心不能空，以致陷入生死轮回之中，因此，空心的过程就是去诸妄缘的过程，就是修习默照禅的过程。

---

① 《宏智正觉禅师广录》卷五。
② 同上。
③ 同上。
④ 同上。
⑤ 同上。
⑥ 上引均见《宏智正觉禅师广录》卷五。

正觉指出:"真实做处,唯静坐默究,深有所诣,外不被因缘流传,其心虚则容,其照妙则准。内无攀缘之思,廓然独存而不昏,灵然绝待而自得,得处不属情,须豁荡了无所依,卓卓自神,始得不随垢相。个处歇得,净净而明,明而通,便能顺应,还来对事,事事无碍。"① 通过静坐默究,即通过修习默照禅要达到两个目的,其一是"外不被因缘流转",其二是"内无攀缘之思",也就是要从思想上排除一切来自世俗世界的干扰,达到没有思维活动,没有主观追求,甚至连任何感受都不存在的境界,这就是所谓"休歇处"。这被认为是诸佛诸祖所体验的极境,"诸佛诸祖无异证,俱到个歇处"②。

正觉所讲的"空心""休歇",实际上就是要把整个现实世界"空"掉,所谓"默默蒲禅,空空世缘"③。他是以空心、休歇来达到对现实世界的否定,从而肯定一个以实相佛性等为名的彼岸世界的存在。通过空心,排除了任何来自外界的干扰和内在的干扰,既没有对现实社会的追求,也没有对现实社会的感受,的确心如死灰。这样,默照禅就把解决一切社会问题和个人问题的手段归结为自我心理调节,归结为静坐中的空幻感受。正是这种空幻体验被认为是个人和世界的本来面目,被认为是诸法实相或佛性的显现。

正觉不仅用从子淳那里接收来的"休歇"之说来说明"空心",而且以"默照"来论证这种空幻体验。正觉所作的《默照铭》全文只有288个字,却是对默照禅思想的总结,这里讲了默与照的关系,还讲了默照禅所要体验的境界。

"默照之道,离微之根;彻见离微,金梭玉机。"④ "离微"是指法性的体用,法性与真如、实相、法界、涅槃等是异名同体。它们的体(离)便是"空","微"是法性之用,也就是般若智慧。因此,默照禅要"彻见离微",就是要通过默与照的两个方面来直观体验诸法实相,达到成佛目的,正觉对默与照分别作了论述。

---

① 《宏智正觉禅师广录》卷六。
② 同上。
③ 《宏智正觉禅师广录》卷七。
④ 《宏智正觉禅师广录》卷八。

所谓"照"是指般若智慧的观照，这种般若观照同时也就是自我观照，是心无所住，什么都不思考的精神状态。这种"返观内照"的说法是受了僧璨的影响，据称是禅宗三祖的僧璨曾著《信心铭》，其中说："虚明自照，不劳心力，非思量处，识情难测。"① 正觉的默照禅正是吸收了这一思想，提出"隐几虚心还自照，炷香孤坐绝它思"。② 同时，正觉还从理论上对"照"作了阐述。

他认为"灵然独照，照中还妙"③。"照"是没有特定的观照对象的，实质上是本空的"心"的自我观照。不仅如此，在自我观照之时，观照的主体和客体都"寂灭"了。"照与照者二俱寂灭，于寂灭中能证寂灭者是你自己。若怎么桶底子脱去，地水火风，五蕴十八界，扫尽无余。作么生是尽不得底？"④ 因此，所谓般若观照，所谓自照，不仅要求坐禅者什么都不去思考，而且要求修禅者自己也要融入"空"之中，即"地水火风，五蕴十八界，扫尽无余"。达到了这种一切皆空的境界，也就是证悟成佛了（桶底子脱去）。因此，正觉的默照禅实际上就是通过静坐排除思维活动，消除任何欲望，消除任何感受，从思想上达到泯灭物我、泯灭主客对立的目的，达到直观体验空幻的境界。

从"默"与"照"的关系上讲，静坐守默与般若观照两者是相辅相成的，唯有把两者结合起来，才能体验般若实相，获得最终的觉悟。正觉指出："照中失默，便见侵凌……默中失照，浑成剩法。默照理圆，莲开梦觉。"⑤ 如果不守静默，即不坐禅，那就无法用般若观照，无法体验无差别的空的境界。相反，如果只是默然静坐，不知道"空心"，也就是不用般若观照，那么坐禅本身也就毫无用处。

只有把"默"与"照"结合起来，才能体验诸法实相，认识自我的本来面目，最终获得"觉"悟解脱。因此，强调静坐守寂，追求对空幻感受的直观体验，就是正觉默照禅的两个本质特征。

---

① 《五灯会元》卷一。
② 《宏智正觉禅师广录》卷七。
③ 《宏智正觉禅师广录》卷八。
④ 上引均见《宏智正觉禅师广录》卷五。
⑤ 《宏智正觉禅师广录》卷八。

三　默照禅与中国传统思想

禅宗自创立之日起就与中国传统文化相融合，这是禅宗能够适应中国社会而得以发展的一个重要原因。在宋代三教融合的大潮流中，正觉不仅继承和变革了传统的传法，而且侧重融摄庄子思想，从而使默照禅具有了更为丰满的理论形态。正觉把默照禅与庄子的"坐忘""齐物"和"心斋"等思想相等同，认为这两种精神修养方法是"大道同归"。他关于这方面的论述很多，下面仅举几例：

> 坐忘是非，默见离微，佛祖之陶冶，天地之范围。……麒麟步药峤，金毛师子威，相逢捉手，大道同归。
>
> 形仪淡如，胸腹空虚。懒不学佛，钝不知书。静应诸缘而无外，默容万象而有余。齐物而梦蝶，乐性而观鱼，渠正是我今我不是渠。
>
> 梦蝶境中闲有趣，露蝉胸次净无尘。槁木之形，谷神之灵。[①]

很明显，庄子的"坐忘""齐物"是建立在相对主义基础上的，默照禅是建立在禅宗心性论基础上的，这两种精神修养理论存在着明显差异，尽管如此，它们在修养方式和修养目的方面还是有许多相通之处。庄子主张通过端坐而达到浑然忘却一切物我和是非差别的精神境界，"庄周梦蝶"的寓言就反映了一种泯除事物差别、彼我同化的境界。这种理想的境界，就是要人不计是非厉害，忘乎物我，泯灭主客，从而使自我与整个宇宙合为一体。中国传统哲学总是将"天人合一"之境作为哲学的最高境界，作为理想人格（圣人）的本质特征。通过这种把梦与醒、主与客、彼与此等两极对立泯灭，使人们从精神上超越种种对立，获得解脱和自由。默照禅强调静坐守寂，要求"彻见离微"，追求对无差别的"虚空"境界的直观体验，也就是要达到从精神上超越生死和主客的对立。这两种精神境界的确有相同之处。默照禅注重"静坐默究"，一方面摒弃了传统禅学的关于

[①]《宏智正觉禅师广录》卷九。

坐禅的繁琐规定，只以静坐为主；另一方面，它强调守默守静。一反在南宗内部占主导地位的主张，时时处处体验禅境的思想，这就更接近庄子所主张的精神修养方式。另外，正觉主张的"空心"之说，更与庄子的"心斋"有相同之处，它们都强调排除思虑和任何欲望。

正觉的默照禅注重静坐，推崇静与默的作用，这与理学家的思想也颇为接近，周敦颐在《太极图说》中提出"主静"之说，认为未有天地之前的"太极"是"静"的，所以人之天性本"静"。由于人们后天染上了欲，必须通过所谓"无欲工夫"，才能达到"静"的境界。

正觉倡导的默照禅曾引起许多士大夫的关注，不少人跟随正觉修习默照禅。这种与中国传统精神修养方式近似的禅法之所以受到士大夫的欢迎，在于它为士大夫提供了愈合精神创伤、消除精神疲劳的良药。与正觉同时代的临济宗僧人宗杲也是两宋之际全国闻名的高僧，他倡导一种看话禅，反对默照禅。他曾指出了士大夫喜好默照禅的一个重要原因，"往往士大夫多是掉举，而今诸方有一般默照邪禅，见士大夫为尘劳所障，方寸不宁怗，使教他寒灰枯木去，一条白练去，古庙香炉去，冷湫湫地去"①。

这里的"掉举"是一个佛教名词，《俱舍论》卷四说："掉谓掉举，令心不静。"《成唯识论》卷六说："云何掉举？云于境不寂静为性，能障行奢摩他（指定、止）。"掉举就是心不安静、执着追求、欲望很多、处于高度兴奋的精神状态。一些有雄心的士大夫或为追逐名利而镇日忧心，或为报效国家而整天操劳，心是静不下来的。这种追求世俗利益的忙碌（"尘劳"）必然造成精神上的疲劳，即所谓"方寸不宁怗"。默照禅宣扬静坐空心，强调守静守寂，正是松弛身心、消除精神疲劳的有效方法。经过一段高度紧张的工作之后，通过默照静坐使身心松弛，的确对身心健康有益。就这一点而言，还是有道理的。从宗杲分析士大夫喜好默照禅的原因中我们可以看到，有些士大夫参禅并不完全是出于追求超脱生死的宗教目的，他们是要获得一种消除精神疲劳的手段。

宋代士大夫喜好参禅是一个普遍现象，这是与当时的社会现实分不开的。当时，许多士大夫或因官场倾轧而丢官，或因不得赏识而壮志难酬。

---

① 《大慧普觉禅师语录》卷十七。

当他们受到暂时的挫折时，当他们感到绝望而又找不到出路时，他们为了获得一种心理上的平衡而投入禅门。默照禅主张静坐空心，主张排除世俗的困扰，这正符合那些失意的士大夫的需要，默照禅使他们认识到一切荣辱毁誉和名利事业到头来都不过是梦幻而已，从而使他们放弃追求，在生活中抱一种听之任之的态度，获得一种虚假的精神解脱。因此，默照禅在士大夫中的盛行，从一个侧面反映了宋代封建士风的萎靡和堕落。这也说明默照禅是一种消极的生活与处世方式。

（原载《人文杂志》1991年第6期）

宗教融合与教化功能

——以宋代两种华严净土信仰为例

中国佛教所具有的融合性格,不仅表现在对儒家和道家学说的吸收接纳方面,而且表现在对内部不同派别和不同经典学说的兼收并蓄方面。某些成功的重组融合,往往标志着适应时代变化和各阶层需要的新学说的创立,是佛教能够在中国社会持续发挥作用和长期产生影响的重要原因之一。佛教的这种融合创造能力,在宋代表现得尤为突出。本文以北宋省常和南宋义和的两种华严净土学说为例,简述这种宗教思想融合所采取的方式,所具有的内容,所要达到的目的以及所能发挥的社会作用。

一

净土信仰在宋代士人中很流行,北宋初年省常依据《华严经·净行品》弘扬净土,创立了华严信仰与净土信仰融合的一种形态,在佛教界和社会各阶层影响深远,尤其得到士大夫的广泛响应。

省常(959—1020),俗姓颜,字造微,钱塘人,七岁离家入寺,十五岁落发,师从吴越副僧统圆明志兴,十七岁受具足戒,二十岁学通性宗,二十一岁讲《起信论》。雍熙(984—987)中,在僧众中传播文殊菩萨信仰,据《佛祖统纪》卷二十七,淳化(990—994)中省常住杭州南昭庆寺,仿效东晋慧远庐山莲社故事,在西湖边刻无量寿佛像,联络僧俗结莲社。不久,他认为《华严经·净行品》是"成圣之宗要",即将莲社改名为"净行社"。参加净行社的僧人千余名,士大夫一百二十三人,以王旦(957—1017)为社首。此后净行社规模扩大,影响南北各地,仅《圆宗文类》卷二十二便收朝廷达官所作序、碑四篇。淳化二年（991），苏易简（958—997）撰《施华严经净行品序》，此时是"净行社"的初创时期，省常先联络八十位僧人（结八十僧社），印《净行品》一千份，让僧俗人士四处散发，在东京的苏易简也于当年收到一份，可见传播速度之快，范围之广。

景德三年（1006），丁谓（966—1037）作《西湖结社诗序》，此时是"净行社"得到京城士大夫纷纷响应的兴盛时期，省常邀请京城的士人赠诗入社：

> 自是贵有位者闻师之请，愿入者十之八九。故三公四辅、枢密禁林、西垣之辞人、东宫之史官，洎台省素有称望之士，咸寄诗以为结社之盟文。

大中祥符二年（1009），钱易撰《西湖昭庆寺结净行社集总序》，总结了前一阶段"上自丞相宥密，下及省阁名公"以及数以百计的士人"争投文以为社中人"的盛况。

宋代士大夫经世多作两手准备，宦海沉浮，变化莫测，往往促使他们到佛教中寻找精神家园，这是宋代士人乐于接受净土信仰的一个主要原因，也是他们乐于接受禅学和华严学的一个主要原因。入净行社的士人活跃于太宗、真宗和仁宗三朝，处于北宋前期，社会比较稳定。在此之后，随着民族矛盾的加剧，统治集团内部斗争的激化，忧患意识与颓废情绪在士大夫中同步增长，"林泉其心"的特点就更突出了。

宋白（936—1012）在《大宋杭州西湖昭庆寺结社碑铭并序》中，对省常倡导净土信仰的具体内容有详细记述。省常先"刺血和墨，书写其经"（即《华严经·净行品》），然后把书写成的《净行品》印一千册，分发僧俗。又以旃檀香造毗卢佛像，"结八十僧为一社"。等到经像造成，即对经和像发愿：

> 我与八十比丘、一千大众，始从今日，发菩提心，穷未来际，行菩萨行愿，尽此报矣，生安养国，顿入法界，圆悟无生。修习十种波

罗蜜多,亲近无数真善知识,身光遍照,令诸有情,得念佛三昧,如大势至;闻声救苦,令诸有情,获十四无畏,如观世音;修广大无边行愿海,犹如普贤;开微妙甚深智慧门,犹如妙德;边际智满,渐次补佛处,犹如弥勒;至成佛时,若身若土,如阿弥陀。

《净行品》篇幅不长,以回答菩萨在家或出家"本何修行,成佛圣道"的问题展开,答案是"奉戒行愿,以立德本"。该品详细叙述菩萨从在家到出家修行的各个方面和各个环节。要求把自我约束的"奉戒"和施惠他人的"行愿"贯彻到一言一行、一事一法中去。这样的内容自然具有可以同时为僧俗信徒利用的优势。特别是该品译文中有"孝事父母"等儒家伦理的内容,使其更具有向社会各阶层推广的优势。从宋白的记载来看,省常倡导的净土修行内容要更广泛,并不限于此品所述,其主要特点有三:

第一,崇拜对象的融合。在佛教几类主要典籍中,在几个较大派别的学说中,有特点的佛菩萨信仰体系,与各自的教义理论密切联系。省常是把净土经典和华严经典中讲的佛菩萨接纳过来,共同作为崇拜对象。这里有华严宗从《华严经》中概括出来的"华严三圣":毗卢遮那佛、普贤和文殊(即"妙德");有净土宗从净土经典中概括出来的"西方三圣":阿弥陀佛、大势至和观世音,另外还加入了弥勒经典中讲的未来佛弥勒。省常所崇奉的诸佛是毗卢遮那佛,为了"令诸有情"达到解脱,使用诸位佛菩萨原本具有的诸种功能,正是进行这种崇拜对象融合的目的。

第二,修行内容的融合。省常要求入社者所修的"十种波罗蜜""亲近无数真善知识"等,是《华严经》讲的修行内容,但并未包括在《净行品》中。至于"闻声救苦"之类,则是净土经典讲的内容。在修行内容方面,省常也是把华严典籍和净土典籍混合在一起,共同作为成佛的条件。

第三,修行目的的融合。从修行归宿上讲,省常希望"生安养国,顿入法界"。所谓"生安养国",指死后进入西方极乐世界,这是净土宗人的修行目的;所谓"顿入法界",是进入佛的境界,并无东西方位之分,也没有生前死后之别,这是华严宗人的修行目的。省常不问两者的区别,把两者共同作为"成佛"的同义语使用。

其实，省常倡导的这种杂糅性质的净土信仰，虽然依据了《华严经》，虽然吸收了华严宗的佛菩萨，却不是建立在华严教义基础上的系统学说。同样，他也不是照搬净土经典的内容。这种净土信仰与已有的佛教经论相抵触处很多，且十分明显，但这些不但无人指责，反而使其具有惊人的号召力和感染力。据宋白说，省常的说教：

> 士人闻之，则务贞廉，息贪暴，填刑网，矜人民；释子闻之，则勤课诵，谨斋戒，习禅谛，悟苦空；职司闻之，则慕宽仁，畏罪业，尊长吏，庇家属；众庶闻之，则耳苦辛，乐贫贱，精伎业，惧宪章；善者闻之而迁善，恶者闻之而舍恶。

是否有这样的作用，自然值得怀疑，但省常的净土信仰广泛修行于社会各阶层则不容置疑。这种净土说能感人心，适应当时社会的需要，具有生命力，至于是否严密、深刻、系统，是否与佛教经论有违，都是无人过问的次要问题。从这种信仰的盛行，可以看到宋代佛教融合的一个侧面，可以了解华严典籍与净土信仰混合的一种形态。倡导这种混合形态的净土信仰的目的，就是教化各阶层民众安于本分，勤于本职，协调人际关系，维护社会秩序。

二

北宋省常依《华严经》弘扬净土信仰，并没有吸收《华严经》中提到的净土信佛法门，其学说也不是建立在华严宗理论基础上。南宋初义和撰《华严念佛三昧无尽灯》，倡导净土信仰，是华严学僧对社会上普遍流行的净土信仰的回应。

义和号"圆澄"，又被称为"圆澄大师"，曾住平江（今江苏吴县）能仁寺和杭州慧因寺。义和注重华严典籍的收集、整理和流通。绍兴十五年（1145），他请准将华严宗典籍编入大藏经。绍兴十九年（1149），刊刻《法藏和尚传》。他把从高丽收集的智俨、法藏的著作重新雕版，以广流传。他本人有影响的著作是《华严念佛三昧无尽灯》（简称《无尽灯记》）一卷，据说宋孝宗读后"大悦"。该书已佚，序文存于《乐邦文类》卷四，据此可以了解义和华严净土说的概要。

该序写于乾道元年（1165）。义和指出作《华严念佛三昧无尽灯》的原因：

> 某晚年退席平江能仁，遍搜净土传录与诸论赞，未曾有华严圆融念佛法门，盖巴歌和众，雪曲应希，无足道者，呜呼！不思议法门，散乎大经与疏记之中，无闻于世，离此别求，何异北辕而之楚耶？于是备录法门，著为一编。

按照义和的说法，《华严经》和华严诸祖的注疏中不是没有念佛法门，而是写传录和作论赞的人没有注意到或不懂而没有收集。他作《无尽灯记》，是要把散于经疏中的念佛法门汇集起来。义和自述的撰述原因和目的，与志磐的《佛祖统纪》卷二十九所述完全不同。志磐说，义和因"阅净土传录，以《华严》部中未有显扬念佛法门者，乃著《无尽灯》，以此经宗旨遍赞西方，为念佛往生之法"。志磐所说有两点不确切。首先，义和并不认为《华严》中没有念佛法门，《无尽灯》正是要汇集其中的念佛法门。其次，义和并不是要以《华严》宗旨说明西方信仰，而是要阐述与西方净土说不相同的"华严圆融念佛法门"，是华严系统的念佛法门。

义和分别从《华严经》和华严诸祖著作中寻找念佛法门，表明他明确把《华严经》的学说与华严宗的学说区分开来。这不仅在宋代华严研究中少见，在整个佛教学说研究史上也不多见。他指出：

> 至于善财证入法界，参诸知识，最初吉祥云比丘，教以无碍智慧念佛法门；又解脱长者，教以唯心念佛法门；又普遍吉净光夜神，教以观德相念佛法门。其后华严诸祖虑念佛者莫得其要，于善知识解脱门中复说诸门，意使诸佛与众生交彻，净土与秽土融通，法法彼此该收，尘尘悉包遍法界，相即相入，无碍圆通。倘等（得）其门，则等诸佛于一期；不得其门，则徒修因于旷劫。

义和从《入法界品》中找出三个念佛法门，他如何解释它们不得而知，但是很明显，他也意识到这三种念佛法门既与西方净土不相配，也与华严教义挂不上钩。所以，他又转述华严诸祖的理论引申发挥，实际上是把华严宗倡导的圆融无碍、相即相入境界作为净土境界。这与净土类经典讲的西方极乐世界的场面自然不是一回事。但是义和又从多方面与净土信仰的理论和实践联系。净土修行历来被称为"易行道"，以简便易行著称。义和则认为："唯华严观行，得圆至功于顷刻，见佛境于尘毛。诸佛心内众生，新新作佛；众生心中诸佛，念念证真，至简至易。"修华严念佛法门，可以在瞬间成佛，不用等到死后，比西方念佛法门更简便易行。义和认为，他著此书的目的，是要"使见闻者不动步而归净土，安俟阶梯！非思量而证弥陀，岂存言念"！这样一来，义和的念佛法门不仅否定净土存在于"西方"，在理论上与净土信仰相矛盾，而且在修行实践上也不与其调和。因为，修西方净土法门，要求修行者口中念佛的法号，心中想佛的形象，义和讲"非思量"和"岂存言念"，就完全否定了口念心想的实践过程。

净土信仰不但在佛教译籍中有不少论述，中国佛教主要宗派也对其各有独特说明。就唐代华严注疏言，李通玄《新华严经论》卷六即列有十种"净土法门"，分别论述，评判其高下优劣。大体说来，所有的净土学说，可以分为两类。其一，"有相"净土，认为净土解脱世界实存，不以人的意志为转移，人们可以通过特定的修行，在特定的时间到达这种彼岸世界。唐宋时期及其后最流行的西方阿弥陀佛净土信仰即属此类。其二，"无相"净土，"净土"不是实存的某个地方，而是一种获得解脱的精神境界。如果说它存在，它就存在于人们的心中。禅宗的"唯心净土"是其最重要的代表。在中国佛教历史上，各派在理论上认识不一致，在修行实践上却大多主张调和。无论认为"净土"在"心外"还是在"心内"，绝大多数人对口念佛名，心想佛形（或相关的抽象义理）并不反对。"不动步而归净土"自然是否定西方净土的，这当然也不是义和的创造。义和理论的特点是，在修行方式上也不与西方有相净土信仰的主张调和。这自然特别引起人们的注意。范成大（1126—1193）在乾道三年（1167）写的

《无尽灯后跋》中专门强调这一点："念佛三昧，深广微密，世但以音声为佛事，此书即出，当有知津者。"

然而，面对僧俗各界普遍接受西方净土信仰的形势，义和在倡导华严净土时对主要崇拜对象也有所调整：

> 虽然诸佛拔苦救乐之心一也，唯西方弥陀世界接引娑婆众生，愿力偏重，即本师故。是以流通经中，普贤行愿，独指弥陀，极为至切。

华严宗以毗卢遮那为至尊佛，西方净土信仰以阿弥陀佛为教主，义和的净土说虽然建立在华严宗学说的基础上，但是，在树立最高崇拜对象方面，他比不依据华严宗教理倡导净土说的省常离华严宗更远。当然，无论省常还是义和，他们都致力于协调不同经典和宗派的思想，从而为继承佛教的全部遗产提供了依据。

（原载《中华佛学报》第 13 期，2000 年）

普照知讷与四部典籍

一 引言

在记述普照知讷(1158—1210)生平事迹和思想的历史人物中,金君绥与知讷是同时代的人,而且身份显赫。他撰写的《升平府曹溪山修禅社佛日普照国师碑铭并序》,反映了当时朝野上下对知讷的基本认识和评价,历来被学者认为是研究知讷的最重要的资料之一。他在碑文中对知讷一生弘教传法所依据的经典和弘扬的禅法,有一个言简意赅的总结:

> 其(指知讷)劝人诵持,常以《金刚经》立法,演义则意必《六祖坛经》,申以《华严》李论,《大慧语录》相羽翼。开门有三种:曰惺寂等持门,曰圆顿信解门,曰径截门。依而修行,信入者多焉。禅学之盛,近古莫比。①

从这个概括中我们知道,尽管知讷一生涉猎佛教经典众多,但他在建立自己的佛学理论体系过程中,在向社会各界信徒传教弘禅过程中,所依据的重要典籍只有四部:一部翻译经典,两部禅门典籍,一部非华严祖师的华严类著作。

在中国,从宋代到现代的一千多年里,弘教传法的禅师不计其数,他们所重视的经典有同有异,所弘扬的禅法也不尽相同。一般情况下,成功的传教者都有自己所重视和推崇的几部典籍,作为建立学说、弘扬教义的

---

① [高丽]金君绥:《升平府曹溪山修禅社佛日普照国师碑铭并序》。以下简称《碑铭》。

基本经典依据。但是，还从来没有一位中国禅师提出过这样的经典组合。相对于中国禅师来说，这种经典组合可以说是知讷的一个创新。

知讷弘教传禅事迹突出，佛教思想博大精深，是韩国佛教历史上贡献巨大、影响持久的禅门宗师。长期以来，在中国、日本、韩国等国的相关学术界，已经先后出现了不少关于知讷的各类研究成果。总的说来，凡是涉及高丽时期佛教的各类著作，都会从不同方面介绍他的生平事迹、思想理论、历史地位和现实影响。本文拟通过简略分析知讷与四部典籍的关系，通过与中国佛教的相关情况进行一些比较，从而说明知讷弘教的特点及其禅学特征。

二 关于劝诵《金刚经》

在知讷重视和弘扬的四部典籍中，翻译经典只有一部《金刚经》，中国撰述典籍有三部。同时，《金刚经》虽然被列在第一位，也只是作为日常僧俗诵持的典籍，并不是"演义"禅学的主要经典。翻译经典少而中土撰述多，反映了唐末北宋以来中国佛教从重视佛教译籍到重视中土祖师著作的变化趋势。

从唐代中后期开始，大规模的佛教典籍翻译已经告一段落。中国佛教的发展开始逐渐摆脱外来因素的支配，走上更为独立的自主发展道路。尤其是禅宗兴起之后，禅学成为中国佛学的主流，佛教的面貌因此发生巨变。从宋代开始，在社会上和佛教界流行的佛教译籍越来越少，取而代之的是大量中国撰述，尤其是禅宗祖师的著作。在知讷所重视的四部典籍中，中土撰述占了75％，也正是这种情况的反映。

在中国社会上流传的为数不多的翻译佛典中，《金刚经》大约是流传最广泛的译籍之一。社会各界信徒书写、读诵《金刚经》，并不完全是为了理解其教义，还有求取功德的目的。另外，从禅宗历史上看，从《坛经》开始就重视《金刚经》，而般若思想的确是禅学理论成立的一个重要支柱。唐代以后的中国历代禅宗僧人，不仅没有排斥过这本经典，而且始终认为本经与禅宗思想一脉相承。知讷劝人诵持《金刚经》，正是与唐宋以来的中国禅宗传统相一致。

三　关于以《华严论》为羽翼

在知讷重视的三部中土撰述中，属于教门的著作只有一部，就是李通玄的《新华严经论》。应该指出，在高丽佛教历史上，无论是重视华严学还是重视李通玄的著作，都不是从知讷开始。知讷重视李通玄的著作，可以找出多方面的原因，比如，高丽佛教的传统，宗杲看话禅中有许多华严学的因素，等等。但是，从知讷运用华严学的具体做法上分析，他重视李通玄的著作，主要是为弘扬禅学服务。

在中国禅宗史上，宋代及其以前的禅师比较重视智俨、法藏、澄观的华严注疏著作，李通玄的著作是在宋代以后开始流行。明清时期，李通玄著作的影响甚至超过华严诸祖的著作。从知讷的相关论述中可以看到，他之所以重视李通玄著作，是认为李通玄论述了与禅宗相同的思想，即把一切佛都作为自心的产物，修行成佛的过程，就是一个修心的过程。他指出：

> 详夫《论》主（指李通玄）旨趣，要以分析《华严》大义，令末世大心凡夫于生死地面上顿悟诸佛不动智，以为初悟发心之源也。①

在他看来，《华严论》主李通玄所论述的华严主旨，就是要顿悟"诸佛不动智"，那么，这个所谓"不动智"是什么呢？

> 若约花藏世界主为名，则此根本智为卢舍那佛；若约金色世界主为名，则此根本智为不动智佛；若约大心众生返照发现处为名，则此根本智为自心普光明智佛，亦是自心不动智佛，亦是自心卢舍那佛。随举一名，皆具三身十身等。②

---

① 知讷：《圆顿成佛论》。
② 同上。

在知讷看来，所谓"不动智""不动智佛""根本智""卢舍那佛""自心普光明智佛"等，是一个意思，是从不同角度讲的同一个对象，即代指一切佛。而这一切佛在什么地方呢？归根结底是存在于自我的心中，不在心之外。知讷认为，作为"果后大圣"的李通玄，造《华严论》的目的不仅仅是要揭示《华严经》宗旨或核心思想，而是要让那些天生素质高的人（大心凡夫）去自修自证：

> 此论（指《新华严经论》）……只令大心凡夫返照自心根本普光明智，一真法界之道，则便悟卢舍那佛，不动智佛等十方诸佛，虽有名号差殊，依正庄严各别，皆是自心普光明智之相用，俱非外物也。以自心普光明智量同虚空法界，无有一佛不从本智而起，无有一众生不从本智而生……①

包括卢舍那佛在内的一切诸佛，数量无限，不可胜数，这些佛虽然名号有差别，地位有高低，形象有不同，统统都是"自心普光明智"的作用和表现，都不是"外物"，都存在于自己的心中。知讷所论述的这些内容，与其说是李通玄的思想，不如说是六祖慧能的思想。这些思想与《六祖坛经》的主旨完全一致，只不过用语稍有区别。

在中国华严学发展历史上，华严学与禅学的融合起源很早，李通玄、澄观、宗密等人都有这种倾向。然而，不同时代，其融合的侧重点是不同的。在与知讷同时代的中国僧俗信众中，如此重视李通玄，如此重视李通玄的著作，还不是普遍现象。从弘扬禅学的角度讲华严学，出现和知讷类似的观点，是在明清时期。明代末年，李贽（1527—1602）受到袁文炜的影响，认为"善说《华严》，无如长者"。他把李通玄的学说视为最权威的华严理论，所以摘录《华严经论》，认为所选内容是"华严无尽藏之法界也"，其基本内容就是：

> 自心是毗卢遮那佛智，自眼是佛文殊根本智，自身是佛普贤差别

---

① 知讷：《圆顿成佛论》。

万行智，自诵是佛音声，自听是佛观世音力，自语是佛开不二法门，自语是佛不思议神通，自在功德皆佛也，吾何幸身亲见之。①

坚信众生具备佛菩萨的一切智慧功德，坚信众生的一言一行、一举一动都体现佛的教化，代表佛的真理性活动，如此等等，虽然并不能说在李通玄的著作中没有踪迹，但毕竟不是李通玄所要强调的中心内容。李贽在这里归纳的李通玄的华严学，已经与禅学内容没有什么大的区别了。很显然，这是借用华严学来弘扬禅学。

在明末清初，这种思想倾向也同样存在于禅师中。宗宝道独（1599—1660）在《华严宝镜序》中说："李长者《华严论》，一乘圆教，见性成佛之秘典也。诸佛根本不动智，即是众生分别性，诚无转折。只要当人信得及，若信至满处，即入十住初心，明见佛性，成等正觉。"② 李贽把自我看作是佛，道独把众生的"分别性"与诸佛的"根本不动智"之间画上等号，用词虽然不同，意思是没有实质区别的。明末清初这种用华严学证成禅学的方法，与知讷的思路是一致的。差别在于，知讷用华严学弘扬禅学主旨，时间要更早一些。

四　关于以《大慧语录》为羽翼

大慧宗杲（1089—1163）是中国佛教史上具有划时代意义的禅师。他的主要贡献是完善了参究话头的禅法，并在批判默照禅的过程中全力在僧俗信众中予以推广。宗杲之后，历经南宋元明清，看话禅始终成为禅学实践的主流。尽管看话禅本身在不同历史时期经历了若干变化，但是，其理论基础、核心内容并没有实质性变化。知讷尊崇宗杲，把《大慧普觉禅师语录》作为四部重要典籍之一，并且把参话头作为自成佛道的根本路径，积极向僧俗信众推广，在韩国佛教史上树立了一个成功范例。

在知讷的现存著作中，《看话决疑论》是集中介绍和推广看话禅的最

---

① （明）李贽：《李长者华严经合论序》。
② 见《宗宝道独禅师语录》卷六。

重要著作。把这部篇幅不长的著作与宗杲的相关著作比较，可以发现，知讷几乎全盘吸收了宗杲看话禅内容，并根据当时高丽佛教界的具体情况，有重点地纠正了一些对看话禅的不准确认识，全力进行弘扬。知讷认为，参究话头就是证悟的最直接道路：

> 忽然于没滋味、无摸索底话头上喷地一发，则一心法界，洞然明白，故心性所具百千三昧，无量义门，不求而圆得也。以无从前一偏义理闻解所得故，是谓禅宗径截门，话头参详证入之秘诀也。①

在参究话头过程中出现的"喷地一发"，是指瞬间出现的证悟，而所谓"一心法界，洞然明白"，"心性所具百千三昧，无量义门，不求而圆得"，就是明见本心本性的同义语。参究话头，实际上就是禅宗"观行出世之人，参详禅门活句，速证菩提"的方法。因此，把《大慧语录》作为《六祖坛经》的羽翼，就是把参究话头作为明心见性最有效的手段。

> 今所论禅宗教外别传，径截得入之门，超越格量，故非但教学者难信难入，亦乃当宗下根浅识，罔然不知矣。②

知讷把看话禅作为"教外别传"的证悟方法，不仅教门学僧不能理解相信，难于参究，就是禅宗内部那些天生素质差（下根浅识）的人也不好理解。

知讷也和宗杲一样，在倡导和弘扬看话禅的过程中，注意用《坛经》思想来统帅禅修。据记载：

> 师尝言：予自普门已来，十余年矣，虽得意勤修，无虚废时，情见未忘，有物碍膺，如仇同所。至居智异，得《大慧普觉禅师语录》，云："禅不在静处，亦不在闹处，不在日用应缘处，不在思量分别处，

---

① 知讷：《看话决疑论》。
② 同上。

然第一不得舍却静处，闹处，日用应缘处，思量分别处参。忽然眼开，方知皆是屋里事。"① 予于此契会，自然物不碍膺，仇不同所，当下安乐耳。由是慧解增高，众所宗仰。②

此事发生在承安二年（1197），可以说是知讷对多年参禅经验的总结。这里引用的宗杲语录，有三层意思：第一，要求把参究话头的禅体验贯彻到生活的每时每刻，这是《坛经》以来禅宗的一贯主张；第二，通过参究话头获得的瞬间顿悟虽然不能预设，确实会必然出现，所谓"忽然眼开"；第三，顿悟后所理解的道理，是体验到一切佛教美好的东西都不是在自心之外，都不是从外面取得的，所谓"皆是屋里事"。引文之后知讷所阐述的"契会"内容，与宗杲所要表达的意思是一致的。

知讷把参究话头作为明心见性的根本方法，并且始终把《坛经》的基本思想贯彻到对看话禅的解释和认识中，会通不同经典，获得了修行的体会。正因为如此，他的解释使信众更为信服，所谓"由是慧解增高，众所宗仰"。

五　关于演义《六祖坛经》

在知讷重视的四部经典中，《六祖坛经》最重要，是禅学的纲领性著作。知讷对《六祖坛经》的定位、认识、理解和弘扬方式，都很有特点，尤其在对"无念"相关内容的引申发挥方面，颇有新意。

《六祖坛经》的产生，是中国禅宗思想史上的大事，也是中国佛教思想史上的大事。该经以简明的文字，将此前涌现的各种禅学思潮进行了相对系统的理论概括，提出了崭新的思想，标志着禅宗的全部修行活动已经统统纳入"心"学范围。

《坛经》的理论特点十分鲜明，坚定主张传统佛教的所有崇拜对象无不存在于人的心中，充分强调个人的价值；倡导自证自悟，自我解脱；对外无所求，对内无执着，一心向善，不生恶念；所谓成佛，不过是自我本

---

① 宗杲的这段话出自《大慧普觉禅师语录》卷十九，此处引文与原文没有差别。
② ［高丽］金君绥：《碑铭》。

心或本性的显现，解决个人解脱和一切社会问题的关键在于自我心理调节，一切修行活动完全可以归结为毫无执着而随缘任运的生活。历经唐宋元，虽然有多种《坛经》版本出现，但其核心思想基本稳定。在此期间，中国禅宗的禅学思想和实践有不少变化，但是在根本禅学理论上，基本没有超出《坛经》所划定的范围。

知讷重视《六祖坛经》是一贯的，这在他的诸多著作中都有反映。在泰和七年（1207）写的《六祖法宝坛经跋》中，他把《坛经》作为"平生宗承修学的龟鉴"。这就是说，他把《坛经》作为衡量迷悟、判断善恶的准则。从少年时代开始，他就把《坛经》作为宗经，用以树立修行目标，统率修行理论和实践。

> 知讷自妙年投身祖域，遍参禅肆，详其佛祖垂慈为物之门，要令我辈休息诸缘，虚心冥契，不外驰求。如经所谓若人欲识佛境界，当净其意如虚空等之谓也。凡见闻诵习者，当起难遇之心，自用智慧观照。如所说而修，则可谓自修佛心，自成佛道，而亲报佛恩矣。①

他所树立的修行目的，就是《坛经》的宗旨。这里讲的"不外驰求"，"自修佛心，自成佛道"等，都是《坛经》的核心思想。而他对《坛经》中关于"无念"的一些论述，直接反映了他的禅特色和弘扬《坛经》的方式。

知讷早年在阅读《坛经》时，对其中的一句话有了新理解，根据记载：

> 以大定二十二年壬寅（1182）举僧选，中之。未几南游，抵昌平（全罗南道罗州郡）清源寺，住锡焉。偶一日，于学寮阅《六祖坛经》，至曰："真如自性起念，六根虽见闻觉知，不染万像，而真性常自在。"乃惊喜，得未曾有，起绕佛殿，颂而思之，意自得也。②

---

① 知讷：《劝修定慧结社文》。
② 金君绥：《塔铭》。

这里所引用的句子，是《坛经》在解释"无念"时讲的。在各本《坛经》中，"无念为宗，无相为体，无住为本"都毫无例外地是禅学的核心内容，是最基本的禅学理论和实践，从来没有变化过。关于"无念"的一大段解释，知讷始终很重视：

> 真如即是念之体，念即是真如之用。真如自性起念，非眼耳鼻舌能念。真如有性，所以起念。真如若无，眼耳色声，当时即坏。善知识，真如自性起念，六根虽有见闻觉知，不染万境，而真性常自在。①

知讷早年在本段最后这一句话上有心得，就是抓住了《坛经》的一个核心内容。在《坛经》中，关于"无念"有现成的解释，但是，知讷对这一段话确有新的理解，他在泰和七年（1207）所写的《六祖法宝坛经跋》中指出了这一点。

知讷在《跋》文中引用了慧忠国师议论《坛经》的公案，② 解释了关于"无念"的内容。分析知讷的引述和解释，可以看到他在理解《坛经》某些内容时不同于中国禅师的新特点。

慧忠国师曾对一位来自南方的禅客说，自己主张"身心一如，心外无余"，即认为身心两方面都没有生灭变化，这叫"全不生灭"。但是，南方宗师主张"身是无常，神性是常"。这就是说，慧忠认为身心是统一的，都没有生灭、断常变化；而南方宗师把身心两者割裂开来，认为身是无常，有生灭变化，而性是常，没有生灭变化，所以叫"半生半灭，半不生灭"。然后慧忠国师批评说："吾比游方，多见此色，近尤盛矣。把他《坛经》云是南方宗旨，添糅鄙谈，削除圣意，惑乱后徒。"这就是说，早在慧忠时候，《坛经》就不纯粹了，加上了许多错误的东西。另外，慧忠把《坛经》中那些自己认为不正确的内容，统统归结为是别人添加的，与六祖慧能无关。

---

① 《六祖坛经·定慧第四》。因为本文所涉及的《六祖坛经》内容各本相同，为便于查找，均标注宗宝本《六祖坛经》的品名。
② 所引公案出自《景德传灯录》卷二十八〈南阳惠忠国师〉。经对照，知讷在这里是节录引用，但意义没有出入。

知讷认为，湛默要重刻的《六祖法宝坛经》是正本，不是慧忠国师批评的那种本子。但是，他认为，仔细看这个《坛经》本子，里面"亦有身生灭，心不生灭之义"，比如本子中的："真如性自起念，非眼耳鼻舌能念"等，"正是国师所诃义。修心者到此，不无疑念，如何逍遣，令其深信，亦令圣教流通耶？"

知讷是接受了慧忠的观点，认为身心是统一的，都没有生灭、断常变化。实际上，这种观点在中国社会和佛教界并不是占主流的观点，"身灭神不灭""形尽神不灭"的观点更为流行。同时，知讷认为，"真如性自起念，非眼耳鼻舌能念"这句话，就包含了"身有生灭，心无生灭"的意思。那么，既然这个《坛经》本子是正本，这句错误的话自然也是六祖慧能讲的，如何解决这个矛盾呢？知讷提出了如下意见：

> 祖师（指六祖慧能）为怀让、行思等密传心印，外为韦据等道俗千余人说无相心地戒，故不可以一往谈真而逆俗，又不可一往顺俗而违真，故半随他意，半称自证，说"真如起念，非眼耳能念"等语，要令道俗等先须返观身中见闻之性，了达真如，然后方见祖师身心一如之密意耳。若无如是善权，直说身心一如，则缘目睹身生灭故，出家修道者尚生疑惑，况千人俗士，如何信受？是乃祖师随机诱引之说也。①

知讷认为，慧忠讲的"身心一如""全不生灭"才是真理性的说法，而《坛经》中讲的"真如起念，非眼耳能念"等话语，实际上包含了身有生灭、心无生灭的意思，本质上是不正确的。六祖慧能之所以要这样讲，是为了适应向不同身份、不同素质的人宣讲教义的需要，是祖师的"善权"方便之举，"随机诱引之说"。看待《坛经》此类话语的正确态度是："我等儿孙，既未亲承密传，当依如此显传门诚实之语，返照自心，本来是佛，不落断常，可为离过矣。若观心不生灭，而见身有生灭，则于法上生二见，非性相融会者也。"②

---

① 上引均见知讷的《六祖法宝坛经跋》。
② 知讷：《六祖法宝坛经跋》。

可以说，在中国禅宗史上，解释《坛经》这些话语的人很多，不相同的观点也存在。但是，像知讷这样通过重新解释无念内容，并且采用"善权方便"说来化解矛盾，在中国禅师的解释中尚未出现过。一般情况下，对于认为《坛经》存在的"错谬"内容，中国禅师大多采取与慧忠同样的态度，直接斥为"添糅鄙谈，削除圣意"，完全把这些内容和六祖割断联系，而不是归因于六祖的善权方便。知讷在这里的分析和解释，是利用《坛经》中关于"无念"的内容倡导"身心一如"的关系，宣传祖师的方便诱引方式，最终把禅人引导到自证自悟的轨道上，其最终目标依然与《六祖坛经》的主旨相一致。

六　结语

知讷在修行和弘教过程中所重视和推广的四部典籍组合，是一个有鲜明特点的创新，直接反映出其禅学特点和核心内容。从总体上来说，这种典籍组合不仅反映了高丽佛教的新趋向，也反映了中国佛教界从重视翻译经典到重视中国撰述的变化，反映了华严学与禅学融合的趋向。知讷把《金刚经》作为劝人诵持的首部经典，既接受了六祖慧能以来的传统，也适应了社会一般信众求取功德的需要。他推崇李通玄华严学的最主要原因，是为弘扬禅学服务。他所重视的李通玄学说中的某些具体内容，要比中国佛教界更早。他几乎全盘接受了宗杲的看话禅内容，并把参究话头作为明心见性最有效的方法。他成功地在僧俗信众中推广看话禅，是对韩国佛教发展做出的一个重大贡献。他把《六祖坛经》作为衡量迷悟，判断善恶的准则，并且在认识、理解和弘传《六祖坛经》方面有着不同于中国禅师的新特点。总之，知讷禅学与从北宋开始的中国禅宗理论与实践的发展主流相一致，同时又带有高丽佛教的特点。

（原载《普照思想》［中文、韩文］2011 年总第 35 期）

宋代禅宗中的华严学

从宋代开始，佛教各派义学理论的继承、弘扬和传播已经不是单单凭借本宗的僧人，而是依靠禅宗僧人。尤其是华严学和唯识学，在这方面表现得尤其充分。这种现象可以追溯到唐末五代，到宋代形成潮流，并且一直延续至今，成为中国佛学发展的一个重要特点。造成这种情况的原因是多方面的，既有中国佛教特定宗派格局的原因，也有佛学各种思潮相互融合的原因。华严学能够在宋代佛教界和思想界保持相当影响力，就与禅宗僧人对其多途创用有直接联系。

宋代禅宗以云门、曹洞和临济三宗为主，研究和弘扬华严典籍的著名禅僧也基本出自这三宗。以下分别论述。

一　云门宗中的华严学

云门宗兴盛于北宋前中期，至两宋之际衰落。在此宗僧人中，兼重禅与华严的人为数不少。其中，法秀、惟白、宗本和怀深，在创造性运用华严学方面尤具代表性。此类僧众基本与宋王朝保持较密切的关系，大多是应诏住持京城大寺院者，与士大夫交往广泛。另外，他们本人均有良好的佛学和中国文化修养，主张禅教融合，禅教并弘。在他们的传禅机语中，少有呵佛骂祖、非经毁教的议论。

（一）法秀的从教入禅与现量比量之别

法秀（1027—1090）是云门宗天衣义怀（989—1060）系僧人，秦州陇城（今甘肃秦安）人，俗姓辛，十九岁试经得度，于元丰七年（1084）奉诏住持京城法云寺，第二年受"圆通禅师"号。法秀出家伊始，专心于佛教典籍，涉猎甚广，励志讲经，曾习《因明》《唯识》《百法》《金刚》《华严》等经论。他开始是按照宗密的著作讲《华严经》，"声闻京洛"，但是他又"恨学圭峰宗密之禅，故唯敬北京之天钵重元"。重元以精通《华严》著名，号"元华严"。法秀尊教排禅的态度很坚决，认为"世尊教外以法私大迦叶者，吾不信也"，对禅宗讲的"以心传心"的神话坚决否定。他发誓南游，到禅宗兴盛地，要"穷其窟穴，搜取其种类抹杀之，以报佛恩乃已耳"。

法秀南游至无为军铁佛寺，见到天衣义怀。义怀问："座主讲何经？"法秀回答："《华严》。"再问："此经以何为宗？"答："以心为宗。"又追问："心以何为宗？"法秀不能应对。义怀对他说："毫厘有差，天地悬隔。汝当自看，必有发明。"所谓"自看"，指对教理的直观体验，有别于讲说教理。义怀通过一直问到法秀无法作答才罢休的启悟方式，让他懂得，只有在亲身体验之后才能真正理解教义，讲经说教并不是个人修行的目的。经过这番问答之后，法秀从教入禅，成为义怀的嗣法弟子。此后他把华严学与禅学结合起来教人，强调直观体验，不满足于解说教理。

元丰年中，枢密蒋颖叔撰《华严经解》三十篇，颇为自负，到长芦山造访法秀时，题方丈壁曰："余三日遂成《华严解》，我于佛法有大因缘，异日当以此地比觉城东际（指《华严经》所记善财童子悟入法界故事），唯具佛眼者当知之。"法秀以自己的华严学修养和禅僧特有的机智，对蒋颖叔的题言逐句反驳。

蒋颖叔以为，三天著成《华严解》，即表明他具备了获得解脱的条件（善财在觉城东面，象征修行解脱），而且他的解脱过程只有真正悟道的人才知道（唯具佛眼者当知之）。对此，法秀指出："公何言之易耶？夫《华严》者，圆顿上乘，乃现量所证，今言比觉城东际，则是比量，非圆顿宗。"法秀曾专习《因明》，此处的"现量""比量"即因明学用语。"现量"指不能用语言文字表述，不能以概念思维把握的感觉和体验，"比量"指对"现量"获得的感觉和体验进行推理，是由已知推论未知的思维活动和表述方式。从认识真理的角度讲，"现量"是"比量"的基础；从修行解脱的角度讲，"现量"是起决定作用的条件。因为悟道成佛不仅仅是解决认识问题，更重要的是解决实践（体验）问题。三天完成的

《华严解》属比量，因为这是形成文字的东西；把自己比作在觉城东际的善财也属比量，因为这是从已知推论未知。在法秀看来，真正懂得《华严》，应同《华严》所说的教理一样，用"现量所证"。

由于"现量"不可言说，那么，属于"比量"的文字论证在表述体验境界方面必然破绽百出，法秀即由此驳斥蒋颖叔的题言。针对题言中的"异日"，法秀说："一真法界，无有古今，故云：十世古今，始终不移于当念，若言'异日'，今日岂可非是乎？"他认为，"具佛眼者当知"之说也不妥："然《经》曰：平等真法界，无佛无众生，凡圣情尽，彼我皆忘，岂有愚智之异？若待佛眼，则天眼、人眼岂可不知哉？"法秀诸如此类的说法，是禅僧逢场作戏的机辩之辞，从华严典籍中可以找出更多的话予以反驳。但是，他发此类议论的用意很明确：真正理解华严教理，要在亲身体验之后，即强调"现量"的重要性。这与义怀指示他"汝当自看，必有发明"的思路是一样的。

教与禅在修行方式、修行理论方面不同点很多，教禅融合需要多方面因素的促动。但是，作为中国佛教内部的不同派别，它们有着本质上的相通处。华严宗的佛境界离言绝相，禅宗的教外别传，不立文字，都有强调直观体验的意义，尽管两者要求体验的具体内容有不同。这种本质上的相通点，为教禅在适宜的社会环境中融合奠定了学说基础。

（二）惟白的《指南图赞》

惟白是法秀五十九位知名弟子之一，靖江府（江苏靖江县）人，俗姓冉，初住泗州龟山寺，后继法秀住持东京法云寺，活跃于哲宗朝（1086—1100）。曾"屡入中禁，三登高座，宣扬妙旨"（《建中靖国续灯录御制序》），晚年住明州（今宁波）天童寺。他的《建中靖国续灯录》在禅宗文献史上占有重要地位。他的《佛国禅师文殊指南图赞》（简称《指南图赞》）一卷，是以禅解《华严》，并纳华严思想入禅的代表作。

《指南图赞》根据《华严经·入法界品》中善财童子参访善知识的故事，分别绘图，配诗赞颂。这部图文并茂的小书分为五十四节，前五十三节每节包括三部分，第一部分是据《华严经》介绍善财参访某位善知识的情况，次一部分是附图，最后一部分是八句五十六字的七言诗，阐述个人见解。这是所谓善财的"五十三参"。第五十四节是总结。

借《华严》而弘禅，是《指南图赞》的主要特点。该书第十四节，依《入法界品》讲善财到达海住城，参访具足优婆夷。此人能"安一小器，涌无量宝，万方来者，悉得满足。得无尽福德藏法门，证无违逆行"。惟白所作的赞辞是："海住城高瑞气浓，更观奇特事无穷。须知隐约千般外，尽出希微一器中。四圣授时成圣果，六凡食后脱凡笼。少林别有真滋味，花果馨香满木红。"《入法界品》中的这一段是讲具足优婆夷有神通力，能使一个小器皿中涌出无限珍宝，满足一切人的求财需要。惟白的赞辞，则说这小器象征少林禅宗的教义，能使一切人"成圣果"，"脱凡笼"。那么，与其说善财参具足优婆夷，不如说是参访禅宗祖师。惟白借用《华严经》讲菩萨无尽行的故事，鼓励禅僧行脚参禅。

然而，《华严经》讲的菩萨行是无穷无尽的，是永无止境的修行过程，禅宗讲的行脚参禅却不是让人一辈子东奔西跑。换言之，行脚遍参只是手段而不是目的。于是，惟白在第五十四节总结："时光已觉成蹉跎，嗟尔平生跋涉多。五十余人皆问讯，百重城郭尽经过。而今到此休分别，直下承当得么？忽若更云南北去，分明鹞子过新罗。"通过行脚遍参，最终的收获要体现在能言下便悟（直下承当），懂得开发自我的能力，实现自我完善的道理，并依此实践。个人的解脱完全不能依赖他人，或希求他人代劳。

禅宗的行脚参禅起自中唐以后，有其社会根源，并引起修行方式、传教方式等方面的变化。直到宋代，在遍访名师过程中丰富知识、扩大见闻、积累经验、建立关系，仍为禅僧所重视。《华严经·入法界品》提供了一个稍加改造就可以利用的权威教材，不但受到禅宗界的重视，也受到士大夫的重视。杨亿曾称誉临济僧人善昭（947—1024）"效遍参于善财，同多闻于庆喜（阿难）"（《汾阳无德禅师语录序》）。杨杰曾作《大方广佛华严经入法界品赞》，其赞文共55首，第一首题为"毗卢遮那如来"，第五十五首为"再见文殊师利"，与《指南图赞》所述的"五十三参"不完全一致。张商英对《指南图赞》评价甚高："李长者《合论》四十轴，观国师（澄观）《疏抄》一百卷，龙树尊者二十万偈，佛国禅师五十四赞，四家之说，学者所宗，"把《指南图赞》与李通玄、澄观、龙树的著作并列，自然是夸张说法，但此书特别流行则是事实。张商英认为此书"乃撮大经之要枢，举法界之纲目，标知识之仪相，述善财之悟门，人境交参，事理俱显，则意详文简，其《图赞》乎！"①"文简"的确是《指南图赞》的特点，便于学习，易于流通。但它并不是"撮大经之要枢"，概括《华严经》的主要内容，而是借用《华严经》中的材料，予以改造，阐发禅宗的教义。所谓"法界之纲目"，与《指南图赞》的内容和旨趣相去甚远。

（三）宗本的华严悟入处

宗本（1020—1099）是天衣义怀弟子，俗姓管，常州无锡（今江苏无锡）人，年十九投苏州承天永安禅院道升，从事劳作甚苦，十年后剃发受具，又三年乃辞别道升，游方参学。初至池州景德寺，师事义怀，先后随义怀迁住越州天衣山、常州荐福寺。英宗治平元年（1064），受义怀之荐，住持苏州瑞光寺，门众达五百人。后又应杭州太守陈襄之请，住持承天、兴教二刹。神宗元丰五年（1082），应诏住东京大相国寺的慧林禅院，此后，多次受神宗和哲宗之诏入宫谈禅论道。哲宗赐"圆照禅师"号。

据《慧林宗本禅师别录》，元丰八年（1085）七月二十八日，高丽僧统义天在苏轼等人陪同下到慧林寺见宗本，两人有一段关于如何悟入华严妙理的问答，仅录前面一部分：

> 师（指宗本）问义天："承闻久熟经论，是否？"
> 天曰："粗于华严大教留心。"
> 师曰："好！《华严经》尽是诸圣发明，称性极谈，若非亲证悟解，难明法界妙理，莫曾有悟入处否？"
> 天曰："昭昭于心目之间，而相不可睹。"
> 师曰："作么生是昭昭于心目之间？"
> 天曰："森罗及万象，一法之所印。"
> 师曰："犹是文字语言，如何是一法？"

---

① 《佛国禅师文殊指南图赞序》。

天曰:"无下口处。"

师曰:"汝未曾悟在,诸佛音旨,密密堂堂,若非悟入,实难措口。祖师西来,直指人心,见性成佛。见即便见,不在思量,不历文字,不涉阶梯。若以世智辩聪解会,无有是处。"

要真正理解《华严经》的法界妙理,需要"亲证悟解",包括体验(亲证)和以逻辑思维把握(解)两个方面。在宗本看来,义天的答语全是引用的《华严法界观序》(何人所作未明言)的原文,这是以"世智辩聪解会",是不曾悟入的表现。按照宗本的论述,所谓"悟入处",不在寻章摘句的注释,而在"悟解"禅宗"直指人心,见性成佛"的教义。由于华严教理难明,所以达摩西来,送来了解决这个问题的办法。换言之,悟解禅宗教理,是悟解华严法界妙理的前提。那么,华严的"悟入处",也就是禅宗的"不在思量,不历文字,不涉阶梯",即禅宗教理的"悟入处"。而作为这种"悟入"的表现,自然只能是禅僧在参禅酬对过程中的行机锋、施棒喝之类的做法。

当经过一连串的追问,义天终于明白了宗本的意思,声明"义天未曾参禅"时,宗本告诉他:"不可到宝山空手而回。"让精通华严教理的义天也学些禅法,把禅法带回国去。从宗本所谓华严妙理"悟入处"之说可以看到,义学僧人与禅僧讨论华严学问题时,这种讨论往往流为机语酬对。这不仅仅是发生在宗本与外来义学僧人之间的个别现象,而且是当时禅学界的普遍现象,在临济宗僧人那里,有更充分的表现。

(四)怀深的华严居士观

怀深(1077—1132)是宗本再传弟子,师从长芦崇信,寿春府六安(安徽六安)人,俗姓夏。关于他的生平事迹,《嘉泰普灯录》卷九所记与《慈受怀深禅师广录》卷一略有不同。据后者记,怀深于徽宗崇宁元年(1102)往嘉乐(今福建建阳)资圣寺,师从崇信,政和三年(1113)住仪真城南资福禅寺。政和七年(1117),宋朝廷诏改资福禅寺为神霄宫,怀深离去,投临济僧人佛鉴慧懃(1059—1117),不久奉诏住焦山禅寺。宣和三年(1121),奉诏主持东京慧林禅院。钦宗靖康元年(1126),两次乞辞住持，经宋朝廷批准，南返天台山，活动于江浙一带。晚年曾应请住思溪圆觉寺，为第一祖。

怀深活动于北宋末南宋初，当时宋王朝无力抵御外侵，处于风雨飘摇之中。战事频仍，社会动荡，不仅有许多人涌入禅门，而且社会上信佛教的人数大量增加。在这种情况下，怀深比较重视向居士群传教，为他们树立了一位华严居士的形象。

据《慈受怀深禅师广录》卷三，有位居士倾心于《华严经》，"宿于华严性海、七处九会有大因缘。每岁之中，常兴此会"。除了每年举行僧俗均参加的华严斋会，他还"供养华严五十三善知识"。针对这位信奉《华严》的居士，怀深首先宣讲的华严教义是："毗卢界内，真如俗谛交参；华藏海中，诸佛众生一体。古今三世，非后非先，凡圣一心，无迷无悟。"由于凡俗众生不懂这些道理，所以如来"说《华严经》，令一切众生，于自身中得见如来智慧德相"。给教外信众劈头就讲"真如俗谛交参"，宗教真理与世俗真理相互沟通，不过是要强调僧俗平等交融，可以浑为"一体"。其余的议论，大体是借《华严》讲禅宗强调的人心具足一切，即心即佛之类，是禅僧语录中俯拾皆是的老生常谈。值得重视的，是怀深向教外信众介绍《华严经》所记的善财所参访的居士。

怀深谓：善财童子至大兴城，参见明智居士。当善财问明智居士"云何学菩萨道，修菩萨行"时，居士告诉他："我得出生随意福德藏解脱门，且待须臾，汝当自见。"言犹在耳，见一切人来居士所，而求种种资生之物，或求饮食者，或求汤药者，或求钱财者宝物者，或求衣服者。经过怀深改编的这则《华严经》故事表明，作为佛教居士，他所修的菩萨行，所学的菩萨道，所证的解脱法门，统统体现在能为一切人提供"资生之物"方面。这里的"一切人"，自然也包括佛教僧侣。在北宋末南宋初，一方面是大量北方僧人因躲避战乱而纷纷南下，另一方面是各地更多丧失家园者出家为僧，致使佛教僧侣人数迅速增加，解决衣食问题就十分紧迫。在这种情况下树立明智居士的形象，显得特别重要。总之，怀深华严居士观的内容，就是在僧俗无别、僧俗平等的前提下，居士能够为一切人提供生活必需品，此即是居士解脱的表现。

二 曹洞宗的华严学

在曹洞宗僧人中，重视传播和运用华严理论者不多，投子义青和真歇清了可以反映此系在这方面的几个特点。

义青（1032—1083）俗姓李，青社（安徽舒州）人，据《投子义青和尚语录》卷下所载《行状》，义青七岁投本州妙相寺出家，十五岁试《法华经》得度，第二年受具足戒，习《大乘百法明门论》，后入洛中，专习《华严》，"深达法界性海、刹尘念劫、重重无尽之义"。在开讲《华严玄谈》时，"妙辩如流，闻者悦服"。但是，当他讲到诸林菩萨即心自悟偈文时，忽然醒悟："法离文字，岂可讲哉？"他是在讲《华严经》的过程中领悟到修行佛法不能以讲解为目的。于是他离开讲席，南下游方，参学禅宗。他从临济僧人浮山法远（？—1067）学习六年，遵其所嘱，传承当时已经断绝了的曹洞宗法系。熙宁六年（1073），义青始住舒州白云山，八年后移住投子山，"道望日远，禅者日增"，曹洞宗法系从此流传下去。

在义青的语录中，有不少出自华严典籍的内容，基本被作为传禅的材料使用，他并不专门去解释其含义。"莲华世界，毗卢现七佛家风；流水莺啼，观音示千门法海。尘尘影现，刹刹光明，转大法轮，普成佛道。到这里，若信得去，只悟得佛边事，须知七佛外消息始得。诸仁者，作么生是七佛外消息？半夜白猿啼落月，天明金凤过西峰。"（《投子义青和尚语录》卷上）义青早年习《华严经》时所重视的内容，也保留在他晚年的禅语中。此中"尘尘影现，刹刹光明"，与当年他所"深达"的"法界性海、刹尘念劫、重重无尽之义"的含义大体相同，是更简略的说法。这是说，作为一真法界体现的世界万有，处于大（刹）小（尘）无碍，长时（劫）短时（念）互摄的圆融无尽状态。他当年不满足于华严教义，认为佛法有不可言说的一面，这里还是没有改变早年离教从禅时的认识，认为信得华严教义，不过是只"悟得佛边事"，还"须知七佛外消息"。在禅宗语录中，"七佛外消息"是停止追求外在的佛，返观自心，求得自证自悟教义的另一种表达方式。因此，义青不满华严教义，最终还是落实到信奉自证自悟方面。

然而，信得华严教义只是"悟得佛边事"之说，并不意味着义青完全否定华严教义，"尘尘现影，刹刹光明"也可以运用于另外的方面："毗卢楼阁，善财见七佛家风；华藏海心，普贤指一生妙果。尘尘现影，刹刹光明，主伴交参，互兴佛事。致使尧云弥布，舜雨膏萌，星辰交换于九宫，和气淳风于万国。"（《投子义青和尚语录》卷上）禅宗吸收华严宗无碍圆融的教义是普遍现象，但在不同时代又有不同的表现。义青生活在北宋前中期，宋王朝还保持着发展势头，有一定的活力，反映在"中兴"曹洞宗的义青禅语中，使圆融无碍说又增加了一层歌颂升平盛世的色彩，而"主伴交参，互兴佛事"又有一种号召上下齐心协力振兴佛教的少见气派。

清了（1091—1152）是左绵（四川）安昌人，俗姓雍。据《真歇清了禅师语录》卷上《劫外录》，他十八岁试《法华经》得度，具戒后往成都大慈寺，习《圆觉经》《金刚经》《起信论》，并没有专门研习华严类典籍。但是，他曾先登峨眉礼普贤大士，后入五台礼文殊菩萨，对华严宗注重的菩萨信仰相当留意。清了师从邓州（河南南阳）丹霞山子淳，后又至东京访禅讲名席，对当时南北各地的佛教情况比较熟悉。从宣和五年（1123）开始，清了历住长芦山（江苏扬州）、四明补陀、福州雪峰、杭州径山等处。记录其教禅言行的有《真歇清了禅师语录》二卷，反映其净土思想的有《归无直指集》，关于他吸收华严学说的内容则主要体现在《华严无尽灯记》中。

在《华严无尽灯记》中，清了以镜灯之喻来讲华严教理，与法藏的做法类似。"譬东南西北上下四维中点一灯，外安十镜，以十镜喻十法界，将一灯况一真心。一真心则理不可分，十法界则事有万状。然则理外无事，镜外无灯，虽镜镜中有无尽灯，惟一灯也；事事中有无尽理，惟一理也。以一理能成差别事故，则事事无碍；由一灯全照差别镜故，则镜镜交参。一镜不动，而能变、能容、能摄、能入；一事不坏，而即彼、即此、即一、即多。主伴融通，事事无尽。"这是照本宣科讲述华严宗教义，并无创新，只为适应传播华严宗基本知识的需要。但是，这里对比喻的讲解，始终坚持在理事关系上立论，既不违背华严宗的教理，又继承了自希迁以来的传统。从理事关系上立论，是曹洞宗自创宗以来的特点之一，清了予以继承。

然而，即便这些几乎照搬的华严教理，最终还要归结到禅宗所强调的启发悟解言外之旨上。清了最后的一偈谓："镜灯灯镜本无差，大地山河眼里花，黄叶飘飘满庭际，一声砧杵落谁家？"就说明了这一点。

三　临济宗的华严学

自北宋开始，临济宗成为禅宗中最兴盛的一派，此后再没有发生变化。在当时佛教界，出自此派的名僧最多，他们的禅思想代表着宋禅发展趋向。华严宗最基本的教理，也通过他们中的一些人传播于禅林，普及于社会，上达帝王，下及士大夫。研究和弘扬华严的临济僧人为数极多，但他们在吸收华严学具体内容及运用方式等方面，往往相互重复，彼此雷同。诸如按华严典籍讲述某些学说，在注解某些禅籍时援引华严宗的教理，在机锋酬对中使用《华严经》或华严注疏中的只言片语等，他们所要着重表述的思想，不出圆融无碍、十玄六相、四法界的范围。所有照搬内容自然不足为论，但它们对禅僧了解华严的基本知识必不可少。当时真正阅读唐代华严注疏，从"第一手"资料中汲取华严理论的禅僧是极少数，绝大多数人是从禅籍中的华严资料方面了解华严教理。

临济僧人传播华严学注重灵活运用，注重为弘禅服务。但是，参禅酬对中引用的华严学说往往与机语纠缠在一起，介于可解与不可解之间，有些问答则干脆使人不知所云。相对说来，道宁、克勤和慧远对华严的创用和弘扬比较有特点。

（一）道宁的华严机语

道宁（1053—1113）是临济名僧五祖法演的弟子，常住湘潭开福寺，记录其传禅言行的著作有《开福道宁禅师语录》二卷。该书卷下有一段关于"四法界"的问答：

> 上堂。僧问：如何是事法界？师曰：杖子拈将来，随时得受用。僧云：如何是理法界？师曰：妙体本无私，应缘非少剩。僧云：如何

是理事无碍法界？师曰：通同归实际，语妙少知音。僧云：如何是事事无碍法界？师曰：肥典座，瘦维那。

如果说，用"妙体本无私，应缘非少剩"回答什么是理法界的问题，包含了讲"理"为本体、摄事无余的意思，还是可以理解的，那么，对什么是"理事无碍法界"问题的答语就的确"语妙少知音"了，介于可解与不可解之间。至于道宁对什么是"事法界"和"事事无碍法界"的答语，则完全不能从字面上来理解。

其所以会产生这种情况，与宋代禅僧普遍追求答语的新奇、玄妙有关。支持者谓此类答语是禅师苦心琢磨出来的启悟参禅人的"断流语"，反对者认为这是迷惑人的"隐语""大言"。

道宁关于"四法界"的答语并非特例，这种现象普遍存在于诸多禅师的《语录》中，因繁不举。毫无疑问，华严学说进入禅门，一旦与玄妙的机语混在一起，那它的原意是什么，当事人对它如何理解，就只有当事人自己清楚，或者连问答双方也不清楚。

（二）圆悟克勤的以华严说禅

据《僧宝正续传》卷四，圆悟克勤（1063—1135）字无著，俗姓骆，彭州崇宁（今属四川）人，十八岁出家后，先习佛教经论，因"窥其奥以为不足"而属意禅宗，就学于昭觉胜禅师。后离川东下，师从五祖法演。宋徽宗崇宁（1102—1106）初年，因母老归省，住持成都昭觉寺。又历住澧州（今湖南澧县）夹山灵岩院、湘西道林寺。政和（1111—1118）末年，奉旨住金陵蒋山，名冠丛林，"法道大振"，成为北宋末年临济宗最有影响的一位传法宗师。宣和年间（1119—1125），奉诏住京城天宁寺，不久因战乱返蜀，仍住昭觉寺。

克勤之所以于禅林和朝野知名，与他撰成解释重显《颂古百则》的《碧岩集》有直接联系。本书开创了解释公案和颂古的完备形式，标志着禅宗一类新经典的诞生。它把公案、颂古和佛教经论融成一体，在弘扬禅学的同时也讲解佛教基本知识。其中，对华严宗理论也有介绍。如在《碧岩集》第八十九则，克勤解释"网珠垂范影重重"一句时，比较系统地讲述了华严宗的基本教义，包括四法界、六相、一即一切等，符合华严宗学说的原意，起到了传播华严基本知识的作用。

据《罗潮野录》卷上，张商英听了克勤把华严学与禅学进行比较的一番议论后，大为赞赏："夫圆悟融通宗教若此，故使达者心悦而诚服，非宗说俱通，安能尔耶？"克勤是在荆州见到张商英，在谈论华严旨要时，克勤说："华严现量境界，理事全真，所以即一而万，了万为一，一复一，万复万，浩然莫穷。心佛众生，三无差别，卷舒自在，无碍圆融，此虽极则，终是无风匝匝之波。"张商英对克勤归纳的华严宗旨很感兴趣，问："到此与祖师西来意为同为别？"即华严宗的这个理论与禅宗的理论是同还是别。克勤认为"且得没交涉"，即完全不同。他解释："更须知有向上全提时节，彼德山、临济岂非全提乎？"上述的华严宗理论，还没有包括在禅师的启发下自证自悟的禅宗教义，只有在德山棒、临济喝下领悟言外之旨，才是超越华严进入禅门。

第二天，克勤为张商英讲"四法界"，讲了事法界、理法界之后，又讲理事无碍法界，张商英问："此可说禅乎？"即问理事无碍理论是否能和禅理相比。克勤认为不可以，只有到事事无碍法界才能说禅。他解释："若到事事无碍法界，法界量灭，始好说禅。如何是佛？干屎橛。如何是道？麻三斤。是故真净（克文）偈曰：事事无碍，如意自在。手把猪头，口诵净戒。趁出淫坊，未还酒债。十字街头，解开布袋。"根据克勤的解释，到事事无碍，不仅仅是一种对禅境的体验，不仅仅是获得一种真理性认识，而是在现实生活中的实践（法界量灭）。这种实践的特点，是能够随心所欲地行事，而一切有违戒律的丑态恶行，都是成佛的表现，都是拯救世人的行为（"十字街头，解开布袋"，喻五代的布袋和尚契此，他被认为是弥勒佛显化，所以他的一切疯癫行为被认为是彻悟的表现，也是拯救世人的表现）。

克勤在《碧岩集》第八十九则谈到"事事无碍法界"时说："四、事事无碍法界，明一事遍入一切事，一事遍摄一切事，同时交参无碍故。"这是准确转述华严宗的教义。但是，当联系禅学讲事事无碍时，当把事事无碍作为现实生活中的行为准则时，他就不仅仅是在强调自我解脱、不受束缚的禅宗教义，而使这种学说成了给伪君子的一切丑行辩护的理论。这种解释并非克勤始创，也不是克勤一人宣扬，而是一种广泛流行的思想倾向，无论在禅宗界还是在士大夫群中，它都有一定的市场。

（三）佛海慧远的《奏对录》

慧远（1103—1176）号瞎堂，西蜀眉山（四川眉州）全流镇人，俗姓彭，年十三投药师院宗辩出家，受具足戒后到成都大慈寺习佛教经论四年，还谒峨眉灵岩寺徽禅师。徽禅师是临济黄龙慧南系僧人。后亦曾从学于圆悟克勤。绍兴五年（1135），扁舟东下，初抵淮南（扬州）住龙蟠八年，后历迁琅琊（今安徽滁州市）之开化、婺州（浙江金华）之普济、衢州（浙江衢州）之定业。绍兴二十一年（1151），住光孝寺，与大慧宗杲来往较多。此后历住天台国清、护国、鸿福三寺。乾道三年（1167）住虎丘，六年（1170）奉诏住灵隐。八年（1172）秋因奉诏入东阁说法，受赐"佛海禅师"。关于他的传教言行，记录于《佛海慧远禅师广录》四卷中。

慧远晚年为孝宗所重，经常入宫谈禅论道。《广录》卷二收有他与孝宗的《奏对录》，《续传灯录》卷二十八也有摘录。淳熙元年（1174）五月，他与孝宗谈论有关《华严经》的问题。孝宗告诉慧远，他近日阅读《圆觉经》，觉得经文甚好。慧远回答："《圆觉》谓之小本《华严》。"孝宗问："如何是大本？"慧远答："《华严》总有上中下三本，世尊七处九会说，今人间见传者，乃是下本，其余两本，尚镇龙宫，流通未到。"孝宗接问："七处九会者如何？"答："普光明殿说三会，后一会广作三处，其他共成九处九会，后李长者及诸宗师，广作十处十会。"又问："只有九处九会，如何是那一会？"慧远答："即今对陛下说底。"孝宗对此答语颇满意，"首肯之"。

这种奏对问答，既有教僧讲经的特点，又有禅僧机语酬对的色彩。通过这样的问答，对孝宗来说，可以了解当时佛学界的情况，也可解闷消遣；对慧远来说，要介绍华严基本知识，也要辅之机智奉迎。这种问答，是佛教界与朝廷相互沟通，佛教界上层人物把华严信息传递给最高统治者的重要途径。

这个奏对内容反映了佛学界两方面的情况：其一，《圆觉经》流传颇广，禅僧把它与《华严》等量齐观。这是宗密重视此经造成的结果，同时也是当时专业《华严》的学僧所反对的。其二，李通玄的理论受到接触华严禅僧的重视。这不是慧远一人的特点，而是普遍现象。临济僧普庵印肃（1115—1169）阅《华严合论》，至"达本情忘，知心体合处"一句而"豁然大悟，遍体流汗"，宣称"我今亲契华严法界矣"（《普庵印肃禅师语录》卷上）。在这里，慧远专门提及李通玄的"十处十会"异说。

（1997年佛教学术讨论会发表，后整理为《中国华严宗通史》第六章第五节，略有改动）

宋代华严中兴的过程、内容和特点
——从慧因寺系到"宋代华严四大家"

隋唐时期形成的佛教诸宗派，在从宋到清的千年历史中，绝大部分曾出现过数度所谓"中兴"过程。特别是华严、天台、唯识这教门三派，其兴衰消长变化，直接决定着佛学在特定历史阶段的面貌，从一个重要方面反映佛学的发展状况。研究不同时期教门三派中兴事件的过程、内容和特点，有助于对整个宋元明清时期佛学发展规律的把握。在这个方面，实际上还有很多研究工作是可以做的。本文拟通过对净源等人振兴华严本宗事迹的介绍，通过对所谓"宋代华严四大家"所关注的主要问题的分析，论述两宋时期华严复兴的过程、内容和特点。

一 慧因寺系与华严宗中兴

（一）子璿成为华严宗师的原因

北宋时期，兼习《华严》或专业《华严》的学僧遍布南北各地。其中，杭州慧因寺集中的学僧最多，影响也最大，被视为中兴华严宗的基地。后出史书把北宋僧人子璿（一作滯）归于宗密下的法灯系，再传净源，使宋代华严宗传承一直未断绝。实际上，自宗密后，华严与禅宗融合，并没有一个师徒相承的华严宗法系，另外，子璿本人不仅华严师承不明确，也没有华严方面的著作和弘扬华严宗的突出事迹。他之所以成为华严宗师，与其弟子净源有直接关系。

子璿（965—1038）是嘉禾人，幼年出家，先从天台宗僧人法敏习《楞严经》，又从临济宗汾阳善昭系下的琅琊慧觉习禅。据《佛祖统纪》

记载，慧觉告诉他："汝宗（指华严宗）不振久矣，宜励志扶持，以报佛恩。"① 这表明，在南宋时期，就公认了子璇的华严宗僧人身份。但是，早期传记中并没有介绍他的华严宗师承，他本人日后也没有华严方面的著作。子璇离开慧觉后，住长水寺，以研究、宣讲《楞严经》和《大乘起信论》为主，听其讲经者近一千人。

子璇的代表作是《楞严经疏》十卷（今本《首楞严义疏注经》为二十卷），因"御史中丞王随序而行之，纸为之贵，赐号楞严大师"②。《佛祖统纪》卷二十九谓此书是"以贤首宗旨"解释《楞严经》。最早认为子璇以注解《楞严经》宣扬华严教义的是其弟子净源。他在《教义分齐章重校序》中说："若清凉（澄观）之释大经，圭峰（宗密）之解《圆觉》，长水（子璇）之注《楞严》，皆所以抗志一乘，潜神五教。"净源是在重校法藏的《五教章》时讲这番话的，实际上是把子璇与法藏、澄观、宗密并列。子璇被纳入华严宗系谱，与毕生以中兴华严宗为己任的净源不无关系。

子璇的另一部重要著作是《大乘起信论笔削记》二十卷。唐代完成的华严学说中，渗透了《起信论》的多种思想因素，所以此论更便于和华严学相联系。在宋代，关注华严教义的学僧中兼重此论者不乏其人。稍早于子璇的东京开宝寺守真（894—971），一生"讲《起信》及《法界观》共七十余遍"③。从子璇习《起信》的净源此后接受了这个传统，依据《起信论》提出了排定华严宗诸祖的法系传承说。总之，子璇并不是研究和弘扬《华严》的学僧，他被纳入华严系谱，与其弟子净源以后在慧因寺中兴华严宗有直接联系。

（二）净源中兴华严宗事迹

在佛教史上，净源（1011—1088）被称为宋代华严宗的"中兴教主"。他振兴华严宗的工作包括四个方面：其一，建立了永久弘扬华严宗

---

① 《佛祖统纪》卷二十九，《大正藏》第49册，第294页上。
② 上引均见《补续高僧传》卷二，《卍续藏经》第77册，第374页下。以下引该书均依此版本，不再注出。
③ 《宋高僧传》卷二十五。

的基地慧因寺；其二，终生致力于华严典籍的收集和整理；其三，提出华严宗新的传法系谱；其四，以华严教义解释其他较流行的佛教典籍，促动华严学在整个佛学中的运行。

据《佛祖统纪》卷二十九、《武林西湖高僧事略》载，净源俗姓杨，字伯长，泉州晋水（今福建晋江县）人。初依东京报慈寺海达法师出家，后游学南北各地。受具足戒之初，即随横海明覃习《华严经》，又习李通玄的《新华严经论》，曾到五台山求学于华严名僧承迁。最后南返从学于长水子璿，习《楞严经》、《圆觉经》和《起信论》。净源离开子璿后，主要活动于江浙一带，住持过多处寺院，有泉州清凉寺、苏州报恩寺、杭州祥符寺、秀水（今浙江嘉兴）青镇的密印宝阁、华亭（今江苏松江）普照的善住宝阁。其后，经在杭州的左丞蒲宗孟上奏朝廷，将杭州慧因禅寺改为教寺，命净源住持，使该寺成为永久弘扬华严宗的道场。宋代华严学的研究和传播中心地由此建立，并且长久不衰。

宋哲宗元祐元年（1086），高丽僧统义天航海来宋，上表四次，请传授华严教义，以便归国弘传。朝廷命有关部门推荐可以传授华严学的法师，首选的是东京觉严寺的诚法师，因为他"讲《华严经》历席既久"[①]。但诚法师上表推荐净源，于是朝廷采纳了他的建议，命与诚法师关系较密切的杨杰送义天到杭州慧因寺。义天在请教净源的同时，也带来了许多国内已佚失的唐代华严注疏，丰富了慧因寺的藏书。义天回国后，于第二年遣使送来金书《华严经》的三种译本一百八十卷，即"六十华严"、"八十华严"和"四十华严"，净源建华严阁安置。

经历唐末五代的动乱和灭佛运动，至北宋时，唐代华严类著述大多散失，净源常年致力于华严典籍的搜集和整理。由于他游学南北，熟悉各地的佛教情况，所以他在校订和注解每一种重要著作时，务必收集历代的注疏本，加以整理，刊出统一的注本。他所整理和注解的，包括了法顺、法藏、澄观、宗密等人的著作。在北宋时期，他是接触唐代遗留下来的华严典籍最多的人之一。他本人的著作，也以整理文献为特点。从他的记述中，可以了解唐末五代至北宋华严典籍的流传情况，以及华严学的发展

---

① 《补续高僧传》卷二。

情况。

第一，关于法顺的著作。从澄观开始，《华严法界观》即被认定为法顺所作，此书在宋代为华严学僧所重视。据净源《法界观门助修记序》介绍，为此书作注解者"殆盈四家：西蜀仁周法师、开宝守真大师、浙水从朗法师、景德有明大师"①，可见《法界观》流行之广。净源认为，所有这些注疏本"虽皆连疏累偈托文为证，而于所解之义，有多互违者"。所以他"删众说之繁文，补诸祖之要义，勒成两卷"②，以便传于后世，有助于学僧修习。他改订重编的注疏本，即《法界观门助修记》二卷。

第二，关于法藏的著作。净源整理、校释的法藏著作主要有四部，首先是《五教章》。当他随横海明覃习《华严经》时，即认为《五教章》"开一乘之渊旨，发五教之微言，故其立言判义，独耀古今。兹实先圣之遗烈，作后世之龟鉴者也"。但是，当时流传的《五教章》各本"其间标题有乖谬（书名不统一），列门有参差（段落错乱，如第九门与第十门颠倒），传写有讹误（错字别字很多）"。鉴于有此"三失"，净源收集南北各地流传的多种本子，"与二三子详校其辞，以垂当世"③。

第二部是《华严经义海百门》。据此书"详校题辞"，净源曾花费数年时间，"遍搜古本，历考十门以前之九门，具彰序意（指《义海百门》所述十门之前的序言），列义通结，唯后之一门，亡其通结（指十门之后没有与前面序言相对应的结语部分），或诸本传写缺文耶，或祖师立言互略耶"。这是对此书结构逻辑关系的考证，对此书是否有缺文，还不能肯定。另外，原第六门为"圆明解缚"，属误题，改为"差别显现"。

第三部是《妄尽还源观》。北宋天台宗人认为此书是法顺作，孤山智圆即持此说。净源在阅读唐裴休的《妙觉塔记》时，发现裴休认为此书是法藏作，于是根据法藏的其他著作证实此说。熙宁元年（1068），净源带上所收集的"诸郡《观》本"，请教钱塘通义子宁，又找出《妄尽还源观》中与《华严经义海百门》《般若心经疏序》等相同的句子。从此，

---

① 见《卍续藏经》第58册，第562页上。
② 同上。
③ 《教义分齐章重校序》，见《卍续藏经》第58册，第561页下。

《妄尽还源观》被公认是法藏的著作。在考证《妄尽还源观》的基础上，净源于元丰二年（1079）作《华严妄尽还源观疏钞补解》一卷。早在景祐年中（1034—1037），净源在昆山慧聚法师处习《妄尽还源观》，所用疏文及科文均为法灯所作。净源认为，法灯大师"所释序文及诸观义，虽尽乎善，而未尽乎美"，所以，他"探清凉之疏旨，索《演义》之钞辞，补其遍善之功，成其具美之绩"。这是说，他要用澄观的《华严经疏》和《演义钞》来补法灯疏文之不足。实际上，他的疏文除引用澄观著作外，还引用了法藏的其他著作，以及僧肇的《肇论》、《宝藏论》（传为僧肇所作）等。特别引人注目的是，他还引用了子璿的《大乘起信论笔削记》。他受子璿重《起信论》的影响，并结合对法顺《法界观》和法藏《妄尽还源观》的理解，提出了马鸣为华严宗初祖说：

> 帝心（杜顺）冥挟《起信论》，集三重法界（指《华严法界观》中所述）于前；贤首显用论文，述六门还源（指《妄尽还源观》，此书分为六门）于后。推是言之，以马鸣大士为吾宗初祖，其谁谓之不然。①

《起信论》传为印度马鸣所著，因认为此论弘扬华严宗旨，所以立马鸣为华严宗初祖。另外，净源还认为传说是龙树所撰的《十住毗婆沙论》与《起信论》性质相同，所以立龙树为二祖，加上从法顺到宗密的唐代五位祖师，即成"华严宗七祖"说。建立华严宗的新法系，也是净源中兴华严宗的一个重要内容。

第四部是《华严金师子章》。由于此书是简要介绍华严宗教义，文简义丰，易于理解，在宋代佛教界流传很广，所谓"禅丛讲席，莫不崇尚"。就其注疏本言，净源见过四家，"清源止观禅师注之于前，昭信法灯大士解之于后。近世有同号华藏者，四衢昭昱法师，五台承迁尊者，皆有述焉"。净源认为这四家注解"或文繁而义缺，或句长而教非"，于是"探讨晋经二玄，推穷唐经两疏"，选取其中"与祖师章旨炳然相符者，各从

---

① 《华严妄尽还源观疏钞补解序》，见《卍续藏经》第58册，第562页上。

义类以解之"①。他是参考智俨、法藏（晋经二玄）和李通玄、澄观（唐经两疏）的著作来注解《金师子章》，实际上释文中还引用了宗密等人的著作。净源注《金师子章》的著作名为《金师子章云间类解》，一卷，其序文作于元丰三年（1080）。

第三，关于澄观的著作。净源曾抄澄观的《华严经疏》，注于《华严经》经文之下，以便于观览，今存五十八卷。

第四，关于宗密的著作。治平二年（1065），慧因寺的可中作《原人论》科文及赞，送净源审阅。熙宁七年（1074），净源著《原人论发微录》三卷。此书引用典籍较多，尤其多引儒家和道家的典籍。但净源认为，此书是"录广钞之要辞，发斯论之微旨"，"然既录论主钞辞以发微旨，故号之曰《发微录》焉"。他用宗密的《圆觉经大疏钞》来解释《原人论》，其目的在于让人们全面理解宗密的著作。

以上是净源在整理和注释唐代《华严》注疏方面的主要著作，此外他还有《注仁王护国般若经》四卷、《佛遗教经论疏节要》一卷、《华严普贤行愿修证仪》一卷、《圆觉经道场略本修证仪》一卷、《首楞严坛场修证仪》一卷、《肇论中吴集解》三卷和《肇论集解令模钞》等。

就净源有关华严方面的著作言，具有传播华严学知识的特点。他的教学目的之一，是让学僧系统学习唐代《华严》注疏之作，融合各种不同见解，兼容并蓄。他在《策门三道》中提出三个令学僧思考的问题，前两个是《贤首判教》和《判教有差》，都是讲法藏与宗密在判教上有不同点，让人思考其不同的原因。第三个是《儒释言性》，列举儒家各种心性说，让人思考有哪些与佛教的心性论相同。这是把融合的范围扩大到儒释两教。总的说来，净源在华严学说方面的议论，没有超出唐代华严学。所谓华严宗的中兴，并不表现在提出新理论方面。

（三）以华严释《肇论》的途径

除华严类典籍外，净源还研究过《肇论》，著有《肇论中吴集解》和《肇论集解令模钞》。前一部书是净源整理中吴秘思法师的遗稿著成，后一

---

① 《金师子章云间类解序》，《大正藏》第45册，第663页上。

部书是对前者的再解释，并不是直接注解《肇论》本文。中吴秘思法师生前"久传《四绝》（指《肇论》），名冠环中"①，所以，这两部书的学说特点，不仅反映净源本人的思想，而且反映北宋佛教界在理解《肇论》方面带普遍性的倾向。

《肇论中吴集解》在《宗本义》前题：

> 宗本之要，其妙明真心乎！然则心之为义，有性焉，有相焉。推之于相，万物不迁也；本之于性，万有不真也。统而括之，唯真俗二谛而已。夫观二谛之交彻，非般若无以穷其源。穷源极虑，故能内鉴照其真，外应涉乎俗。涉俗亡染，大悲所以不住；照真亡缘，圣智所以无知。以圣智无知之因，冥涅槃无名之果。

这段论述是讲《肇论》四篇论文的逻辑结构，也是对《肇论》学说的概括。按照这种解释，《肇论》学说建立在"真心"（即一真法界）论的基础上。由于"心"有性和相两方面，所以《物不迁论》是讲"心"的"相"，即由心产生的一切事物；《不真空论》讲"心"之"性"，即心的实体。把两者结合起来，不过真俗二谛，而《般若无知论》和《涅槃无名论》正是分别讲这两者。很明显，这番议论实际上是用有宗改造空宗，用华严教义解释《肇论》。

以华严宗教义释《肇论》，是两部书的共同特点，以两书对"不真空"的解释为例可见。《肇论中吴集解》在释《宗本义》文中指出："幻有即是不有有，真空即是不空空；不空空故名不真空，不有有故名非实有，非空非有是中道义。"《肇论集解令模钞》在释前者的《不真空论》解题文时指出："直以非有非真有，非无非真无。非，不也，《演义》云：以不不之，故云不真空。"②僧肇所讲的"不真空"，意为"不真"即是"空"，一切事物是虚假存在（不真），此即为"空"的体现，并不承认有

---

① 净源：《肇论中吴集解题辞》。
② 本文所引的《肇论集解令模钞》是十年前托朋友从日本寄回的复印本，从哪个图书馆复印已忘记。

一个实在的心生起一切事物。唐代元康的《肇论疏》也以"不真即空"释"不真空"。净源则认为"不真空"是"不空空",即不把"空"空掉。这样,"不真空"就是"不是真正的空"之义。这是强调"真心"的实存。

把《肇论》般若学进行改造,是净源的自觉行动,他曾因此指出僧肇的理论不足。《集解题辞》谓:"夫总万有之本,莫大乎一心,宗一心之源,莫深乎《四论》。昔者论主,生于姚秦,遮诠虽详,表诠未备。""遮诠"是否定表述,"表诠"是肯定论述。般若学对一切都不作肯定回答,僧肇也继承了这种论证方式,所以他并没有肯定过"一心"的实存。《肇论集解令模钞》则进一步指出批评僧肇"遮诠虽详,表诠未备"的原因:"言遮诠虽详者,详,广也,以八部《般若》洎破相诸论,当姚秦时已传东夏,故云虽详。表诠未备者,如《华严》梵文虽赍此土,而未翻宣。《楞严》《圆觉》诸经,《起信》《十地》诸论,犹在西竺。唯《法华》《净品》等经流通于此,放云未备也。"此处所讲的僧肇未看到的几部经和论,是宋代佛教界比较流行的典籍,不仅仅为华严学僧所重。般若学的方法论已为佛教各派所吸收,而突出"真心缘起",则是改造《肇论》的一个重要方面。

二 "华严四大家"与《五教章》

(一) 道亭的《义苑疏》

在唐代华严宗人典籍中,法藏的《五教章》引起浙江一带众多学僧的特殊重视。他们纷纷注解此书,并围绕其中涉及的某些概念展开论战。在两宋的《五教章》注释者中,道亭、师会、观复和希迪被后世称为"宋代华严四大家"。对《五教章》的研究,在南宋一度成为华严研究的代名词。他们对《五教章》的不同理解和所争论的主要问题,直接反映了当时华严义学的发展状况及特点。

道亭在北宋神宗时住雪溪(今浙江吴兴)普静寺,其他事迹不详。他撰有《华严一乘教义分齐章义苑疏》(简称《义苑疏》)十卷,杨杰为该书撰写前序和后序,后序写于元祐五年(1090)。对于《五教章》,谓道亭"考其笺释，古今未闻"，说明他是为该书作注最好的。

道亭"题称《义苑疏》者，分披众义，若华圃之敷荣；布置群言，摄题纲要之谓也"。其所以如此，是要通过条分缕析《五教章》的众多义理，并且引经据典注解，达到把握其中心思想的目的。从形式上看，《义苑疏》与一般注疏之作没有差别。

道亭在释《五教章》题目时指出："性海冲深，智行融会；义门广辟，势变多端。论其体性，不出海印三昧。所以尔者，良由此心具足实德，不动一处，能现万境。然而所现境不异心，能现心不异境。境智不分，譬如大海虽入众流，同一盐味。虽能现影，亦不变异，此明其总也。"

按照一般的注疏体例，总是在解释所注书的题目时引申发挥，阐述其中心思想。道亭也是这样，通过对《五教章》题目的注释，对华严宗教义予以总概括。他以"海印三昧"概括华严教义，完全继承了法藏的思想。他侧重从"心""性"方面讲融会，认为万物是"心"的变现，同时又以心为本质规定，不能说有违于法藏的原意。但这种强调表明他与宗密的华严学更贴近，是接受了为禅学重塑过的华严学。对华严教义的这种归纳，也广为宋代士大夫所接受。杨杰在此书后序中说："佛智潜入众生心，众生心中具正觉。道场不动，遍九会于同时；海水湛然，含万形而齐印。大中小法，岂有殊途？过现未来，全归一念。"把一切现象的融通全归于"一心"，而这"一心"又是"佛智"，这与华严宗的教义无违，并且是为宗密所强调的内容。因此，道亭虽然引用多种经典注解法藏著作，但他所着力发挥的，是完成于宗密的学说。

道亭不仅要讲清华严宗的"纲要"，而且要辨明华严宗与天台宗、禅宗的区别，这是《义苑疏》的另一个重要内容。《五教章》在讲"顿教"时说："顿者，言说顿绝理性，顿显解行，顿成一念不生，即是佛等。"[1] 道亭对这一句的释文是："言说顿绝等者，谓不同天台四教，绝言并令亡筌会旨。今欲顿诠言绝之理，则别为一类。离言之机，不有此门；追机不足，则顺禅宗。故达磨以心传心，正是斯说。既云言绝，何言顿教？若不指（立）一言，以直说即心是佛，心要何由传？故寄无言之言，直诠言绝

---

[1] 《五教章》卷一。

之理，教亦明矣。"①

从慧苑开始，即认为法藏的"五教"说吸收了天台宗"四教"的内容。道亭首先指出，"顿教"中讲的"顿诠言绝之理"，是天台宗"四教"所不能包括的，是与它的不同处。因为，天台宗讲"绝言"，是讲忘言得意之类的"亡筌会旨"，而华严宗的"顿诠言绝之理"则不是这个意思。在这一方面，华严宗也与禅宗不同。禅宗所讲的"以心传心"，是不立一言（不指一言），即主张"绝言"。如果无言（绝言），那"心"又凭借什么来传？禅宗从"离言之机"、"追机不足"方面看待"言"，即为了启发素质低下者（机不足）去悟"理"才立"言"。所以，禅宗讲的"言"不是为了解释"理"。在道亭看来，如果无言（绝言），又哪里来的"顿教"？因为"教"指经典文字，是有"言"。华严宗的"顿诠言绝之理"，是用"无言之言"解释（诠）"言绝之理"。这样，华严宗的"言绝"指"理"的特性，不是指"绝言"会旨。这番议论，实际上是肯定佛教经典的重要性，反对禅宗"教外别传""不立文字"之说。道亭的这些见解，实际上也为宋代大多数禅宗僧人所接受。道亭努力辨明华严宗与天台宗、禅宗的区别，目的是树立华严教义的权威，说明华严宗优于其他宗派。到了南宋，关于华严宗与其他宗派的异同，成为华严学僧论辩的中心问题。但其所有论证，未超出澄观的议论范围。

道亭《义苑疏》对以后的《五教章》研究影响较大。南宋师会认为，《义苑疏》的释文大多依据澄观、宗密的著作，没有依据智俨和法藏本人的其他著作，所以很难把握法藏《五教章》的原意。这样一来，依据什么人的著作解释《五教章》，也成为一个有争论的问题。

（二）师会及其弟子

师会（1102—1166）字可堂，早年师事佛智现，是净源的三传弟子，绍兴年间住持杭州慧因寺。现存标名师会的著作有三种。

其一，《华严一乘教义分齐章复古记》（简称《复古记》）六卷，原为三卷。据其弟子善熹在此书序文中介绍，师会早年重视研究《五教章》，

---

① 《义苑疏》卷二。

菩提寺钦法师勉其注解此书。但师会颇知其难，直到 65 岁时才动笔，至"断惑分齐章"病逝。师会临终时嘱善熹完成此书。善熹在绍熙三年（1192）作《复古记序》，此书刻板流通在庆元三年（1197），可见历时之长。善熹在《序》中说："先师专用古文训释，因以复古命焉。"在书后的"跋"中，他又具体说明"复古"的含义："今云复古者，以先师专用《搜》《探》二玄、《孔目》《问答》等解释前代诸师作记。"因此，《复古记》是以智俨和法藏的学说为标准，与此前道亭的《义苑疏》不同。由于此书是师会和善熹合著，从而成为师会系的代表作。

其二，《华严一乘教义章焚薪》（简称《焚薪》）二卷，是师会为批判其弟子笑庵观复而作。观复曾作《华严一乘教义章析薪》，师会于绍兴十一年（1141）见到此书，逐条批驳，成《焚薪》，并于绍兴十七年（1147）作《送焚薪书》，送达观复。此书的形式，是先以"析薪曰"列观复著作原文，后以"议曰"为题批驳。

其三，《同教策》一卷，又称《华严同教一乘策》、《同教问答》等。此书虽标为师会所著，实际上是一份答卷。师会不仅个人注重研究《五教章》，而且专以此书授徒。他重视对《五教章》中所说的"同教"和"别教"的理解，专门出"同教"这一试题，让弟子们作答，然后由他下评语。他的问题是：

> 问云：华严大宗，唯同、别二教，别义讲解多同，但《易简》特异，而多不从。若同教一义，或曰三种，或曰四门，或曰立言小异，大义不差，而学者二三，不知孰是，请诸少俊，博采祖文，示其所归，当公论是非，不可私其所党。

师会以华严宗传法宗师自居，出此问卷，讨论当时华严学方面的热点问题。他把批判的矛头指向宗豫《易简记》，力图通过对这个问题的回答，统一学僧的认识。《同教策》先列师会的这一问话，接着分列学僧的答语，其后是师会的评论。在回答问题的人中，与师会观点完全对立的是观复。观复号笑庵，曾先后从学于宗豫、师会。其著作有《圆觉经钞辨疑误》《华严疏钞会解记》《金刚别记》《遗教经论记》《同教一义》等，引起反响较大的是《五教章析薪记》五卷。观复始终站在师会的对立面。

继承和发挥师会学说的主要人物是其弟子善熹。他除续完《复古记》外，还有《注同教问答》一卷，作于乾道四年（1168），专门批驳观复。他指称"笑庵法师遂据所闻，以辨差当，犹不体其本，而未免乎失焉"。还有《斥谬》一卷，批评把《圆觉经》与《华严经》相等同的观点。当时有人依据唐宗密重视《圆觉经》，抬高此经地位，认为它与《华严经》同属"别教一乘"。善熹引宗密、澄观和师会等人的观点驳斥。他着重指出：关于"一一圆融""主伴无尽""性起"等学说，只是《华严经》所讲，非《圆觉经》所谈。说《圆觉经》也讲"三圣圆融"是"极谬"之言，因为《华严经》所讲的佛是十身卢舍那，《圆觉经》讲的佛是三身佛中的报身佛；《华严》以普贤为长子，《圆觉》则"先举文殊"。善熹认为，宗密本人也没有把《圆觉经》视为"别教一乘"。他在力主维护《华严经》至高独尊地位的同时，还主张恢复华严的"五祖之道"。《辨非集》一卷，作于淳熙五年（1178），批判解空法师的《金刚通论》和《金刚事苑》，认为这些书于"禅教无用，士庶莫取"。《评金刚錍》一卷，批判天台宗僧人湛然倡导的"无情有性"论，认为"唯众生得有佛性，有智慧故；墙壁瓦砾无有智慧，故无佛性"。原因在于，"在有情数中，名为佛性；在非情数中，名为法性"。很显然，这些议论都是重复澄观的老调。另有《融会一乘义章明宗记》一卷，又名《释云华尊者融会一乘义章明宗记》，因今本书前有缺，亦有人认为是师会作。此书是注解智俨《孔目章》第四卷中的《融会三乘决显明一乘妙趣》，而论述的重点依然在"同教"与"别教"的关系方面。

综观善熹的著作，基本是为论战或发挥师会学说而作，对外是批判天台宗的"无情有性"论，对内是通过"同教"与"别教"之辩，维护《华严经》的至尊地位。善熹直接继承师会法系，但后来并未被列入所谓"宋代华严四大家"之中。

师会的另一著名弟子希迪，又号"武林沙门"，于嘉定十一年（1218）著《五教章集成记》六卷（今存一卷），具有总结研究《五教章》成果的性质。嘉泰元年（1201）作《注一乘同教策》，注解师会的《同教策》。此外还有《评复古记》（又名《扶焚薪》）一卷，是批判观复的。希迪的著作也是以《五教章》研究为中心，主要讨论"同教"与"别教"的问题。

师会身为华严传法宗师，在浙江一带有较大影响，除上述弟子外，从其学习的僧人知名者不少。据《补续高僧传》卷三，宁道慧定（1114—1181）俗姓王，绍兴山阴（今浙江绍兴）人，幼年出家，曾从学于道隆、师会、景从，以习《华严经》为主。据说他"超然自得，出入古今，不妄随，不苟异，三师盖莫能屈也"。他曾在江浙一带住持过多所小寺院，著有《金刚经解》《法界观图》《会三归一章》《庄岳论》等，"皆盛行于世"。

另有子猷（1121—1189）字修仲，晚年号笑云老人，俗姓陈，绍兴山阴人。受具足戒后，先习《华严经论》于广福院，后游钱塘，到慧因寺从学于师会。他后来住山阴城东妙相院二十年，从其学者"常百余人"。子猷治学有兼容并蓄的特点："虽华严其宗，而南之天台，北之慈恩，少林之心法，南山之律部，莫不穷探。历讨取其妙，以佐吾说。至于百家之书，无所不读。闻名儒贤士，虽在千里之远，必往交焉。"① 子猷虽兼习各宗教义，目的仍在于弘扬华严宗。他在绍兴一带传教，形成了一定影响。

自北宋净源以来，华严学一直盛行于杭州一带。从总体看，慧因寺始终是南宋研究和弘传华严的中心，师会系所注重的典籍和所讨论的问题，也是当时大多数华严学僧所专习的经典和所关注的问题。

（三）同教别教之辩

法藏在《五教章》卷一开头说："初明建立一乘者，然此一乘教义分齐，开为二门，一别教，二同教。"所谓"一乘"分为两部分，即"别教一乘"和"同教一乘"。"别教一乘"指有别于三乘教义的华严独特理论，"同教一乘"指与三乘教义有相同处的一乘教义，天台宗的教义即属此。

这里的"三乘"与"一乘"之说，源自《法华经》。该经《序品》云："佛世尊演说正法，初善、中善、后善。"由于佛说法有初、中、后的三个阶段，相应的"教"也就有三种，即"声闻乘"、"辟支佛乘"和

---

① 《补续高僧传》卷三。

"菩萨乘",此谓"三乘"。由于"三乘教"均为佛所说,所以它们均统一于"一佛乘",所谓:"如来但以一佛乘故为众生说法,无有余乘,若二、若三。"① 该经在《譬喻品》中,还以羊车、鹿车、牛车和大白牛车的比喻来说明三乘与一乘的关系。《法华经》讲这些内容,目的在于论证"会三归一",消除佛教各派的对立,协调各种不同学说的关系,把全部佛教统一到后出的大乘佛教理论上来。法藏在判教中吸收了《法华经》关于三乘与一乘的说法,同时加以创造,把"一佛乘"又分为别教与同教。师会系所争论的主要问题,即围绕如何理解"同教"与"别教"而展开。自师会出《同教策》,围绕这个问题的争论竟然延续了几十年,当时著名的华严学僧大多参加了讨论。论辩的双方,一方是师会及其弟子善熹、希迪,另一方的主要人物是维护《易简记》观点的观复。

关于"同教",善熹在《明宗记》中有一个总结性的说明:

> 言同教者,以同字一言立教。总名通目,一代诸眷属经,皆名同教也。于中虽有偏圆顿实,始权愚小等教之殊,而各教下所诠教义、理事、行位十法义门,皆从《华严》圆别根本法轮所流所自故,派本垂末故,即末同本故,故名圆教也。

同教是一个总名,包括了《华严经》以外的所有经典(诸眷属经),并不是单指《法华经》。这个说明,完全贬低了《法华经》的地位,把它从"一乘教"中剔除出去。在善熹看来,同教中虽然也可划分出八种名目(偏圆顿实、始权愚小),但它们所讲的某些与《华严经》相同的义理(十法义门),都是从作为"圆教"和"别教"的《华严》中流出的,《华严经》是"本",包括《法华经》在内的一切经典都是"末"。由于"本"可以包括"末",所以《华严》称"圆教"。善熹的这番议论,以贬低天台宗,树立华严宗的至尊地位为目的。

善熹对同教的认识,与他对别教的界定相联系。《明宗记》在解释"别教者,别于三乘"时指出:"别者,迥异了义,名《华严经》宗本一

---

① 《妙法莲华经·方便品》。

乘，是诸佛众生平等，本有广大智慧，具足教义、理事、境智、行位、因果……迥异一代诸眷属经中小乘、三乘末教所诠。"因此，"别教"在经典上专指《华严经》，在教义上（以"十对"为代表讲，即上文的"十法义门"）专指华严宗理论。

继承和发挥《易简记》的观复对同教和别教是另外的理解。"今此一乘，具同别二教，教义之分齐也。以下列十门释此教义（指华严宗的教义），不出三乘。一乘若别教一乘，则三乘等，本来不异；若同教一乘，则三一合明。今虽标一乘，摄三乘等俱尽，所以统收不异，故曰一运载，合融放日乘。"①观复还指出："会三归一，即是同教；若知彼三乘等法本是一乘，即是别教。……故云：一切三乘等，本来悉是一乘也。"②很明显，观复首先严格按照《五教章》的论述来理解，认为"一乘"中包括同教和别教。但是，他接着援引《法华经》关于三乘与一乘的关系论述同教与别教的关系，把三乘与一乘的统一关系套用在同教与别教关系上，这就既抬高了《法华经》的地位，又取消了《华严经》的独尊地位。

师会在《焚薪》卷上驳斥这种观点："今说一乘，不知一乘乃缘起圆融无尽普法，而云不出三乘，一乘岂不妄乎？……夫别教一乘，圆融具德，卓绝独立，余如虚空。纵收请教，一一同圆，故曰：唯有一乘，更无余也。"师会认为，"一乘"专指华严宗教义，这种教义是"三乘"所不能概括和包含的。如果说一乘"不出三乘"，那么"一乘"岂不是成了"妄言"。因此，"别教""一乘""圆教"均持指华严教义，除此之外，统属"同教"。此后的善熹和希迪，都以此为立论的基点。

同教与别教之辩，基本在《五教章》的学说范围内进行，涉及如何看待华严教义与别派教义的关系，属于判教问题。师会等人始终站在抬高《华严》地位，强调华严教义优于别派教义的立场上。从这些争辩中，看不到华严学本身有什么发展，华严学僧甚至对本派理论的具体内容是什么都含糊了。这既是诸派融合过程中出现的必然现象，也反映了宋代华严义学的低落状态。华严学僧已无力全面继承唐代华严学的成果，更谈不上有

---

① 《焚薪》卷上引《析薪》文。
② 同上。

什么理论创新了。这种争辩也在一定程度上反映了宋代佛教的状况。当时在所谓"教门"中，天台和华严两宗均有"中兴"气象，华严学僧把批判的矛头指向天台教义和《法华经》，具有为本派争夺生存权的意义。当然，华严学僧内部的这种争辩能够兴起并持续下去，表明华严宗还有一定的活力，表明华严学还有一定的群众基础，受到来自僧俗各界的关注。到宋代以后，这种程度的争辩也就见不到了。

（原载《法源》2005 年总第 23 期）

圆悟克勤融合禅教的方式和特点

从唐代末年开始，临济宗逐渐发展成为禅宗中最有影响的派别，进而成为中国佛教的主体，其原因是多方面的。就宋代的临济宗而言，能够适应社会的变化，在开辟禅学发展新途径的同时，又适应继承佛教全部遗产的需要，提出禅教融合的新理论，就是一个重要原因。在融合禅教方面，做出贡献的临济宗师很多。其中，圆悟克勤是集中体现宋代禅教融合的重要代表之一。

一

圆悟克勤（1063—1135）字无著，俗姓骆，是彭州崇宁（今属四川）人。他18岁出家，先学习佛教经论，后来属意禅宗，就学于昭觉胜禅师。不久，克勤离川东下，参见法演禅师。崇宁（1102—1106）初年，因母老归省，住持成都昭觉寺。后来到澧州（湖南澧县），住持夹山灵泉院，再迁湘西道林寺。政和（1111—1118）末年，克勤奉旨移住金陵蒋山。此时，克勤已名冠丛林，"法道大振"。宣和（1119—1125）中。奉诏住持京城天宁寺。不久因战乱返蜀，仍住持昭觉寺。绍兴五年（1135）逝世。

克勤非常重视研究佛教经论和禅宗语录。"凡应接虽至深夜，客退必秉炬开卷，于宗教之书，无所不读。"① 分开来说，"宗"，一般谓"宗通"，特指"禅"而言；"教"，一般为言教，即所谓"说通"，他是主张"融通宗教"的。这里的"宗教之书"，是泛指禅宗的典籍和传统佛教的典籍。张商英在听了他讲《华严》教义和禅宗机语之后说："夫圆悟融通

---

① （宋）祖琇撰《僧宝正续传》卷四。

宗教若此，故使达者心悦而诚服，非宗说俱通，安能尔耶！"①

克勤也重视当时禅宗通行的机用，据说他跟随法演来到五祖山，要建"东厨"，而"当庭有嘉树"挡道，法演对克勤说："树子纵碍不可伐"。克勤不听，把树砍了。法演大怒，"举杖逐师"，克勤在仓促躲避之际，"忽猛省，曰：此临济用处耳。遂接其杖曰：老贼，我识得你也。演大笑而去。自尔命分座说法。"② 这种机锋棒喝，实际上已经形同儿戏。又传，克勤在五祖山时，有某位漕使入山问法。法演"诵小艳诗云：频呼小玉元无事，只要檀郎认得声"，时克勤侍侧，"忽大悟，即以告演。演诘之，师（克勤）曰：今日真丧目前机也。演喜曰：吾宗有汝，自兹高枕矣。"诵艳诗以传禅，由艳诗而得悟，同棒喝儿戏可谓双璧。政和末年（1118），北宋王朝已危在旦夕，克勤移居金陵蒋山。有人问："忠臣不畏死，故能立天下之大名；勇士不顾生，故能立天下之大事，未审衲僧家又作么生？""师曰：威震寰区，未为分外。曰：恁么则坐断十方、壁立千仞？师曰：看箭。"③ 他肯定忠臣勇士之不畏死、不顾生，理应"威震寰区"，而他的禅法却不能因此而动摇。所谓"看箭"，也是古禅师的机锋，但在这里变成了纯粹的遁词。

克勤一生南北辗转，结交的知名禅师和士人官僚很多，使他具有广博的禅学知识和丰富的阅历。他曾颇为得意地说："老汉生平，久历丛席，遍参知识，好穷究诸宗派，虽不十分洞贯，然十得八九。"④ 正是因为他有这样的基础，能够把握佛学发展的趋向，才能创作出影响巨大的《碧岩集》，才能融通禅与教。

二

《碧岩集》虽以克勤所住夹山（碧岩是其异名）为名，但形成却不限于此一地。现存《卍续藏经》中的《碧岩集》，收有前后序、题记、疏等

---

① 《罗湖野录》卷上。
② 《僧宝正续传》卷四。
③ 上引均见《佛祖历代通载》卷三十。
④ 《圆悟佛果禅师语录》卷二十〈辩伪〉。

十篇，其中以署名"关友无党"的序最早，为宣和七年（1125）作，记述了《碧岩集》的形成过程：

> 圜悟（即圆悟）老师在成都时，予与诸人请益其说（指《雪窦颂古百则》）。师后住夹山、道林，复为学徒扣之。凡三提宗纲，语虽不同，其旨一也。门人掇而录之，既二十年矣，师未尝过问焉。

克勤住持成都昭觉寺是在崇宁（1102—1106）初年，到宣和七年，正是二十年左右。因此，《碧岩集》是克勤的门徒根据他在昭觉、灵泉和道林三寺讲解重显《颂古百则》的稿子汇编整理而成。《僧宝正续传》又记，克勤分别在成都、夹山和湘西住持上述三寺之后，又奉旨住金陵蒋山，于是"法道大振"。这些记载说明，克勤影响力的扩大，与讲解重显颂古有直接关系。

克勤在三地的讲稿，可能先分别流传，多有被窜改的情形发生，关友无党的序说，克勤的讲稿，"流传四方，或致踳驳，诸方且因其言以其道不能，寻绎之而妄有改作。"克勤本人也曾指出："不知何人，盗窃山僧该博之名，遂将此乱道为山僧所出，观之使人汗下面赤。况老汉尚自未死，早已见如此狼藉，请具眼衲子详观之，勿认鱼目作明珠也。"① 究竟改窜的是什么内容，虽不得而知，但包括关于重显《颂古》的讲解，应无疑问。由此可见，《碧岩集》是在禅宗僧人普遍重视颂古的情况下形成的，而不是应某个人的邀请而作。

《碧岩集》由重显《颂古百则》所选的一百个公案为骨架组织起来，共分十卷，每卷解释十个公案和相应的颂古，形成十个部分；每一部分都有五项内容，依次是"垂示"、公案"本则"、雪窦"颂文"、"著语"和"评唱"。其中"垂示"是关于公案和颂文的总纲，克勤对公案、颂文的解释，都围绕"垂示"的主题展开。公案的"本则"，是指重显《颂古百则》所选的公案。雪窦"颂文"是复述重显原著的颂文。"著语"是克勤给公案本则和重显颂文所作的夹注，也称"下语"，文字简短，多则十余

---

① 《圆悟佛果禅师语录》卷二十。

字,少则三五字,有时只有一个字;形式则多样,有书面语,也有口语、俗语、谚语,大多具有点评性质,或称誉,或嘲讽。著语实际上就是机语。最后一项"评唱",是《碧岩集》的主体部分,分散在公案本则和颂文之后,是克勤对公案和颂文的正面解释。语言活泼,间或有韵。

试以《碧岩集》第十二则《洞山麻三斤》为例,来分析《碧岩集》的特点。

"第十二则,洞山麻三斤。"这是题目,以下进入正文:

> 垂示云:杀人刀,活人剑,乃上古之风规,亦今时之枢要。若论杀也,不伤一毫;若论活也,丧身失命。所以道:向上一路,千圣不传,学者劳形,如猿捉影。且道,既是不传,为什么却有许多葛藤公案?具眼者试说看。

这段"垂示"的大意是说,消除参禅者的错误观念,启发参禅者认识自己本来具有的智慧,既是上古禅师教禅的原则,也是现在参禅者要掌握的关键。然而,消除参禅者的错误观念,并不正言直说,而是要旁敲侧击,应机示现,不留丝毫痕迹;要启发参禅者自证自悟,也必须消除世俗的观念,才能获得佛教智慧。既如此,为什么还要研究这些表面上看来有违于禅宗主旨的公案呢?克勤的反问,就是强调古圣所传"麻三斤"的公案,其意义在于启发人们自证自悟,不要在表面文字上兜圈子。

公案"本则"及其夹注是这样。

> 举。僧问洞山:如何是佛[铁蒺藜,天下衲僧跳不出]?山云:麻三斤[灼然破草鞋,指槐树骂柳树,为称槌]。

意思很简单,克勤在"如何是佛"之下的注语,暗示这个问题难以回答,难以理解。"麻三斤"后面的注语,暗示"麻三斤"并不是对"如何是佛"问题的正面作答。

本则公案之后,是克勤的"评唱",文字颇长。首先,他指出这则公案的特点:

> 这个公案多少人错会。直是难咬嚼，无你下口处。何故？淡而无味。古人有多少答佛话，或云：殿里底；或云：三十二相；或云：杖林山下竹筋鞭；乃至洞山却道麻三斤，不妨截断古人舌头。

"如何是佛"，是参禅者经常要提出的问题，历来有多种回答。克勤认为，这些答语都同"麻三斤"一样，是用"淡而无味"的话去截断从字面上去理解思路。接下去，他批判了关于这则公案的几种错误理解：

> 人多作话会，道：洞山是时在库下称麻，有僧问，所以如此答；有底道：洞山问东答西；有底道：尔是佛，更去问佛，所以洞山绕路答之；死汉！更有一般道：只这麻三斤，便是佛。且得没交涉。尔若怎么去洞山句下寻讨，参到弥勒佛下生，也未梦见在。

这些解释都是围绕"麻三斤"答语的字面意义去解释，所以都不得要领（巴鼻），都不能把握公案中蕴含的禅理。按克勤的主张，"言语只是载道之器，殊不知古人意，只管去句中求，有什么巴鼻。不见古人道：道本无言，因言显道，见道即忘言。若到这里，还我第一机来始得。"因此，这则公案是让人追求言外之旨，即扫除情解，离言会道。他引用五祖法演的颂云："贱卖担板汉，贴称麻三斤，千百年滞货，无处著浑身。"由此克勤得到这样的解释："你但打叠得情尘、意想、计较、得失、是非，一时净尽，自然会去。"简言之，洞山以"麻三斤"来回答"如何是佛"的问话，只是让人扫除一切情解，净尽所有得失是非，由此自然会道。

接下去是列举重显的颂文，中间也有夹注：

> 金乌急[左眼半斤。快鹞赶不及，火焰里横身]，玉兔速[右眼八两。姮娥宫里作窠窟]，善应何曾有轻触[如钟在扣，如谷受响]。展事投机见洞山[错认定盘星，自是阇黎怎么见]，跛鳖盲龟入空谷[自领出去，同坑无异土，阿谁打你鹞子死]。花簇簇，锦簇簇[两重公案，一状领过，依旧一般]，南地竹兮北地木[三重也有四重公案，

头上安头]。因思长庆陆大夫［癫儿牵伴，山僧也恁么，雪窦也恁么］，解道合笑不合哭［呵呵！苍天！夜半更添冤苦]。咦［咄，是什么便打］!

克勤对这段颂文的解释也很长，他首先指出，重显讲的禅理同洞山是一致的："雪窦见得透，所以劈头便道'金乌急，玉兔速'，与洞山'麻三斤'更无两般"。"南地竹兮北地木，与麻三斤只是阿爷与阿爹相似。"据此，他批判禅僧对重显颂文的各种错误理解。关于"金乌急，玉兔速"一语，克勤说："人多情解，只管道：'金乌是左眼，玉兔是右眼'，才问著便瞠眼云：'在这里。'有什么交涉？"关于"花簇簇，锦簇簇，南地竹兮北地木"一语，他说："后人却转生情见道：麻是孝服，竹是孝杖，所以道'南地竹兮北地木。''花簇簇，锦簇簇'，是棺材头边画底花草。还识羞么？"克勤之所以认为这些解释都是错误的，不在于它们脱离了公案，而是没有超出"情见"，同"麻三斤"公案的主旨背道而驰。为此，克勤对重显的颂文每一典故都作了考证。以此证明颂文的主旨与公案相同，都是表达不要执着于言句，不要作道理会的。

比如，他考证"花簇簇，锦簇簇，南地竹兮北地木"的话语出自智门和尚，智门和尚这句话的意思，已由洞山守初讲出来："言不展事，语不投机，承言者丧，滞句者迷。"重显颂文中加以引用，就在于"破人情见，故意引作一串颂出"。"因思长庆陆大夫，解道合笑不会哭。"典出《景德传灯录》卷十《陆亘大夫》。① 这样，颂文的每一句话都应该考证，考证的结果，就是说明颂文与公案表达的是同一主旨。由此形成了《碧岩集》的一大特点，即思想单一而考证烦琐。

中国的传统哲学，大多是一元论的，在认识论和方法论上，特殊地看重纲举目张，一以贯之。在特定条件下，这种哲学特色有从根本上转变观念，革新实践，或坚持原则，不为现象迷惑的意义。但在另外一些情况

---

① 陆大夫指陆亘，是南泉普愿的弟子；"长庆"即福州大安，为百丈怀海的弟子。陆亘事迹最早见于《祖堂集》，与《景德传灯录》的记载差别很大。重显颂文用的典故，本于《景德传灯录》，编者以长庆的口吻，对陆亘的话作别曰："合善不合哭。"此处改为"合笑不合哭"。这是禅师们随兴用典的例证之一。

下，它简化了复杂和多变的现实，很容易导向主观、片面、凝固僵化，令认识贫困化。克勤的《碧岩集》就有这种趋向。

克勤在《碧岩集》第一则《圣谛第一义》中说：

> 达磨遥观此土，有大乘根器，遂泛海得得而来，单传心印，开示迷途，不立文字，直指人心，见性成佛。若怎么见得，便有自由分，不随一切语言转，脱体现成。

这本是隋唐以来诸大禅师咀嚼过多少遍的老生常谈，他当作新的发现，贯彻到颂古之中，所谓"古今言教，机缘公案，问答作用，并全明此"①。"古人举一机一境，皆明此事"②。这样，他把丰富多彩、表现着诸多禅僧生活和社会内容的禅思想，统归一个框架之中，使得禅也贫困化起来。

正因为克勤是把"百则公案从头一串穿来"③，所以像《禅林宝训》等称，"圆悟又出己意，离之为《碧岩集》"。克勤对公案、颂文的解释，处处都要装进一个框架，处处都使之显出属于"己意"；为要证明他所穿的那"一串"符合公案和颂文的本旨，又进行了细密考据。用大立文字的方法，支持"不立文字"的宗旨。结果将人引进了烦琐的考证，形成《碧岩集》的另一特点。

三

《碧岩集》把公案、颂古和佛教经论融成一体，在弘扬禅学的同时也讲解佛教的基本知识。因此，传禅和传教是本书的两个重要方面。我们说《碧岩集》的主导思想单一，是从它专注于弘扬禅宗主旨方面讲的，但是，从《碧岩集》烦琐考证方面考察，它又同时具有了传播佛教基础知识的作

---

① 《圆悟佛果禅师语录》卷十四。
② 《击节录·德山示众》。
③ 《碧岩集·普照序》。

用。而在传播佛教基础知识过程中，始终贯穿着禅教一体、禅教一致的思想。

在《碧岩集》第八十九则，克勤解释"网珠垂范影重重"一句时，比较系统地讲述了华严宗的基本教义。他解释：

> 雪窦引帝网明珠，以用垂范。手眼且道落在什么处？华严宗中立四法界：一理法界，明一味平等故；二事法界，明全理成事故；三理事无碍法界，明理事相融，大小无碍故；四事事无碍法界，明一事遍入一切事，一切事遍摄一切事，同时交参无碍故。所以道：一尘才举，大地全收。一一尘含无边法界。一尘既尔，诸尘亦然。网珠者，乃天帝释善法堂前，以摩尼珠为网，凡一珠中映现百千珠，而百千珠俱现一珠中。交映重重，主伴无尽。此用明事事无碍法界也。

在这里，克勤对四法界的叙述，是符合华严宗教理原来意思的，并没有用禅学予以改造。同时，他在这里重点强调的是"事事无碍"，并且认为这正是重显颂文的本意："雪窦以帝网珠，垂示事事无碍法界。"

禅宗僧人讲授华严宗的教义，自然具有传播佛教知识的作用，但是，其目的却在于把"教"与"禅"结合起来，说明教禅的一致。

> 雪窦拈帝网明珠，垂范况此大悲话。直是如此，尔若善能向此珠网中明得拄杖子神通妙用，出入无碍，方可见得手眼。所以雪窦云：棒头手眼从何起？教尔棒头取证，喝下承当。只如德山入门便棒，且道手眼在什么处？临济入门便喝，且道手眼在什么处？且道雪窦末后，为什么更着个"呲"字？参。

克勤重点强调"事事无碍"，目的就是让学僧把学习华严宗理论同参禅结合起来。通过理解和参悟"事事无碍"，理解禅宗机锋棒喝的主旨。因此，克勤在直接"传教"的同时，也是直接"传禅"。

然而，这种在禅教一致、禅教融合思想指导下讲述教门理论，往往会发生曲解教门理论以俯就禅学的倾向。克勤与张商英对"四法界"的讨论，就是用禅学改造华严学。

据《罗湖野录》卷上记载，克勤于荆州见到张商英，在谈论华严旨要时，克勤说："华严现量境界，理事全真，所以即一而万，了万为一，一复一，万复万，浩然莫穷，心佛众生，三无差别，卷舒自在，无碍圆融。此虽极则，终是无风之波。"张商英对克勤归纳的华严宗旨很感兴趣，问："到此与祖师西来意为同为别？"即华严宗的这个理论与禅宗的理论是同还是别。克勤认为"且得没交涉"，即完全不同。他解释："要须知有向上全提时节，彼德山、临济岂非全提乎？"克勤的意思是说，上述的华严宗理论，还没有包括禅宗自证自悟的教义，只有在德山棒、临济喝下领悟言外之旨，才是超越华严进入禅门。

第二天，克勤为张商英讲"四法界"，讲了事法界、理法界之后，又讲理事无碍法界，张商英问："此可说禅乎？"即问理事无碍境界是否能和禅的境界相联系。克勤认为不可以，只有到事事无碍法界才能说禅。他解释："若到事事无碍法界，法界量灭，始好说禅。如何是佛？干屎橛。如何是道？麻三斤。是故真净（克文）偈曰：事事无碍，如意自在。手把猪头，口诵净戒。趁出淫坊，未还酒债。十字街头，解开布袋。"

根据克勤的解释，到事事无碍，就不仅仅是一种对禅境的体验，不仅仅是获得一种真理性认识，而是在现实生活中的实践（法界量灭）。这里的"十字街头，解开布袋"，是指五代布袋和尚契此的故事。契此被认为是弥勒佛的化身，他的种种疯癫举动，怪诞行为，都被视为彻悟的表现，是适应拯救世人的需要而为之。如果不联系禅宗的基本理论，仅仅从字面来理解克勤引用的真净克文的偈文，似乎是说，一切随心所欲的行事，包括各种违背戒律的丑态恶行，都是成佛的表现，都是拯救世人的行为。实际上，这是禅宗僧人习用的走极端的表述，其目的不过是启发禅众不崇拜偶像，解除精神枷锁，走自立自强之路。当然，把"事事无碍"解释成不执着于"佛"或"道"的"如意自在"，把它作为现实生活中的行为准则，虽说是在弘扬自我解脱的教义，但的确有损害佛教的弊端，很容易被伪君子用来为其各种丑行辩护。

综上所述，克勤的《碧岩集》把解释公案、颂文和阐述经教三者结合起来，用评唱直截了当地进行解说，容易为人们所理解。但在夹注中或透机锋，评唱中时用机语，仍不失禅家的特色，从而创造了一种新的禅宗经典形式，在禅林中产生了很大的影响。这种禅宗的新经典，既顺应了文字禅的发展潮流，又开创了融合经教的新途径。这种经典的流传，既是传禅，也是传教。另外，克勤在融合禅教过程中，也存在着重新解释教门理论以俯就禅学的倾向。在禅学的长期发展过程中，这实际上是一种普遍现象。

（原载《行愿大千》，宗教文化出版社 2006 年版）

有益于宗教对话的佛教传统资源

在当今世界，宗教对话已经不是学术界的理论构想，而是各宗教正在进行的积极探索和实践。宗教对话在消除宗教间的冲突和对抗，增进沟通和了解，维护世界和平等方面的作用，已经引起各方面的广泛关注。对于实现宗教对话的必要性、可能性、重要性、前提条件、实践途径等，已经引起国内外相关学者的重视和讨论。

宗教间沟通、交流和对话的历史，可以说与宗教的传播历史一样古老。就具有两千多年传播历史的佛教而言，在其实践中，积累了加强宗教沟通的丰富经验；在其学说中，蕴藏着有益于宗教对话的宝贵思想资源。回顾佛教处理宗教关系的实践历史，开发那些传统的智慧资源，对于人们认识当今世界范围内的宗教对话，处理现代宗教间错综复杂的关系，无疑有着重要的借鉴价值，同时也有利于佛教自身的健康发展。应该说，在这些方面值得探索的内容很多，本文拟简单谈四点。

1. 强调用变化的观点看待世界、社会、人生和自身，倡导适应社会和众生需要的灵活性。佛教的这些思想和主张，从理论上为宗教对话提供了尽可能广阔的空间。

从早期佛教开始，佛教就提出所谓"法印"之说，即提出衡量（印证）是否真正佛教的标准。被列为"三法印"或"四法印"之首的，是"诸行无常"，指世界万事万物都处于不断的变化或变动之中，反对用静止、僵死的观点看待世界、社会、人生和自身。这种一切皆处于变化之中，否定存在永恒不变主宰者的信念，是所有佛教派别都坚持的。特别是大乘佛教，在强调变化观点的同时，以适应众生需要为目的，把传教方式乃至修行方法和手段的灵活性（权宜方便）也作为教义原则来看待，不把任何教条看作是不可改变的。所以，大乘的适应能力更强，传播渠道更多。无论传播到哪里,都会带上那里的民族特色,而且会适应社会的需要,发生重大变化。显然,没有哪一种宗教是亘古不变的,也没有哪一种宗教完全否定变化、完全拒绝改革。但是,把是否承认变化作为衡量本宗教真伪的第一准则,把权宜方便提高到基本教义的高度,在其他宗教中恐怕是少见的。

每一种宗教在其发展中,都不同程度地经历过自我调适以适应新形势的过程。宗教间以相互宽容的态度展开对话,本身就是适应社会的表现。佛教强调变化和重视灵活性的基本教义,从理论上为世界宗教间的相互交流开辟了尽可能广阔的空间。

无论在古代还是现代,尽管导致宗教间冲突和对抗的原因很多,也很复杂,但是,仅从宗教自身理论方面考察,冲突总是与相关宗教株守过时的旧教条相联系。特别在当今不同宗教信仰的人接触越来越频繁的情况下,用静止的观点看待对方,坚持自己一成不变的教义,没有任何灵活性,彼此沟通和交流就难于展开,冲突和对抗就不可避免。运用适应社会发展的变通智慧,就有可能为宗教间的对话和交流开辟出回旋的余地。因此,从促进当代宗教平等对话的角度看,佛教对"权宜方便"的重视,就是可以借鉴的思想资源。

2. 把一切事物和现象的和谐相处、协调共存作为理想境界,致力于消除现实中存在着的各种矛盾、对抗和隔阂。佛教这种追求和实践,对于化解乃至消除宗教间的仇视、怨恨和争斗,树立宗教和平共处的理念,都是有益的。

佛教的缘起思想,是佛教的方法论,贯穿于佛教的整个学说中。佛教各派的缘起学说虽然互有差异,但是核心内容基本一致,认为世界上的任何事物都根据一定的条件和因素而产生、发展、演变和消亡,没有不依赖其他条件而独立存在的事物。缘起学说的特点,是强调事物间的相互依存关系,重视事物间的普遍联系。中国的华严宗进一步对印度佛教的这种原创思想进行了实质性发展,提出了"法界缘起"学说。

"法界缘起"的理论侧重点是在论述世界的存在形式方面,认为:构成现存世界的"万法"(一切现象或事物),本质上处于相互依存、相互容摄、相互平等,没有矛盾冲突的和谐统一之中。这种华严哲学的基本特点，是倡导"圆融"。圆融是它观察和认识世界的方法论，是它处理一切问题的总原则，也是它修行所要达到的理想境界。所谓"圆融"，主要包含两个方面的意思：其一，就单个事物或现象而言，它只有在联系其他事物时才有意义，只有处于特定的关系网络中才能成立；其二，就一切事物或现象而言，它们之间存在着相互等同、相互融摄、没有隔碍的关系。

华严宗认为，从表面上看，一切事物都是有差别的，彼此独立的，但是从本质上观察，一切事物又是可以相互融通、相互等同的，从而形成你中有我，我中有你的整体状态。由于有差别的事物是无穷无尽的，那么，事物之间的相互融通关系也是无穷无尽的，这叫作"无尽圆融"，也叫作"事事无碍"。显然，否定有孤立存在的事物，强调事物间的普遍联系，是以往缘起学说的固有内容，并不是"法界缘起"的先发独见。它的创新内容在于：通过倡导"圆融"，表明世间"万法"本质上存在着没有隔阂、滞碍的关系，通过努力可以建立世间"万法"协调、和谐的秩序。正如澄观所讲的："融通万法，令无障碍。"（《华严经随疏演义钞》卷一）

对佛教自身而言，强调圆融有利于激发修行者的信心和勇气，吸引来自不同阶层的信徒；对处理与其他宗教的关系而言，倡导圆融有利于消除宗派间的排斥、仇视和争斗，促进不同宗教、不同派别的融合发展。可以说，这种创新教理适合中国佛教发展的需要，从而具有旺盛、持久的生命力。"法界缘起"是唐代以后中国佛教各派都接受的理论，是渗透到中国佛学各个角落的思想。从一定意义上说，中国三教发展的历史，就是一部融合发展的历史。这种趋势在宋代之后的千余年间，表现得更充分。

从世界宗教历史上来看，任何一种具有广泛影响的宗教，都不是在封闭的状态下独立发展的，都与吸收、融合其他文化、文明和宗教的过程相联系。宗教过去的历史是这样，未来的历史也必然是这样。当然，介绍"法界缘起"所描述的事物间没有对抗、冲突、隔阂和滞碍的关系说，并不是我们对历史上和现实中存在的宗教冲突、对抗乃至宗教战争熟视无睹。相反，正因为看到它们给人类社会带来的危害和灾难，倡导"圆融"关系才更有价值。

当今世界，既有国家和民族之间的政治、经济和军事冲突，也有宗教间的冲突。在这种形势下，宗教应该成为维护世界和平的力量，而不应该成为加剧国家、民族间的冲突、对抗甚至导致战争的因素。实现不同宗教在多领域、多层次和多渠道的友好对话，由此增进不同信仰者之间的沟通、交流和友谊，对于促使世界向和平方向发展有着重要的意义。从这个角度看，"法界缘起"所倡导的处理关系的态度和方法，所追求的事物之间的理想关系，并不能被看成是虚无缥缈的空中楼阁。这种追求理想关系的古老智慧曾在历史上发挥过多方面重要而积极的作用，尽管它也存在着这样或那样的历史局限和理论缺憾，但是从主要方面看，它对于处理现代社会各宗教之间的关系，实现宗教对话以及认识宗教的未来发展方面，无疑有着重要的借鉴作用。

3. 从积极的社会作用方面探索宗教的本质和宗教并存的合理性，从伦理道德观方面寻找不同宗教的共性和契合点。佛教这种处理宗教关系的原则，有利于搭建广阔、坚实的宗教对话平台。

每一种大宗教都有自己的独特圣典、排他性的教义体系和崇拜系统等，如果完全依据本宗教的世界观、人生观和价值观评判、衡量其他宗教存在的合理性，完全站在本宗教的立场上处理与其他宗教的关系，无疑大大缩小了宗教对话的空间，为相互理解设置了障碍。中国佛教在处理与其他宗教的关系方面，有两个显著特点。其一是从善世利人的社会作用方面探索各宗教的一致性。其二是从伦理道德观方面寻找宗教多元并存的契合点。佛教从这些方面奠定宗教交流和沟通的基础，而不是完全依据自己的独特教义竞长短，争优劣。

佛教从传入中国之始，中土信仰者就把论证本宗教的合理性放置在是否对社会有利方面，放置在善世利人方面，并且一直没有改变和动摇。在处理与儒教、道教乃至百家的关系方面，中国佛教始终认为，它们之所以应该多元共存，在于它们都有积极的社会作用，即都有善世利人的功能。这方面的资料历代都很丰富，这里以宋代僧人契嵩为例。他指出："方天下不可无儒，无百家者，不可无佛！亏一教，则损天下一善道；损一善道，则天下之恶加多矣。"（《辅教编·广原教》）他在《再书上仁宗皇帝》中说，他之所以作《辅教编》，主旨就在于"推会二教圣人之道，同乎善世利人矣"（见《镡津文集》卷九）。在处理各宗教的关系方面，著名的佛教僧人总是采取这种求同的思维方式，从有利于社会，有利于众生方面考虑问题。

三教有着"善世利人"的共性，同时，又因为适应不同方面的需要而有分工的不同。佛教的这种思路，也为统治阶层所接受。南宋孝宗曾作《原道辩》，通过批判唐代韩愈《原道》的反佛排佛言论指出，那些反对三教共同存在的人，是因为没有看到三教共同具有的一致性和不同的适应性。他说："三教末流，昧者执之，自为异耳。夫佛、老绝念无为，修身而已矣，孔子教以治天下者，特所施不同耳，譬犹耒耜而耕，机杼而织。后世徒纷纷而惑，固失其理。或曰：当如之何去其惑哉？曰：以佛修心，以老养身，以儒治世，斯可也。其唯圣人为能同之，不可不论也。"（《云卧纪谭》卷下）因此，所谓三教的"分工"说，也是在求同的原则下讲"异"。三教所存在的"异"，在社会功能上仍然具有相互补充的功能，而不是造成相互冲突和排斥的作用。当然，孝宗在这里的所有言论，即便在他那个时代也是没有任何新意，完全是重复佛教传唱了几百年的老调。然而，正是这种对佛教一贯主张的认同和提倡，为思想界、宗教界提供了宽松的政治环境，有利于三教共同发挥稳定社会、协调人际关系的作用，也有利于三教的并存和融合。

在伦理观上寻找宗教多元并存的契合点，也是自佛教传入中国之初就奉行的一个原则，并且在以后的漫长历史过程中得到不断弘扬。其中最常用的，是用佛教的五戒（或者十善）沟通儒家的五常（仁义礼智信），认为这两者是完全一致的。这种思路为中国社会各阶层广泛接受。早在被推为古今家训之祖的《颜氏家训》中，就有讲述。到了宋代，佛教人士就有了进一步的发挥，不仅用佛教的五戒十善会通儒家五常，而且用五常解释佛教的全部说教，契嵩指出："儒所谓仁义礼智信者，与吾佛曰慈悲，曰布施，曰恭敬，曰无我慢，曰智慧，曰不妄言绮语，其为目虽不同，而其所以立诚修行，善世救人，岂异乎哉？"（《寂子解》，见《镡津文集》卷八）这样做的一个重要目的，是要在伦理观方面沟通三教，把不同宗教的共性放置在积极的社会作用方面。

随着社会的发展，不同宗教信仰者的相互接触和交流越来越频繁，由于信众在政治利益、经济利益、民族利益以及文化背景等方面的差别，发生宗教方面的冲突是不可避免的。但是，不能因此把矛盾和冲突作为宗教关系发展的趋势和归宿。宗教对话的目的是要消除人类所面临的危机，是要促进不同宗教信徒间的相互适应、相互理解、相互尊重。因此，佛教从有利于人类社会方面寻找宗教的共性，着眼于伦理观（以戒杀为首）寻找宗教多元并存的契合点，就明显有积极意义。

4. 始终把传教弘法与反对战争、维护和平联系起来，与沟通不同国家、地区和民族之间的友好文化交往联系起来，与稳定社会、协调人际关系联系起来。佛教这种积极的和平精神和实践，如果成为当今世界各宗教的理论共识和自觉行动，宗教在维护世界和平方面的作用将不可限量。

佛教从一个地方性的宗教发展成为一个世界宗教，经历了两千多年的沧桑巨变。它的悠久传播历史，就是维护和平的历史，是沟通不同国家、地区和民族之间友好文化交往的历史。即便从世界宗教传播历史的范围来考察，佛教也称得上是维护世界和平的典范。从佛教和平传播的历史中，可以发现四个重要特点。

第一，把传教弘法与倡导和平、促进社会稳定，增进民族团结联系起来。

佛教无条件地反对战争，倡导和平。它的和平主义精神扎根在稳定的基础教义中，并且表现在各个方面。佛教把"杀生"列为一切戒律之首，认为杀生是万恶之源。在中国历史上，利用佛教基本教义反对杀戮，成为著名传教高僧的自觉行动。例如，东晋十六国时期，战事频仍，在后赵传教的佛图澄（231—348）大力倡导佛教慈悲、戒杀的教义，并且以此规劝嗜杀成性的后赵统治者。当石虎问什么是"佛法"时，他回答："佛法不杀。"他曾对石虎说，作为"帝王之奉佛"，主要体现在"不为暴虐，不害无辜"方面。尽管帝王不能做到绝对不杀生，但是如果"暴虐恣意，杀害非罪"，就是把全部财产都拿出来供养佛法，也免不了"殃祸"。他还希望石虎"省欲兴慈，广及一切"，只有这样，"福祚方远"（上引均见《高僧传》卷九《佛图澄传》）。佛图澄以自己的特殊身份和后赵统治者的信任，把传播佛教与促进社会稳定，发展生产，协调少数民族与汉族的关系紧密结合起来。

第二，始终不依靠政治、经济、军事力量威胁和强迫他人信仰佛教，而是主要凭借经典教义中蕴含的慈悲品质、纯洁情操、精深哲理、高远境界、博大胸怀去感染人，劝导人。

宗教对话往往与弘教传法相联系，成为宗教传播的重要组成部分。从释迦牟尼开始，就通过与其他宗教信仰者的对话，为其提供精神的需要，通过不附带任何政治、经济条件的纯教义劝导、感化，使其皈依佛教。这些记载在佛教经典中比比皆是。在佛教的对外传播中，从来没有因弘法而发生所谓的宗教战争。更为重要的事实是，许多国家和民族信奉佛教，没有受到各种非宗教因素的强迫，而是信徒纯粹出于信仰的原因，主动到佛教中心地区学习佛学，把佛教传播到自己的祖国。佛教从印度向中国传播，从中国向日本、朝鲜、越南传播，都经历了这样的过程。在中国佛教史上，为佛教文化流传做出贡献的，大多是在佛教典籍翻译方面有成就的义学僧人。如果没有这些义学僧人超出宗教信仰范围的文化建设工作，中国古代哲学、文学和艺术等，完全是另一个面貌。佛教的传播，不但成为这些国家和民族间和平友好交往的桥梁和纽带，也成为丰富和发展它们自己文化的强大动力。

第三，传教弘法与政治干预、经济掠夺和文化殖民等没有任何联系。

无论是古代印度佛教向中国以及其他亚洲国家和地区传播，还是近代向西方国家和地区传播，没有伴随着起点地区政治观念的输出，经济方面的索取。佛教传播的文化色彩最浓厚，它是以佛教典籍为主要载体的，与特定宗教信仰相联系的文化传播。佛教也没有在它流传的地区建立非宗教性的组织机构，或者采取某些方式改变流传地区的社会结构。例如，印度佛教大规模传入中国，并且中国在唐代就开始取代古印度而成为世界佛教的中心，其结果佛教只带来了它的典籍、教义以及古印度的文化，并没有带来古印度社会的种姓制度，以及某个王朝的政治统治和经济掠夺。没有政治干预、经济掠夺和文化殖民色彩，是佛教传播的显著特征。

第四，佛教传播主要依靠信仰者个人的自发行为或分散的地方僧团推动，而不是依靠全国性的机构组织或政府行为推动。

两汉之际，来自古印度以及中亚各地有佛教信仰的商人、使者、旅行者以及移民后裔，自发地把佛教传入中国内地。他们之间没有强大的组织作后盾，传教弘法完全是个人的自发行为，而不是政府行为。在以后的历史过程中，有影响的传教者，绝大多数以其佛学精湛、道德高尚、善于劝导和感化著称。一些传教者也善于利用医术、方术和其他技艺辅助传教。尽管传教方法多种多样，但有一个共同点：他们都不是在故土强大组织的支持下传教。从僧传中可以看到，许多来中国传教的古印度僧人，有的出身王室，有的是储君，有的是奉国王之命而来。但是，这些看似有"政治背景"者，并没有肩负任何政治使命，而是纯粹以传播佛法为己任。高贵的身份不过是显示传教弘法的责任重大，或者便于争取中央和地方政府的支持。

佛教处理宗教关系的传统思想资源，不是用"弱者的智慧"就可以完全概括的，在历史上曾发挥积极作用的古代智慧，虽然不能完全适合现代社会，但也不是毫无价值。佛教在和平传教方面表现出的几个特点，为我们认识当今世界宗教的传播方式、发展趋势以及宗教间应该建立的关系，提供了有价值的参考。

从世界宗教范围来看，还存在着这样的现象：某些宗教团体凭借组织力量、经济势力甚至政治背景去蒙骗、胁迫人们信教，或进行不对等的所谓宗教对话，或从事非宗教性的活动。从表面上看，这种宗教传播也是以和平方式进行，但是与佛教的和平传播有着本质不同。可以说，这种传教活动不具有古代佛教那种稳定社会、协调人际关系、加强民族团结的积极社会作用，只会加剧社会矛盾，扩大民族隔阂。

有人认为，未来世界将从以往的政治、军事冲突和对抗转向文明的冲突和对抗，其中也包括宗教的冲突和对抗。按照这种逻辑推理，东西方宗教关系发展的前景，只能是你死我活的无休止争斗。随着时间的推移，人们越来越看清楚了这种论调的荒谬和别有用心。的确，当今世界政治、经济、民族和宗教的冲突仍然不断发生。霸权主义的强权政治、宗教极端主义和民族分裂势力，都会导致冲突和战争。另外，不同宗教信众在相互接触中，由于民族利益、政治利益和经济利益方面的矛盾，必然会引发宗教间的冲突和对抗。在当今世界，某些宗教冲突和对抗是由政治、经济和民族等因素引起的。最终根除宗教方面的冲突和对抗，有赖于消除政治的、经济的和民族的对抗因素。

尽管如此，仍然不能得出宗教未来发展的趋势就是冲突、对抗的结论。回顾佛教和平传播的历史，可以清楚地看到，佛教有增进不同信仰群体之间的沟通、交流和理解，消除彼此矛盾和仇视、避免冲突和对抗的社会作用，这些当然不都是佛教独有的，在其他宗教中也能发掘出来。因此，开发宗教中倡导和平共处的思想资源和实践经验，针对不断变化的世界局势开展宗教对话，对于实现宗教界影响世界向和平方面发展，有重要的积极意义。

（原载《世界宗教研究》2004年增刊）

华严宗与中国文化

从华严经学说到华严宗学说的转变，是在中国固有思想文化制约和诱导下发生的理论创造过程，始于南北朝，终至唐中期。华严宗学说对宋代儒学产生了重要影响，考察同一哲学范畴在两种理论体系中的被运用情况，可以较清晰地展示佛学与儒学某些带有根本性的异同点。

一 取象表法与概念化过程

从东晋开始，已有僧人重视华严类译籍，分别依其考校经典文本、树立信仰、探索义理和确定修行内容。系统注解晋译《华严》，实现域外华严经学向中国华严宗学的理论形态转变，是华严学发展的主流，导源于南北朝的地论师，以慧光为代表。

慧光的《华严经义记》只残存一卷，属于注解《如来光明觉品》的一部分。残卷共约六七百字，也是吉光片羽，据此可以了解慧光注解《华严》的基本方法。它的突出特点，是通过揭示原经所描述的神通境界场面的象征意义，从中提出具有宗教哲学意味的概念，用以概括全经思想。

《华严经·如来光明觉品》有段描述："以佛神力故，百亿阎浮提，皆见十方各有一大菩萨，各与十亿数菩萨眷属，俱来诣佛所，所谓文殊师利菩萨、觉首菩萨、财首菩萨、至首菩萨、德首菩萨、目首菩萨、精进菩萨、法首菩萨、智首菩萨、贤首菩萨。"《华严经义记》的相应释文是："又言一方各有一大菩萨者，欲明方便之中自体因行也；各有眷属菩萨者，明行无不摄也；各来至此者，明圆人自体果行也；文殊为首者，欲明始发于妙实也；复所以终者贤首者，欲明此行虽复深广，而成在于世间，故云贤首也。"

按原经文的描述，十方各有一位大菩萨，分别有无数小菩萨相伴，排成有序的队列，一齐来到佛面前。这是一幅动态的形象的菩萨拜佛图。这个场面之所以能够形成，又之所以能够被人们"见"到，是有"佛神力"，即借助佛的神通功能。这种对禅定引发的神通境界构想的描述，属于宗教文学的创作，而不是宗教哲学的论证。

至于慧光的释文，首先把这幅神通画面分解为五个片断，然后分别揭示每个片断的象征意义，提出"自体""方便""因""果""妙实"等概念。在慧光看来，作为成佛之"因"的菩萨修行包罗万象（行无不摄），一切修行都圆满才能获得佛"果"。成就佛果的修行只能在人间完成，不能离开世俗求解脱。无论是作为"因"的菩萨"方便"修行，还是作为"果"的佛的真理性活动，都源于并且最终归于最高实在——佛"自体"或"妙实"。慧光的此段解说，也符合他对《华严》"宗趣"（宗旨，中心思想）的归纳。唐法藏说："光统师以因果理实为宗，即因果是所成行德，理实是所依法界。"（《探玄记》卷一）这里的"理实"与"妙实"用语不同，含义无别，与佛自体、法界、佛性等均属同类概念，指作为精神本体的佛智慧。

通过揭示形象描述的象征意义而提出概念的方法，虽然被广泛运用，也只是促动从华严经学向华严宗学过渡的一种途径。唐智俨则是把原经对神通境界的描述和列举菩萨修行规定的叙事内容结合起来，提出了一系列成对的概念。其中有十对一组的概念，称为"十会"或"十对"，即教义、理事、解行、因行、人法、境位、师弟、主伴、体用、随生根欲性（半满），用以概括一切佛法，并进而概括一切世间或出世间现象。到智俨为止，华严宗的概念体系框架基本定型。在一定意义上说，从华严经学到华严宗学的转变，是从宗教文学到宗教哲学的转变，是从叙事、列举教条到论理、探求玄旨的转变。

华严学的概念化过程，受到了域外传入的华严论学的促动。《十地经论》在注解《华严·十地品》时所强调的某些内容，引起研究者的重视，成为他们进行理论重塑的重点对象，例如，该论重视对"六相"（总别同异成坏）的运用，把它作为解释经典惯用的十句排比句式之间关系的语法概念。净影慧运则认为六相是"大乘之渊纲，圆通之妙门，若能善会斯趣，一异等执，逍然无迹。"（《大乘义章·六相》）经过他的改造，六相成了揭示一切现象同一性（一）与差别性（异）关系的三对哲学范畴。在他看来，如果懂得了六相的这个道理（善会斯趣），就不会在认识同一性和差别性方面有偏执（一异等执），起迷惑。

这种概念化过程自始至终受到玄学家解经注经精神的影响。从东晋僧卫的《十住经注并序》中，就反映出学僧是在探求"玄"理信念支配下研究华严类典籍。到了华严宗人那里，则以"搜玄""探玄""十玄"等命名其最重要的注疏著作和最重要的学说了。然而，明言把《华严》视为与《周易》性质相同的经典，始自李通玄。他说："如来取像世间法，则用表其法，令易解故。""故取之像表其道也。"（《新华严经论》卷三十四）所谓"世间法"，既包括了原经的形象描述，也包括了列举菩萨修行规定的叙事内容，实际上代指整个经典的文字，比"卦像"的范围宽广得多。既然把佛所说的经认为只有"像"的功能，且蕴含佛"道"的意义，就为解经注经者大胆发挥、勇敢创新提供了信仰保障和精神动力。实际上，历代以探求"玄"理为目的解经注经的华严学僧，正具有这样的坚定信念。作为教外人的李通玄，道出了历代华严学僧心中所有，笔下所无的东西，指出了他们理论创造过程的特点。

华严宗学说体系中的诸多概念、范畴和命题，有的是首创，有的源自佛教典籍，有的采自中国固有典籍。但是，它们一经被组织到华严的学说体系中，就都具有了崭新的内容。澄观就非常重视厘清同一名词、概念在不同学说体系所蕴含的特定含义。他指出，他用"穷理尽性"一词，意思是"穷其（指《华严经》）理趣，尽其体性，体性即法性"，即要穷《华严》之理，穷诸法之性，完全不同于《周易·说卦》中的"穷理尽性以至于命"，他不承认有顺性命之理。他也用"众妙"一词，"意以一真法界为玄妙体，即体之相为众妙矣"，不同于《老子》"以虚无自然以为玄妙"。对于采自中国古籍的名词，他主张"借其言而不取其义"。（上引均见《华严演义钞》卷一）

总之，从华严经学说到华严宗学说的转变过程，是概念化过程，即哲学化过程，理性思维过程。这个过程从启动到完成，受到过多种因素的促动，但最根本的动力，来自中国文化中固有的不迷经、崇理性、尚创新的精神。

二 以一统众与理事范畴

从地论师到华严宗人,创用了数十对概念,大大丰富了中国佛学的内容,也丰富了中国宗教文化的内容。使用诸多成对范畴,目的在于阐明华严宗的核心理论"法界缘起",又名"无尽缘起""性起缘起"。名称有异,是因为所阐述的侧重点不同,总体思想没有本质区别。

法界缘起的经典原型有二,其一,总摄一切禅定的佛的禅定,名为"海印三昧"。据说,进入这种禅定状态,可以看到世界的真实场面。大海水面映现出一切现象,这些现象之间的关系,如同一滴水显现一切海水一样,处于相互映显、相互包容、相互等同的状态。所谓"一切示现无有余,海印三昧势力故"(《华严经·贤首品》)。其二,神话故事中的因陀罗网。据说,因陀罗王的一张网是珠网,其上的任何一颗明珠都能映现一切珠子,又映现那一切珠子中所映现的一切,类推下去,就叫"重重无尽"。

华严宗的法界缘起,是对这种神通境界描述和神话故事叙述进行理论改进后的产物,其中心内容是:作为佛自体的表现的世界万有,相互容摄,相互依存,处于没有矛盾、没有冲突的和谐统一之中。这个世界既是解脱世界,又是转回世界,本体界与现象界是重合的,对现实世界的态度即是对彼岸世界的态度。这个世界是圆满无缺的,一切都是合理的。这个世界本质上是静态的,瞬间即永恒,没有发展变化。佛教固有的苦难观,厌世情绪以及悲观格调,差不多快被塑造这种世界模式的学说洗刷干净了。

华严宗人使用的一系列成对范畴,的确有从多方面、多层次论证法界缘起的特点。严重的问题是:许多对范畴往往被运用于同一方面,于是便循环论证,不断重复。而且,华严学僧接受《华严经》叙事多以十数的习惯,定义任何概念,论述任何问题,动辄"开十门",使华严宗的学说更繁琐。从法藏开始,就提出可用一对范畴说明全部教义的主张:"以心言一切法而无非心,以色言一切法而无非色,余一切人法、教义等差别法门皆尔。所以者何？缘起陀罗尼无障碍法，随举一法，尽摄一切。"（《华严问答》卷上）这种寻求以一统众的思路，自然与华严宗基本教义无违，也与中国哲学重视一以贯之、崇简尚易的传统一致。但是，到底把哪一对范畴作为总范畴，在法藏的诸多著作中没有定论，直到澄观才解决。

澄观指出："今且约事理者，事理是所诠法中之总也。又诸处多明理事无碍故。""又欲令四门成四法界故。"（《华严演义钞》卷十）"所诠法"即华严宗人所定义的诸多概念和范畴，"总"即把理事范畴作为其概念体系中的总范畴。这既不违背以前华严学僧多论述理事关系的传统，也是为了组成"四法界"的学说。这些即是澄观把理事作为总范畴的理由。

"四法界"由澄观最先提出，后由宗密整理定型。"统唯一真法界，谓总该万有，即是一心。然心融万有，便成四种法界。一、事法界，界是分义，一一差别，有分齐故。二、理法界，界是性义，无尽事法，同一性故。三、理事无碍法界，具性分义，性分无碍故。四、事事无碍法界，一切分齐事法，一一如性融通，重重无尽故"。（《华严法界观门》）按照澄观和宗密的共同解释，一真法界（心）是生起万有的本原，具有本体论的意义；它又"融"入万有之中，成为一切现象的普通本质，从这两个方面立论，用理事范畴来阐述，便有了"四法界"之说。"四法界"的前两个是分别对"事"和"理"的界定，后两个是讲理事关系和事事关系。也就是说，全面把握理事关系以及在此基础上形成的事事关系，即是把握了法界缘起的全部内容。

由于"四法界"的成立，心、理、事三者即成为华严体系中最重要的三概念。由于理事被作为总范畴，也就被赋予多方面的含义，被运用于说明本体与作用、本质与现象、全体与部分等多方面的问题。至此，经过禅学洗刷的华严学发展进程基本终结。其后的华严哲学史，实际上是它向整体佛学中运行的历史，也包括它影响宋明理学的历史。

三 理一分殊与儒释异同

隋唐佛学对宋代儒学的影响是多方面的。就华严宗而言，其理事范畴及多方面的创用，就对儒学有深刻影响，尤其体现在"理一分殊"这个命题上。"理一分殊"先由程颐提出，后经朱熹发挥和论证，成为宋代哲学中的重要内容。朱熹对佛学既不陌生也不回避，曾把自己的学说与佛学进行比较，或指出其异，或指出其同。然而，他所说的同处恰恰与异处相联系，他所说的异处又恰恰与同处有关系。

朱熹说："儒释之异，正为吾以心与理一，而彼以心与理为二。"（《朱文公文集》卷五十六）这里的"心与理一"指心和理有共同点，有同一性，不是指心和理完全等同，心即是理，严华宗和禅宗都认为心与理有同一性，朱熹在这里所引的"释氏"之言，无论指哪一派都不确切。

宗密说："理法界也，原其实体，但是本心，令以简非虚妄念虑，故云真；简非形碍色相，故云空也。"（《注华严法界观》）"理"是一种精神实在（非形碍色相），排除了任何非道德因素（非虚妄念虑），以心为体，是"本心"的作用。显然，理与心是有同一性的。

一般说来，华严学（包括禅学）和朱子学一样，承认人人先天具有道德品质，承认人心全具理，本质上都是性善论的教化体系。所以，"心与理一"是它们共同的结论。但是，在佛教方面，有个"一心二门"，"理"相当于"真如门"，是纯粹的真善美；心的另一方面是"生灭门"，有善有恶，说明人也先天具有非道德因素。在朱子之学方面，有个"气质之禀"，说明人先天具有"物欲之私"的非道德因素。所以，两家又都不能把心与理完全等同。就存在于人心中的"理"的具体内容讲，佛教的"理"是成佛的内在根据，是佛教的伦理体系；朱子之学的"理"是成圣贤的内在根据，是儒家的伦理体系。总之，两家在赋予"理"以伦理学意义方面，在处理心与理关系的方法论方面，主要是同而不是异。

朱熹说："本只是一个太极，而万物各有禀受，又自各全具一太极，如月在天，及散在江湖，则随处而见，不可谓月已分也。"（《朱子语类》卷九十四）这里的"太极"是"理"的别名，而且是天地万物之理。这里的"万物"是"事"，而且是概括一切事。他引用"一月普现一切水，一切水月一月摄"的比喻，认为"这是那释氏也窥见这些道理"（《朱子语类》卷十八）。朱熹把理事与一和一切联系起来，指出了儒释相同处。

在华严宗那里，理事与"一即一切，一切即一"的命题密切联系。理是一，事是一切。"一即一切"，谓同一本体显现各种各样的事物，"一切即一",谓一切事物具有共同的本质。朱熹继承了华严宗的理事关系说,并且继承了理不可分的思想(不可谓月己分也),表明"理一分殊"运用于认识本体与作用、本质与现象的关系方面。从这个意义上讲,"理一分殊"中的"分"相当于华严宗的"事","殊"相当于华严宗的"差别"。如宗密所说:"事法界,界是分义,一一差别,有分齐故。"

然而,朱熹在这里看到的同,恰恰不是华严宗理事范畴运用方面最具特色的地方。华严宗以理事关系立论的目的在于说明事事关系,由于每一个具体的有差别的事物中都蕴含着全体的无差别的理,所以事与事之间也可以融通,如海印三昧所见,如因陀罗网所喻,由此得出"随举一法,尽摄一切"的结论。这里的"一"不是指理,而是指作为"主"的某个具体事物;这里的"一切",不是指与理相对而言的事,而是指作为与"主"相对的其余的"伴"。把这种方法运用到认识修行活动上,就是"一修一切修","一断一切断"。这是鼓励树立信仰的最有力的口号。在朱熹的"理一分殊"中没有这个内容。

同样,在朱熹的"理一分殊"中,也有华严宗理事范畴所不能包含的意义:

> 问:去岁闻先生曰"只是一个道理,分其不同。所谓分者,莫只是理一而其用不同?如君之仁,臣之敬,子之孝,父之慈,与国人交之信之类是也?"曰"其体已略不同,君臣父子国人是体,仁敬孝慈与信是用。"(《朱子语类》卷六)

如果把"分"理解为"理一而其用不同",则与华严宗理事范畴的运用无异。因为事即以理为体,理以事为用,理无差别,事可万殊。但是,"分"的"体已略不同",那么"分"就不是指"事",也是指"理"。这样,"理一分殊"就不是理事关系问题,而是一理与多理的关系问题。在华严宗那里,"理"是真理本体,不可分,可分的只是事。在朱熹的学说里,"理"在指本体,本质方面不可分,在表达规律或法则方面就是可分的。

"理"指规律或法则,是其作为哲学范畴出现在中国哲学史上时所具有的最早含义，这是与发展观，变化观相关联的。朱熹也是如此运用理范畴："太极如一木生上，分而为枝干，又分而生花生叶，生生不穷。到得成果子，里面又有生生不穷之理，生将出去，又是无限个太极，更无停息。"（《朱子语类》卷七十五）这里的"生生不穷之理"，就是事物生生不息的发展变化中的规律。作为探索事物发展变化过程中本质联系和必然趋势的"理"之所以可分，之所以有一理与多理之别，是因为事物运动有其普遍规律，具体事物的运动有其特殊规律。一理与多理的关系，实际上是普遍规律与特殊规律的关系。这表明，朱熹的"理一分殊"，不仅与华严宗的理事范畴一样，运用于论述本体与作用、本质与现象方面，而且运用于论述普通规律与特殊规律的关系方面。

华严宗的"理"之所以绝对不可分，是因为没有法则或规律的含义，没有与发展变化观相联系，华严宗所描述的世界，在时空上几乎无限，但"一法一切法"的论证又把这个世界微缩成无限小。华严宗吸收的《华严经》所叙述的"十地"，是一个由低到高、由浅入深的菩萨修行完整过程，但一修一切修的口号又把这个过程完全否定了。华严宗的世界是一个静态的、凝固的世界，没有发展变化过程可言。因此，在华严学说体系中，"理"只是指本体、本质等，不是指规律。

总之，在阐述心与理的关系方面，在把理作为先天道德品质方面，在用理事说明本体与作用、本质与现象的关系方面，华严学与朱子学有基本的相同之处，华严体系容纳不了"生生不穷之理"的全部精神，朱子学接受不了"事事无碍"的全部内容，隋唐佛学对宋代儒家的影响程度，既取决于佛学能够提供什么新的思想材料，更取决于儒学所能接受的程度，本质上由佛学适应儒学的程度所决定。一般说来，佛学的影响，至多只能改变儒学的某种风貌，不能动摇它的精神。

（原载《宗教哲学》第三卷，1997年第1期）